DER

SCHACHKONGRESS

ZU LEIPZIG

IM JULI 1877

VERANSTALTET

ZU EHREN DES ALTMEISTERS DER SCHACHSPIELKUNST

A. ANDERSSEN

VON DEN

SCHACHFREUNDEN DEUTSCHLANDS.

MIT EINER BIOGRAPHIE UND DEM BILDNIS ANDERSSENS
UND EINEM RÜCKBLICK AUF DIE BISHERIGEN DEUTSCHEN SCHACHKONGRESSE.

VON

E. SCHALLOPP

BERLIN.

LEIPZIG

VERLAG VON VEIT & COMP.

1878.

VORWORT.

Jetzt erst, nachdem volle drei Vierteljahre seit den Tagen der allen Teilnehmern unvergesslichen Anderssen-Feier dahingezogen, ist es mir vergönnt, das derselben gewidmete Kongressbuch den Schachfreunden Deutschlands mit der Bitte um wolwollende und nachsichtige Aufnahme vorzulegen. Die manigfachen Zeichen der Sympathie, welche dem Unternehmen, dank dem gefeierten Namen Anderssens, entgegengetragen wurden, lassen mich hoffen, dass man die unliebsame Verzögerung entschuldigen wird, zumal ich hinzufügen darf, dass nur so es möglich war, die gespielten Partien und vorzugsweise diejenigen des Meisterturniers und des zwischen dem Jubilar und seinem ebenbürtigen Rivalen L. Paulsen ausgefochtenen Wettkampfs mit möglichst korrekten, zumeist von den beteiligten Herren selbst geprüften und festgestellten Anmerkungen zu versehen.

Der den Partien vorangehende Bericht über den Verlauf des Kongresses, sowie die Abschnitte der Einleitung erheben nur den Anspruch auf die Eigenschaft historisch getreuer Darstellungen; auf begeisterte Schilderungen brauchte sich meine ungeübte Feder um so weniger einzulassen, als ja in den vorgekommenen, teilweise nach stenographischer Aufnahme widergegebenen Reden u. s. w. die hohe Bedeutung der Feier nach Gebühr gewürdigt ist.

Für denjenigen, welcher die Partien zum Gegenstand analytischer und theoretischer Erörterungen zu machen wünscht, dürfte die beigefügte Uebersicht der Eröffnungen einen erwünschten Wegweiser abgeben, und da schließlich auch für den Problemfreund im Anhang einige sinnreiche Widmungs-

und Preisaufgaben gegeben sind, so denke ich wird das vorliegende Büchlein, sollte es selbst niemand voll befriedigen, doch vielleicht dem einen in dieser, dem anderen in jener Beziehung eine willkommene Gabe darbieten.

Allen denen aber, welche mich bei der Herstellung desselben mit Rat und Tat unterstützt haben, insbesondere dem Leipziger Komitee, welches mir mit größter Zuvorkommenheit das Material zur Verfügung stellte, den Turnierteilnehmern, welche sich der erheblichen Mühwaltung der Revision der Glossen unterzogen, den Subskribenten endlich, welche durch ihr tatkräftiges Interesse das Zustandekommen des Werks ermöglichten, sage ich hierdurch meinen verbindlichsten Dank.

BERLIN den 15. April 1878.

E. Schallopp.

INHALT.

Einleitung.

Verlauf des Kongresses.

Inhalt.

Gespielte Partien.

EINLEITUNG.

I. Anderssens Leben.

So bedeutungsvoll und epochemachend Anderssens Auftreten für die Entwicklung des Schachspiels in Deutschland gewesen ist, so einfach und im gewöhnlichen Geleise hat sich im übrigen sein Lebenslauf gestaltet. Eine und dieselbe Stadt, die Stadt Breslau, ist es, der er mit kaum nennenswerten Unterbrechungen stets angehört hat; dort wurde er am 6. Juli 1818 geboren, dort besuchte er Schule und Universität, dort ist er als Lehrer der heranwachsenden Jugend noch jetzt tätig. An seinen Erfolgen auf dem Gebiete des königlichen Spiels hat seine Vaterstadt allerdings geringeren Anteil, sie verbreiten sich über ein größeres Gebiet; die ersten und wichtigsten, die einen so gewaltigen Aufschwung des Spieles in Deutschland hervorriefen, haben ihren Schauplatz sogar auf außerdeutschem Boden.

Adolf Anderssen erlernte die Züge und Regeln des Schachspiels als neunjähriger Knabe von seinem Vater, der allerdings mehr nur Liebhaber des edlen Spiels als Meister in demselben war, und spielte lange Zeit nur mit ihm. Der fortschreitende Knabe fand in diesen Kämpfen bald nicht mehr die volle Befriedigung des einmal geweckten Triebes und suchte nach anderen Mitteln und Wegen, in die Geheimnisse und Feinheiten des Spieles weiter und weiter einzudringen. Als Sekundaner des Elisabeth-Gymnasiums seiner Vaterstadt fand er Mitschüler, die gleich ihm mit den Anfangsgründen des Spieles vertraut waren; mit diesen wurden nun fortgesetzt Kämpfe auf den vierundsechzig Feldern ausgefochten. Kaum zu verwundern ist es, dass der lebhafte Drang, der ihn zu dem edlen Spiele hinzog, ihn zuweilen auch auf Irrwege führte, die ihm von Seiten der Lehrer, wenn dieselben davon Kenntnis erhielten, nicht gerade Anerkennung eintrugen. Ziemlich unschuldig war es allerdings, wenn der ehrwürdige griechische Sänger und der große römische Redner zwischen ihren Blättern Diagramme beherbergen mussten, auf denen irgend eine interessante Position oder eine Aufgabe dargestellt war, deren Studium die trockene Lehrstunde schmackhafter machen sollte. Wer hätte in seiner Jugend wol nicht dergleichen Allotria getrieben, auf die er später mit stiller Heiterkeit zurückblickt? Bedenklicher war es schon, wenn andere Schüler dabei in Mitleidenschaft gezogen wurden, wenn Anderssen mit einem von dem gleichen Triebe beseelten Kameraden während des Unterrichts über mehrere Bänke hinweg unter gütiger Mitwirkung der zwischensitzenden Kommilitonen „Korrespondenzpartien" spielte oder sonst eine schachliche Unterhaltung betrieb. Aber — viel schlimmer als das — es kam sogar vor, dass er zeitweise die Schule umging, um mit einem von auswärts stammenden Mitschüler, der aus irgend einem Grunde gleichfalls die Schule versäumte oder versäumen musste, auf dessen Wohnstube Schach zu spielen. Auch der häusliche Fleiß teilte sich zwischen den von der Schule verlangten Arbeiten und dem Studium von Schachbüchern, insbesondere der Schriften von Moses Hirschel (Uebersetzung des Grecoschen Werkes), Allgaier und Philidor. Als Primaner fand Anderssen auch Gelegenheit, mit älteren Schachspielern Breslaus zu kämpfen, und stieg auf deren Schultern von Stufe zu Stufe, bis er an dem stärksten derselben, dem Privatlehrer Liebrecht, einem höchst besonnenen und genialen Schachspieler, einen ihm längere Zeit hindurch überlegenen Gegner fand.

Trotz alledem machte der mit guten Anlagen ausgestattete Knabe auch in den Unterrichtsgegenständen lobenswerte Fortschritte und lieferte den Beweis, dass der Kopf, welcher das Schachspiel mit seinen Tiefen und Feinheiten zu erfassen und in sich aufzunehmen vermag, daneben auch allem übrigen Wissen den nötigen Raum gewährt. Uebrigens machte die Nähe der Maturitätsprüfung diesem intensiven Schachtreiben unerbittlich ein Ende, und der junge Anderssen musste seine lieben Schachfiguren für eine Weile in den Winkel stellen und es sich vor allem angelegen sein lassen, die Pensa früherer Klassen aus den Falten des Gedächtnisses hervorzuholen, um so wolausgerüstet seinen Examinatoren ins Angesicht zu schauen.

Nachdem die Prüfung 1836 rühmlichst bestanden, widmete sich Anderssen dem Studium der Philosophie und der mathematischen Wissenschaften. Natürlich wurden nun auch die Schachfiguren wider hervorgeholt und neue Studien und Kämpfe begonnen. In einem Kaffeehause auf der Grünen-Baumbrücke, genannt die „Nova", sammelte Anderssen einen Kreis von Kommilitonen um sich, unter welchen sich einige sehr eifrige und talentvolle Spieler befanden; auch siedelten die oben erwähnten älteren Herren aus ihrem bisherigen Versammlungslokal, der „Stadt Berlin", nach dessen Schließung zu dem studentischen Klub über. In dieser „Nova" war es, wo Anderssen bei dem nur einmaligen Besuche Bledows fünf Partien mit diesem Meister spielte und alle bis auf eine, die remis wurde, verlor. Hier spielte er ferner einmal mit Löwenthal und zu widerholten Malen mit Heydebrandt v. d. Lasa, zwar mit weniger ungünstigem, ihn aber — wie er selbst erzählt — darüber aufklärendem Erfolge, dass ihm noch viel zur Meisterschaft fehlte. Derselben näher zu kommen, wurden nun die Werke von Walker, Lewis und Labourdonnais studirt, insbesondere auch die von Lewis veröffentlichten und mit Anmerkungen versehenen, von Bledow ins Deutsche übertragenen fünfzig auserlesenen Schachpartien zwischen Labourdonnais und Mac Donnell; hauptsächlich aber wurde Anderssen durch die Wettkämpfe gestählt und gefördert, die er mit den stärksten Spielern der „Nova" unter der Bedingung einging, dass er keine Partie verlieren oder remis machen durfte.

Aber widerum trat eine lange Unterbrechung ein durch die jetzt gebieterisch drängende Notwendigkeit dauernder Vorbereitung zum Staatsexamen. Nachdem Anderssen dasselbe bestanden, trat er 1847 sein Probejahr am Friedrichs-Gymnasium an, wurde auch nach Ablauf desselben an dieser Anstalt gegen Remuneration weiter beschäftigt, fand sich aber bei der damaligen Aussichtslosigkeit auf baldige Anstellung bewogen, eine gut dotirte Hauslehrerstelle in Groß-Machmin bei Stolp anzunehmen. Diese Stellung gab ihm Gelegenheit zu mehrmaligen Besuchen Berlins, die keinen anderen Zweck hatten, als sich mit den dortigen Schachspielern zu messen. Den dabei errungenen Erfolgen verdankte Anderssen es, dass ihm die Redaktion der Schachzeitung übertragen und er, als bei der ersten Weltausstellung in London Stauntons Turniereinladung an alle bedeutenden Schachvereine und an alle Schachberühmtheiten erging, zum Vertreter der Berliner Schachgesellschaft auserkoren wurde.

In Folge dessen gab Anderssen zu Ostern 1851 die Lehrtätigkeit, die ihn an die Meeresküste Hinterpommerns verschlagen hatte, auf und begab sich nach Berlin, wo er noch einige Monate Zeit hatte, sich auf die bevorstehenden

Kämpfe einzuüben. Die Gelegenheit dazu war sehr günstig. Denn nicht allein Dufresne, dessen Schachgenie damals in seiner Blüte stand, war voll von Eifer und Kampflust, sondern auch Falkbeer war in Berlin eingetroffen, um an den Schachhelden der Metropole seine mächtige Klinge zu erproben. So wurden denn täglich große Schlachten geschlagen, und Anderssen konnte Anfang Juni trefflich eingeschult und ohne Bangen seine Reise nach London antreten, zu welcher die nötigen Mittel von der Berliner Schachgesellschaft durch Aktien aufgebracht worden waren.

Zu London traten folgende Spieler im großen Turnier gegeneinander in die Schranken: Anderssen, Bird, Brodie, Horwitz, Kap. Kennedy, E. S. Kennedy, Kieseritzky, Lowe, Löwenthal, Mayet, Mucklow, Newham, Staunton, Szen, Williams und Wyvill. Es war für dieses Turnier noch der Modus des Spielens in Gängen beliebt worden: ein Modus, der später für unzweckmäßig erkannt worden ist, weil bei demselben es vorkommen kann, dass gleich in einem der ersten Gänge die beiden in Wirklichkeit stärksten Spieler durch das Loos zusammengebracht werden, von denen dann der eine den andern schlagen und vielleicht gänzlich aus dem Turnier entfernen, zum mindesten der Aussicht auf den gebührenden Preis berauben muss. Im ersten Gang galt derjenige als Sieger, der zuerst zwei Partien gewonnen hatte; für die folgenden Gänge wurde dagegen der Gewinn von vier Partien erfordert. Anderssen bekam im ersten Gang Kieseritzky als Gegner zugewiesen und hob denselben mit zwei Gewinnpartien aus dem Sattel, während eine Partie unentschieden blieb. Im zweiten Gang kam er mit Szen zusammen, der im ersten Gang gegen Newham gewonnen hatte, und siegte über ihn mit den nötigen vier Gewinnpartien, während er zwei Partien verlor. Der dritte Gang brachte ihm den gefürchteten englischen Meister Staunton als Gegner, welcher im ersten Gang Brodie, im zweiten Horwitz (Sieger über Bird) geschlagen hatte; er bestand auch diesen, indem er nur eine Partie verlor und vier gewann. Im letzten Gang hatte er mit Wyvill zu kämpfen, welcher im ersten Gang Lowe, im zweiten Kap. Kennedy, den Sieger über Mayet, im dritten Williams, den Sieger über Löwenthal und Mucklow, geschlagen hatte; auch dieser letzte Kampf entschied sich zu Gunsten Anderssens, welcher vier Partien gewann, eine remis machte und zwei verlor. Anderssen hatte somit den ersten Preis davon getragen; im ganzen hatte er 21 Partien gespielt, davon 14 gewonnen, 5 verloren, und 2 waren unentschieden geblieben. Bemerkenswert ist noch, dass, obwol nach Schluss des Turniers noch verschiedene Separatwettkämpfe ausgefochten wurden, doch niemand von der Bestimmung des Reglements Gebrauch machte, welche jeden der Teilnehmer am Turnier, der sich etwa durch das Loos benachteiligt glaubte, zur Herausforderung des ersten Siegers berechtigte und diesen verpflichtete, binnen achtundvierzig Stunden nach Beendigung des Turniers sich zur Annahme jedes derartigen ihm angetragenen Wettkampfes bereit zu halten.

Es sei uns gestattet, einen der Eindrücke, die Anderssen bei diesem seinem ersten öffentlichen Auftreten empfing; nach seiner eigenen Mitteilung hier widerzugeben.

„Unter allen Schachspielern" — erzählt Anderssen —, „mit denen ich bei dem ersten Londoner Turnier zusammentraf, war für mich Kieseritzky die merkwürdigste Erscheinung. Nicht nur, weil er in den Partien, deren ich fast täglich eine ziemliche Anzahl mit ihm im „Schachdivan" spielte, einen ungewöhnlich raschen Ueberblick und eine Geistesklarheit an den Tag legte, die eine im Spiel liegende Reihe von Kombinationen bis an ihr noch so fernes Ende durchschaute, sondern mehr noch wegen seines unerschütterlichen Gleichmuts, mit dem er Gewinn und Verlust hinnahm, und wegen der ihm eigenen Charakterstärke, keinem Misserfolg eine Trübung seiner Heiterkeit und seines einnehmenden Wesens zu gestatten. Sowol im Hauptturnier als im Becherturnier traf ihn das schmerzliche Schicksal, gleich beim ersten Gange jeder Aussicht beraubt zu werden, und doch war er der erste, der mir zum Siege Glück wünschte und es für seine Schadloshaltung erklärte, von einem Deutschen geschlagen worden zu sein. Von einer gleich merkwürdigen, wenn auch für ihn weniger günstigen Seite erschien er mir wegen der seltsamen Grille, neben dem gewöhnlichen Schachspiel das von ihm erfundene „Schach im Raume" zur Geltung bringen zu wollen. Sie war ihm bei seiner Wirksamkeit als Lehrer nur nachteilig, und er klagte über den Mangel an wissenschaftlichem Sinn seiner Zöglinge, die seinen Bemühungen, ihnen das Geheimnis seiner Erfindung aufzuschließen, stets die Frage entgegenstellten, ob Labourdonnais dies alles gekannt habe, und nach der unumgänglichen Verneinung derselben vom „Raumschach" nichts weiter wissen wollten. Eines Tages, als ich mit ihm im Salon des Hotels, das wir gemeinschaftlich bewohnten, zusammentraf, nahm er mich geheimnisvoll beim Arm und lud mich ein, ihm in sein Zimmer zu folgen, wo mir ein hoher Genuss bevorstände. Dort angekommen, wies er nach der Decke, wo ich einen Gegenstand hängen sah, der nach Inhalt und Form mit einem Vogelgebauer

Aehnlichkeit hätte. Er ließ mich nicht lange auf die Lösung des Rätsels warten. Was über mir schwebte, war nichts geringeres als das einfachste „Matt im Raume" bei umfassendster Wirksamkeit der mattsetzenden Dame. Ich war der erste und einzige in London, dem er dieses Mysterium offenbarte, und doch hätte er sich keinen unwürdigeren aussuchen können; denn ich begriff von seiner ganzen Erklärung kein Wort, ohne das Bedürfnis nach näherem Aufschluss zu fühlen."

Zu Ostern 1852 kehrte Anderssen nach seiner Vaterstadt Breslau zurück und erhielt daselbst am Friedrichs-Gymnasium einen dauernden Wirkungs-kreis als Lehrer der deutchen Sprache und der Mathematik für die oberen Klassen; seine praktische Tüchtigkeit in diesen Fächern wurde 1856 durch Verleihung des Professortitels anerkannt. In Breslau spürte er zwar auch einen Hauch des frischen Schachlebens, das seine Londoner Siege in ganz Deutschland erweckt hatten, und von welchem der zweite Abschnitt der gegenwärtigen Einleitung Zeugnis abzulegen bestimmt ist; aber um die fernere Pflege der erlangten Spielstärke war es doch traurig bestellt, da eine ausge-dehnte Berufstätigkeit ihm wenig Muße ließ und es an ebenbürtigen Geg-nern fehlte. Hierin ist der Grund zu suchen, weshalb Anderssen im Dezember 1858 zu Paris dem amerikanischen Meister Paul Morphy gegenüber unterlag, wenngleich feststeht, dass das Spiel des deutschen Meisters sich durch größere Tiefe und Genialität vor der gleichmäßigen Geschicklichkeit des kaltblütigen Amerikaners vorteilhaft auszeichnete. Um nicht auf den Antrieb zur Zusam-menraffung seiner Kräfte ganz zu verzichten, machte Anderssen in den folgenden Jahren zu widerholten Malen Ausflüge nach Berlin und Leipzig; besonders häufig waren seine Besuche Berlins, als dort Suhle, Neumann und Hirschfeld gleichzeitig Zierden der Schachgesellschaft waren. Seine Anwesenheit wurde dann diesen und den übrigen Matadoren von Mayet, den er zuerst zu be-suchen pflegte, durch den Warnungsruf „Anderssen ante portas" an-gekündigt. Nun saß er den ganzen Tag in dem damaligen Mielentzschen Garten vor dem Potsdamer Tor, der jetzt hat eingehen müssen, um einer im Bau begriffenen modernen Mietskaserne mit Wiener Café und Läden Platz zu machen, oder bei Josty in der Tiergartenstraße, und es war lustig zu sehen, wie die verschiedenen Berliner Spieler auf den Augenblick lauerten, wo die Reihe, mit Anderssen zu spielen, an sie kommen würde, bis endlich Abends mit Mayet die letzte Vorstellung gegeben wurde, die oft erst lange nach Mitternacht endigte, und nach deren Schluss der ganze Chorus unter

Führung Mayets ein Schlafseidel in der Leipzigerstraße aufsuchte, um so
den Schachtag würdig zu beschließen.

In diese Zeit fällt auch das zweite Londoner Turnier vom Jahre 1862,
zu welchem Anderssen sich speziell dadurch vorbereitete, dass er auf der
Hinreise nach London sich sowol in Leipzig als in Berlin einige Tage auf-
hielt, um mit den hier wie dort weilenden starken Spielern eine Reihe von
Kämpfen auszufechten. Für dieses Turnier war die Anordnung getroffen,
dass jeder der Teilnehmer mit jedem anderen eine entschiedene Partie zu
spielen hatte; unentschiedene Partien wurden als nicht gespielt angesehen.
Das Turnier zählte 14 Teilnehmer: Anderssen, Barnes, Blackburne, Deacon,
Dubois, Green, Hannah, Löwenthal, MacDonnel, Mongredien, Owen, L.Paulsen,
Robey und Steinitz, von denen jedoch Löwenthal, nachdem er drei Partien
gespielt und sämmtlich gewonnen hatte, aus anderweitigen Gründen die
fernere Teilnahme aufgeben musste, und Deacon, nachdem er zwei Partien
gewonnen und fünf verloren hatte, gleichfalls zurücktrat. Anderssen errang
auch diesmal den ersten Preis, indem er nur gegen Owen verlor und über die
anderen elf Gegner siegte. Der zweite Preis fiel unserem Landsmann L. Paulsen
zu, der nur gegen Anderssen und Dubois verlor, gegen die übrigen Teilnehmer aber gewann.

In den folgenden Jahren war es außer widerholten Ausflügen nach Berlin
und Leipzig die in Breslau unter seinen Augen vor sich gehende Entwicklung
einiger jungen Schachtalente, von denen wir nur Mieses und Zukertort erwähnen, die ihn einigermaßen in Atem erhielt, und auch in der jüngsten
Zeit haben sich nach langer Pause in Breslau wieder einige der Ausbildung
würdige Schachspieler hervorgetan, die in gebührendem Respekt zu erhalten
nach Anderssens eigener Aussage seine volle Aufmerksamkeit in Anspruch
nimmt und sein Interesse am Schachspiel rege erhält.

Die Turniererfolge, welche in diese Zeit seit 1862 fallen, namentlich zu
Baden-Baden 1870, wo er ebenfalls den ersten Preis erstritt, und zu Wien
1873, wo ihm allerdings das Glück weniger hold war, sowie auf mehreren
Kongressen des westdeutschen, norddeutschen und mitteldeutschen Schachbundes, finden sich auf den nächsten Seiten, die von diesen Kongressen handeln,
genauer verzeichnet. An dem internationalen Turnier zu Paris 1867 teil-
zunehmen war Anderssen leider verhindert, und es war ihm deshalb die
Gelegenheit entzogen, die daselbst im Kampf gegen Morphy erlittene Schlappe
wider gutzumachen.

Gegen L. Paulsen hat Anderssen mit wechselndem Erfolg gespielt, und die Wage hat sich noch nicht endgiltig nach der einen oder anderen Seite geneigt. Auf den verschiedenen Turnieren, an denen sie beide teilnahmen, hat bald dieser bald jener die Palme errungen, und auch in den besonderen Wettkämpfen, die sie ausgefochten haben, hat das Kriegsglück bald dem einen bald dem anderen seine Gunst erwiesen.

Auf die Theorie der Eröffnungen hat Anderssen durch Forschungen, Analysen und praktische Versuche einen sehr wesentlichen Einfluss ausgeübt; manchen Zug, der lange Zeit für den besten galt, hat er widerlegt, und umgekehrt sind Züge, die man für durchaus schwach und kompromittirend erachtete, von ihm aus ihrer Vergessenheit hervorgeholt und zu Ehren gebracht worden. Hierüber ein besonderes Kapitel zu schreiben würde sich allerdings lohnen; doch ist uns diese Arbeit in dankenswertester Weise von kompetenterer Seite abgenommen worden, ohne dass unsere Leser auf dieselbe Verzicht zu leisten brauchen. Sie finden dieselbe in dem an den Jubilar gerichteten Schreiben des Herrn v. d. Lasa, welches an der Festtafel in Leipzig zur Verlesung gelangte, und welches wir an der betreffenden Stelle im Kongressbericht wörtlich zum Abdruck bringen.

Auch mit dem Problemwesen hat Anderssen sich in früheren Jahren beschäftigt und selbst eine Anzahl ideenreicher Aufgaben verfasst, die auch im Druck erschienen und für manchen jungen Anfänger Gegenstand des eifrigsten Studiums gewesen sind. Später hat er jedoch, wie die meisten starken Schachspieler, diesen Kultus bei Seite gelassen und sein Interesse ausschließlich dem praktischen Spiel zugewandt.

Wir schließen diese Skizze mit dem Wunsche, der gewiss jedem deutschen Schachspieler aus dem Herzen gesprochen ist, dass es unserem Altmeister Anderssen noch lange Jahre vergönnt sein möge, die Blüte zu schauen, zu welcher in Folge seiner Siege das Schachspiel in unserem Vaterlande gelangt ist; und sich an den Früchten zu erfreuen, welche sein Wirken und Streben getragen hat.

II. Rückblick auf die bisherigen deutschen Schachkongresse.

Trotz des ehrwürdigen Alters, dessen sich die Pflege des Schachspiels in Deutschland erfreut, und obgleich es an bedeutenden Spielern bei uns so wenig wie bei anderen Nationen gefehlt hat, vermisste man doch lange ein geselligeres Zusammenhalten und ein Zusammentreten zu größeren Vereinigungen mit öffentlichen Wettkämpfen, wie es namentlich in England schon üblich war; es fehlte dazu der äußere Anstoß, ohne welchen der Deutsche, in früheren Zeiten wenigstens, nicht leicht eine Initative zu ergreifen und aus seiner passiven und abwartenden Stellung heraus vor die Oeffentlichkeit zu treten pflegte. Erst als im Jahre 1851 es unserem Anderssen gelungen war, auf dem ersten großen internationalen Turnier zu London die Palme zu erringen und die zahlreichen Gegner, die ihm das Ausland gegenüberstellte, aus dem Felde zu schlagen, da erwachte in Deutschland die Einsicht, dass der deutsche Genius doch recht wol im Stande sei, den Kampf mit den bedeutenden Vorkämpfern der fremden Völker aufzunehmen und es ihnen auf theoretischem wie auf praktischem Gebiete gleichzutun. Die Folge dieser Ueberzeugung war eine lebhaftere Pflege des edlen Spiels im kleinen wie im großen, und die Gründung vieler Schachvereine in den folgenden Jahren legte hierfür ein beredtes Zeugnis ab.

. Besonders zahlreich erstanden solche Vereine in den Rheinlanden, wo überhaupt ein regerer Verkehr der Interessen und ausgebildetere Verkehrswege die Menschen näher aneinander rücken. Dem geselligen Sinn des Rheinländers genügten die Lokalvereine bald nicht mehr, und zehn Jahre nach dem ersten Londoner Siege Anderssens, zu der Zeit, als im Bristoler Turnier 1861

widerum zwei Deutsche, unsere großen Landsleute Louis Paulsen und
Ignaz Kolisch, mit Erfolg gegen englische und französische Spieler in die
Schranken traten, wurde die weitergehende Idee wachgerufen, eine größere
Anzahl von Schachgesellschaften zu einem Verbande zu vereinigen und
auf diese Weise ähnliche Schachkongresse, wie sie zuerst in England
stattgefunden hatten, mit gemeinschaftlichen Kämpfen und Turnieren, wenn
auch zunächst in kleinerem Maßstabe, zu veranstalten. Die einmal angeregte
Idee wurde schnell ihrer Verwirklichung entgegengeführt; eine Anzahl begeisterter Männer, von denen wir besonders Georg Schnitzler in Düsseldorf, Alfred Schlieper und Otto Wülfing in Elberfeld, Johannes Kohtz
und Karl Kockelkorn in Köln hervorheben, veranlaßten gegen das Ende
des Monats September eine Zusammenkunft rheinländischer Schachfreunde
zu Düsseldorf, — den ersten rheinischen Schachkongress. Auf demselben wurde der Gedanke einer dauernden Vereinigung näher besprochen,
mit Begeisterung aufgenommen und mit dem lebhaftesten Eifer ins Werk
gesetzt: schon bei der nächsten Wiederholung des Kongresses im September
1862 wurde die geplante Gründung des westdeutschen Schachbundes
zur vollendeten Tatsache. Zur Förderung des Unternehmens trug nicht wenig
der neue Sieg bei, den Anderssen auf dem zweiten großen Londoner Turnier,
Mitte Juni bis Anfang August 1862, inzwischen erfochten hatte, sowie das
persönliche Kennenlernen des Siegers, welcher auf der Rückreise von London
in seine Heimat die bedeutenderen rheinischen Städte berührte und sich einige
Tage daselbst aufhielt.

Die Tätigkeit des neugegründeten Bundes, welcher noch heute besteht
und auf eine reiche Vergangenheit zurückblickt, äußerte sich in erster Linie
in ·der Veranstaltung fernerer Schachkongresse zur Pflege des praktischen
Spiels wie des Problemwesens; mit Ausnahme der Kriegsjahre 1866 und 1870
und der finanziell ungünstigen Periode von 1872 bis 1875 fanden während
der ganzen Dauer des Bestehens des Bundes derartige Kongresse regelmäßig
alljährlich statt und gaben den Mitgliedern des Bundes Gelegenheit, die von
den einzelnen gewonnenen Erfahrungen in größerem Kreise zur Geltung
zu bringen und gegenseitig auszutauschen. Durch Veranstaltung von Pro-
duktionen im Blindlingsspiel, in welchem sich ebenfalls gerade deutsche
Schachspieler eine hervorragende Fertigkeit erworben haben, wurde auch
das Interesse des Laienpublikums erweckt. Auf diese Weise wurde fort-
während nach allen Seiten anregend gewirkt, und das Schachspiel verdankt

diesem Bunde nicht zum geringsten Teil die Blüte, in der es sich gegenwärtig in Deutschland befindet.

Nach dem Vorbilde des westdeutschen Schachbundes entstanden in späteren Jahren andere Verbände: 1868 der norddeutsche, 1870 der österreichische (denn es wird uns gestattet sein, von den politischen Grenzen hier abzusehen und das deutschsprechende Oesterreich mit zu Deutschland zu rechnen), 1871 der mitteldeutsche Schachbund — der letztere der eigentliche Schöpfer der Feier, deren Darstellung die Aufgabe des vorliegenden Werkes ist, und der Urheber der nunmehr in Aussicht stehenden Verwirklichung des längst gehegten Wunsches nach Gründung eines allgemeinen deutschen Schachbundes. Auch von der Entstehung eines süddeutschen Schachbundes wurde 1874 in der Schachzeitung berichtet, doch hat dieser Bund noch keine Spuren seines Daseins erblicken lassen, vielmehr haben sich inzwischen Städte wie Frankfurt a. M. und Wiesbaden, die einem süddeutschen Bunde hätten angehören können, dem westdeutschen angeschlossen.

Schließlich verdanken wir der rastlosen energischen Tätigkeit hervorragender Schachfreunde noch einige andere Kongresse außerhalb des Rahmens der eben aufgeführten Schachverbände: den internationalen Kongress von Baden-Baden 1870, die Kongresse von Wiesbaden und Ems 1871, sowie den internationalen Kongress von Wien 1873.

Betrachten wir nun die genannten Schachverbände und Schachkongresse der Reihe nach.

A. Der westdeutsche Schachbund.

Der erste rheinische Schachkongress fand zu Düsseldorf am 22.° September 1861 statt. Ein besonderes Programm war für denselben nicht aufgestellt worden, eigentliche Turniere fanden nicht statt; der Hauptzweck des Kongresses war eben nur persönliche Zusammenkunft und Besprechung über eine festere Organisation. Natürlich wurden bei dieser Gelegenheit auch lebhafte Schachkämpfe zwischen den erschienenen Herren ausgefochten. Aus weiterer Ferne war der rühmlichst bekannte Schachveteran Graf Vitzthum aus Dresden herbeigeeilt.

Auch für die drei folgenden Kongresse des nunmehr begründeten westdeutschen Schachbundes wurde das bequem gelegene Düsseldorf zum Schauplatz erkoren.

Der zweite Kongress begann am 7. September 1862; von auswärts waren außer dem Grafen Vitzthum der damalige Redakteur der Schachzeitung Dr. Max Lange, welcher der Idee des Bundes ein hervorragendes Interesse und hohen Eifer widmete, ferner Louis und Wilfried Paulsen aus Nassengrund bei Blomberg u. a. erschienen. Louis Paulsen gab eine Blindlingsvorstellung zum besten, indem er gegen zehn verschiedene Gegner zu gleicher Zeit aus dem Gedächtnis spielte, beteiligte sich aber am Turnier nicht. Letzteres zählte acht Teilnehmer; den ersten Preis erstritt Dr. Max Lange.

An dem dritten Kongress, 30. und 31. August 1863, nahm außer Dr. Max Lange und Wilfried Paulsen noch Viktor Knorre aus Berlin teil; auch trat ein starker österreichischer Spieler, Advokat Dr. Bossy, mit in die Schranken, welcher am Mainzer Juristentag teilgenommen hatte und nach dessen Beendigung die Heimreise durch einen Besuch des Düsseldorfer Schachkongresses unterbrach. Diesmal kämpften im Hauptturnier zwölf Spieler gegeneinander; der erste Preis fiel widerum Dr. Max Lange zu. Louis Paulsen spielte auch diesmal zehn gleichzeitige Partien aus dem Gedächtnis.

Zum vierten Kongress versammelten sich die Bundesmitglieder am 28. und 29. August 1864. Von auswärts waren diesmal nur Graf Vitzthum und Dr. Max Lange erschienen; der letztere errang widerum den ersten Preis im Hauptturnier.

Von dem nächsten Jahre ab steigerte sich die Bedeutung des westdeutschen Schachbundes immer mehr, indem die Beteiligung der auswärtigen Spieler an den Kongressen stetig zunahm. Der Bund dehnte sich von Jahr zu Jahr weiter aus, seine Mittel wuchsen, und so wurde es möglich, von nun an stets zwei Hauptturniere einzurichten, von denen das erste den Namen „Meister-" oder „Fremdenturnier", später „allgemeines Hauptturnier" erhielt, während das zweite das „rheinische Hauptturnier" genannt wurde. Außerdem fanden noch Nebenturniere für schwächere Spieler und Tombolaturniere statt; auch die Pflege des Problemwesens wurde durch Problemturniere und Lösungsturniere weiter fortgesetzt. Diese Reichhaltigkeit der Programme und die hohe Liebenswürdigkeit und Gastlichkeit der rheinischen Schachfreunde gegen ihre zum Teil aus weiter Ferne herbeikommenden Gäste führte es mit sich, dass die Kongresse gewöhnlich bedeutend längere Zeit in Anspruch nahmen, als im Programm dafür angesetzt war, so dass häufig dieser oder jener Teilnehmer, der sich nur auf die programmmäßige Dauer eingerichtet hatte, den Schluss der Turniere nicht abwarten konnte, sondern schon vorher die Heimreise antreten musste. Natürlich war dies zuweilen mit Unzuträglichkeiten für den Ausgang der Turniere verknüpft, die in neuerer Zeit durch eine strengere Handhabung der Turnierordnung mit Glück vermieden worden sind.

Der fünfte Kongress hatte sich einen anderen Schauplatz ausersehen als seine Vorgänger: er tagte am 27., 28. und 29. August 1865 zu Elberfeld. Zu demselben waren erschienen: Wilfried Paulsen, Viktor Knorre, der Redakteur der 1864 begründeten, 1871 eingegangenen „Neuen Berliner Schachzeitung" G. R. Neumann aus Berlin, J. Pinedo und A. de Lelie aus Amsterdam. Der erste Preis im Meisterturnier fiel G. R. Neumann zu, während im rheinischen Hauptturnier G. Schnitzler aus Düsseldorf und J. Kohtz aus Köln die Palme errangen. Louis Paulsen spielte widerum zehn gleichzeitige Blindlingspartien.

Im Jahre 1866 wurde, wie bereits erwähnt, wegen der Kriegszeiten ein Kongress nicht abgehalten; die Pause wurde ausgefüllt durch ein „Wuppertaler Schachkränzchen", welches die Vereine von Barmen und Elberfeld am 13. und 14. Oktober zu Unterbarmen veranstalteten. Auswärtige Schachspieler waren zu demselben nicht erschienen, doch waren die rheinischen Schachvereine zahlreich vertreten. Die beiden ersten Preise in dem veranstalteten Hauptturniere errangen C. Höing aus Elberfeld und Ed. Hammacher aus Köln.

Der sechste Kongress wurde 1867 in Köln abgehalten und nahm die Zeit vom 31. August bis 4. September in Anspruch. Von auswärts stellten sich ein: Louis und Wilfried Paulsen, deren ersterer wider eine Blindlingsproduktion von zehn gleichzeitigen Partien ausführte, ferner Graf Vitzthum, der ehrwürdige Schachveteran A. Ehrmann aus Straßburg und E. Schallopp aus Berlin. Im Meisterturnier erstritt Wilfried Paulsen, im rheinischen Hauptturnier Johannes Kohtz aus Köln den ersten Preis.

Der Kölner Kongress war auf Veranlassung des überaus rührigen Vorsitzenden des Lokalkomitees Herrn Ed. Hammacher in einem bedeutend größeren Maßstabe als die früheren angelegt worden; die späteren Kongresse folgten dem von Köln gegebenen lobenswerten Beispiel, und es fehlte in der Folge auf keinem Kongresse an dem Besuch hervorragender Meister.

Der siebente Kongress tagte 1868 in den ersten Tagen des August zu Aachen und sah als Teilnehmer am Meisterturnier: Dr. Max Lange,

Wilfried Paulsen, E. Schallopp, J. H. Zukertort, welcher inzwischen
die Redaktion der „Neuen Berliner Schachzeitung" übernommen hatte, und
zum ersten Male unseren Großmeister A. Anderssen. Den ersten Preis
im Meisterturnier erstritt Dr. Max Lange, im rheinischen Hauptturnier
der leider inzwischen im Jünglingsalter verstorbene Franz Tendering aus
Bonn. Louis Paulsen spielte fünf gleichzeitige Blindlingspartien, desgleichen
am folgenden Tage J. H. Zukertort.

Am achten Kongress, welcher vom 6. bis 13. August 1869 zu Barmen
abgehalten wurde, nahmen von auswärts teil: A. Anderssen, Wilfried
Paulsen, E. Schallopp, J. H. Zukertort, ferner der damalige Redakteur der Leipziger „Schachzeitung" Johannes Minckwitz und Richard
Hein aus Magdeburg. Im Meisterturnier erkämpfte A. Anderssen, im
rheinischen Hauptturnier Dr. C. Göring aus Bonn den ersten Preis. Im
Blindlingsspiel fand diesmal eine Doppelproduktion statt, indem
J. H. Zukertort und E. Schallopp je sechs Partien zu gleicher Zeit spielten,
darunter je vier gegen acht verschiedene Gegner und zwei Partien gegen
einander.

Der neunte Kongress wurde wegen des Krieges um ein Jahr hinaus-
gerückt und tagte vom 4. bis 12. August 1871 zu Krefeld. Das Meisterturnier, an welchem sich A. Anderssen, Louis und Wilfried Paulsen,
Johannes Minckwitz, Dr. C. Göring und C. Pitschel aus Altenburg
in Sachsen beteiligten, nahm keinen entschiedenen Ausgang; nach acht-
tägigem Kampfe hatten Anderssen, Minckwitz und L. Paulsen ein gleiches
Resultat erzielt, und es wurde, da der Kongress schon überlange gedauert
hatte, das Uebereinkommen getroffen, dass die beiden ausgesetzten Preise
zu gleichen Teilen unter sie geteilt wurden. Die vier Preise im rheinischen
Hauptturnier fielen sämmtlich nach Köln, und zwar an C. Leffmann,
C. Kockelkorn, C. Wemmers und Ed. Hammacher. Das Blindlingsspiel
hatte wider Louis Paulsen übernommen; derselbe führte jedoch diesmal, weil
er am Meisterturnier teilnahm und nicht zu viel Zeit opfern konnte, nur sechs
gleichzeitige Partien.

Nach einer mehrjährigen Pause feierte der Bund seine Auferstehung
an demselben Orte, wo seine Wiege gestanden hatte, indem am 9., 10. und
11. September 1876 zu Düsseldorf der zehnte Kongress abgehalten wurde.
Der noch andauernden ungünstigen Verhältnisse halber war von einem eigentlichen Fremden- oder Meisterturnier im Programm Abstand genommen.

worden; trotzdem hatten sich von auswärts Wilfried Paulsen, Ernst Flechsig aus Leipzig und Dr. C. Schwede aus Dresden eingefunden. Durch das bereitwillige Entgegenkommen des Düsseldorfer Komitees wurde es ermöglicht, einen Preis für ein improvisirtes Meisterturnier auszusetzen, in welchem mit den genannten Drei Emil Asbeck aus Barmen in die Schranken trat. Der Preis fiel Wilfried Paulsen zu. Im rheinischen Hauptturnier gewann Karl Kockelkorn aus Köln den ersten Preis.

Der elfte Kongress, der allerdings nicht mehr zu den Vorläufern der Anderssenfeier gehört, sondern erst nach ihr stattfand, wurde vom 18. bis 21. August 1877 in Köln abgehalten. Zum Meisterturnier waren erschienen: J. H. Zukertort, der seit mehreren Jahren in London weilt und von dort zur Anderssenfeier nach Leipzig deputirt worden war, E. Schallopp, Joh. Metger aus Groothusen bei Pewsum (Stud. jur. zu Göttingen), Dr. C. Göring und ein junger englischer Schachspieler, der ungenannt zu bleiben wünscht; ausserdem beteiligte sich von Köln C. Wemmers, der im mitteldeutschen Hauptturnier zu Leipzig den ersten Preis davongetragen hatte. Als Sieger ging aus dem Meisterturnier J. H. Zukertort, aus dem westdeutschen Hauptturnier Ed. Hammacher von Köln hervor. J. H. Zukertort und E. Schallopp gaben wider eine gemeinschaftliche Blindlingsproduktion, indem sie eine Partie gegeneinander und je fünf Partien gegen zehn verschiedene Gegner gleichzeitig führten.

Für den zwölften Kongress, der Ende Juli 1878 stattfinden soll, ist Frankfurt a. M. in Aussicht genommen.

B. Der norddeutsche Schachbund.

Der norddeutsche Schachbund wurde im Jahre 1868 durch Schachfreunde von Hamburg und Altona, unter welchen an erster Stelle Ernst Hartwig aus Hamburg zu nennen ist, und denen sich mit unermüdlichem Eifer Dr. Max Lange aus Leipzig angeschlossen hatte, ins Leben gerufen und betätigte sein Dasein durch alsbaldige Veranstaltung eines Schachkongresses, der vom 31. Mai bis 2. Juni 1868 in Hamburg abgehalten wurde. Von auswärtigen Spielern beteiligten sich am ersten Hauptturnier: Dr. Max Lange, E. Schallopp, Justizrat Dr. Schliemann aus Schwerin, R. Hein und Freiherr von Reibnitz aus Magdeburg. Den ersten Preis in diesem

Turnier errang Dr. Max Lange, den im zweiten Hauptturnier A. Alexander
aus Hamburg. E. Schallopp spielte acht Partien gleichzeitig aus dem Gedächtnis; außerdem gab R. Hein im Hamburger Schachklub eine Blindlingsproduktion von sechs Partien zum besten.

Der Bund veranstaltete bereits im folgenden Jahre, 1869, einen zweiten
Kongress, der am 25. Juli gleichfalls in Hamburg eröffnet wurde und am
2. August sein Ende erreichte. Die Teilnahme auswärtiger Schachspieler an
demselben war eine recht stattliche: man erblickte A. Anderssen, L. Paulsen, Johannes Minckwitz, E. Schallopp und J. H. Zukertort, mit
denen der Sieger des vorjährigen zweiten Turniers A. Alexander im
Meisterturnier in die Schranken trat. Als erster Sieger ging A. Anderssen,
als zweiter L. Paulsen hervor; im norddeutschen Hauptturnier errang
Ernst Hartwig aus Hamburg den ersten Preis. Die Blindlingsvorstellung
war J. H. Zukertort übertragen; derselbe spielte neun Partien gleichzeitig.

Der norddeutsche Bund hat das wesentliche Verdienst, die stille Zeit,
in welcher der westdeutsche feierte, durch einen dritten Kongress unter-
brochen zu haben, welcher in den Tagen vom 25. bis 28. Juli 1872 zu Altona
stattfand, und zu welchem von auswärtigen Meistern A. Anderssen,
E. Schallopp, G. R. Neumann, Dr. C. Göring und C. Pitschel erschienen waren. Den ersten Preis im Meisterturnier erstritt widerum
A. Anderssen, den zweiten G. R. Neumann. Im norddeutschen Hauptturnier trug Gerichtsrat Jasper den Sieg davon. Das Blindlingsspiel übernahm E. Schallopp, welcher acht Partien gleichzeitig führte.

Seitdem ist der norddeutsche Schachbund trotz der angestrengtesten
Bemühungen, an denen es die beteiligten Vereine nicht haben fehlen lassen,
noch nicht wider im Stande gewesen, einen neuen Kongress zu veranstalten.
Hoffen wir auf eine um so regere Beteiligung aller seiner Mitglieder bei dem
allgemeinen deutschen Schachbund!

C. Der österreichische Schachbund.

Dem Beispiel West- und Norddeutschlands folgte 1870 Oesterreich
oder doch wenigstens einige österreichische Schachvereine, Graz an der
Spitze, die zu einem österreichischen Schachbund zusammentraten und
zum 15. September 1870 einen Schachkongress nach Graz beriefen. Leider

war der Zeitpunkt der Gründung des Bundes wegen des deutsch-französischen Krieges ein so ungünstiger, dass der erwartete Erfolg ausblieb; weder Pest noch Wien noch selbst Prag vermochten sich den Grazer Bestrebungen anzuschließen, und der Bund dürfte daher mit diesem einen Kongress vorläufig seine Endschaft erreicht haben. Das Turnier, an welchem sich 14 Kämpen. nämlich J. Berger, Dr. Blaschke, Robert Braune aus Gottschee, Graf Corti, C. Fridrich aus Laibach, Dr. C. Göring, v. Herms, Feldmarschalllieutenant Jungbauer, K. Kos, v. Kuenberg, Dr. Leyer, Rechtsanwalt Dr. Posener, v. Steindl und F. Wewerka aus Klagenfurt, beteiligten, dauerte bis zum 23. September; die ausgesetzten vier Preise fielen an J. Berger, K. Kos, Dr. C. Göring und Feldmarschalllieutenant Jungbauer.

D. Der mitteldeutsche Schachbund.

Als Ersatz für den norddeutschen Schachbund hatte sich Ende 1871 der mitteldeutsche gebildet, ins Leben gerufen durch die Bemühungen der eifrigen und rührigen Leipziger Schachfreunde, insbesondere des verdienstvollen Präsidenten der Leipziger „Augustea", Geh. Hofrats Dr. Rudolf Gottschall.

Der erste mitteldeutsche Schachkongress tagte zu Leipzig vom 27. bis 31. Dezember 1871. Am Meisterturnier beteiligten sich: A. Anderssen, Dr. C. Göring, C. Pitschel, Dr. S. Mieses, R. Schurig aus Leipzig und R. Peschmann aus Spaar bei Meißen. Den ersten Preis erstritt A. Anderssen, den zweiten Dr. S. Mieses. Im mitteldeutschen Hauptturnier trug Stud. math. Ernst Flechsig von Leipzig den ersten Preis davon. Zur Blindlingsproduktion kam E. Schallopp aus Berlin herüber; derselbe spielte 7 Partien gleichzeitig.

Fast schien es, als sollten die ungünstigen Verhältnisse der folgenden Jahre dem Leipziger oder mitteldeutschen Schachbund die fernere Existenz unmöglich machen, und wirklich dauerte es volle fünfthalb Jahre, ehe der Bund ein neues Lebenszeichen von sich zu geben vermochte; dafür war allerdings das Resultat ein um so glänzenderes. Der zweite Kongress des mitteldeutschen Schachbundes fand in den Tagen vom 9. bis 13. Juli 1876 wiederum zu Leipzig statt; zum Meisterturnier waren A. Anderssen, L. Paulsen, E. Schallopp, C. Pitschel, und von Weimar C. Berber erschienen, aus

Leipzig stellte sich Dr. Göring mit den genannten in die Schranken. Den
Sieg erstritt A. Anderssen; im mitteldeutschen Hauptturnier errang Stud.
jur. Joh. Metger den ersten Preis. Das Blindlingsspiel übernahm auch diesmal E. Schallopp, welcher 8 Partien gleichzeitig führte. Nach dem eigentlichen Schluss des Kongresses wurde noch ein Wettkampf zwischen Anderssen und Paulsen veranstaltet, aus welchem der letztere, der im
Turnier selbst durch die Ungunst Fortunas keinen Preis erlangt hatte, als
Sieger hervorging.

Das Hauptverdienst dieses zweiten Leipziger Kongresses aber und somit
des mitteldeutschen Schachbundes selbst ist, dass durch seine Vermittelung
der von Dr. C. Göring angeregte Gedanke der Anderssenfeier in gediegenster
Weise zur Ausführung gelangt ist.

E. Sonstige Schachkongresse.

Der große internationale Schachkongress von Baden-Baden
im Jahre 1870 verdankt seine Entstehung den Bemühungen des berühmten
Schachmeisters I. Kolisch, der leider in den letzten Jehrzehnten nur selten
an die Oeffentlichkeit zu treten Gelegenheit gehabt hat. Der Kongress wurde
durch seine Besetzung zu einem der bedeutendsten internationalen Kongresse,
die je abgehalten worden sind; er war der erste wirklich internationale Kongress auf deutschem Boden. Denn wenngleich die jetzigen deutschen Schachverbände auch jedem Ausländer die Beteiligung an ihren allgemeinen Hauptturnieren gestatten, so können doch die Preise noch immer nicht derart
normirt werden, dass bedeutende ausländische Spieler sich veranlasst sehen
könnten, den Kampf um dieselben aufzunehmen und die Kosten einer Reise
nach Deutschland daranzusetzen. Der Baden-Badener Kongress begann unter
dem Vorsitz des Fürsten Stourdza am 18. Juli 1870 und wurde trotz der
bedenklichen Nähe des Kriegsschauplatzes unbeirrt zu Ende geführt; der
Schluss fand am 4. August 1870 statt. Es beteiligten sich an demselben:
A. Anderssen, J. H. Blackburne aus London, Johannes Minckwitz,
G. R. Neumann, L. Paulsen, S. Rosenthal aus Paris, Wilhelm Steinitz
aus London, Adolf Stern aus Ludwigshafen a. Rh., Cecil de Vere aus Paris
und S. Winawer aus Warschau. Als Preisträger gingen aus den Kämpfen
A. Anderssen und W. Steinitz hervor; der dritte Preis fiel an J. H. Blackburne und G. R. Neumann gemeinschaftlich.

Im August 1871, unmittelbar nach Beendigung des Krefelder Kongresses, wurde auf Anregung von Dr. C. Göring und Johannes Minckwitz ein Schachkongress zu Wiesbaden mit mehreren Turnieren ins Leben gerufen. Am ersten Turnier beteiligten sich außer den beiden genannten: General-lieutenant von Hanneken, A. Stern und ein ungenannter Schachfreund aus London; den ersten Preis errang Dr. C. Göring, den zweiten A. Stern. Im zweiten Turnier fiel der erste Preis an Herrn Premierlieutenant v. Besser, im dritten an Herrn J. W. Camphausen aus Wiesbaden.

Im folgenden Monat desselben Jahres gelang es den Bemühungen von Dr. S. Mieses und A. Stern, auch zu Ems einen Schachkongress zu veranstalten, an dessen Hauptturnier sich außer ihnen noch Dr. C. Göring, Tycociner aus Warschau und der Reichstagsabgeordnete Metz aus Darmstadt beteiligten. Als Sieger gingen Dr. Mieses, A. Stern und Metz hervor. Im Nebenturnier errang Herr E. Balzer aus Ems den ersten Preis.

An letzter, aber nicht unterster Stelle bleibt zu erwähnen das internationale Turnier zu Wien, welches durch die Wiener Schachgesellschaft gelegentlich der Weltausstellung 1873 veranstaltet wurde, und um dessen Zustandekommen und Arrangement sich hauptsächlich der Präsident der Wiener Schachgesellschaft Baron S. Albert von Rothschild und sein Stellvertreter Ignaz Kolisch verdient gemacht haben. Das Turnier begann am 21. Juli und endigte am 29. August. Teilnehmer waren: A. Anderssen, L. Paulsen, J. H. Blackburne, S. Rosenthal, W. Steinitz, C. Pitschel, Bird aus London, und die Wiener Kämpen Dr. Max Fleißig, Oskar Gelbfuhs, Josef Heral, Dr. Philipp Meitner und Adolf Schwarz. Die ausgesetzten vier Preise erstritten W. Steinitz, J. H. Blackburne, A. Anderssen und S. Rosenthal.

Wir vervollständigen die vorstehende Uebersicht durch folgende chronologische Tabelle:

1861. 22. Sept. Rhein. Schachkongress (1. Kongress d. westdeutschen Schachb.) zu Düsseldorf.
1862. 7. und 8. Sept. 2. Kongress des westdeutschen Schachbundes zu Düsseldorf.
1863. 30. und 31. Aug. 3. Kongress des westdeutschen Schachbundes zu Düsseldorf.
1864. 28. und 29. Aug. 4. Kongress des westdeutschen Schachbundes zu Düsseldorf.
1865. 27. bis 29. Aug. 5. Kongress des westdeutschen Schachbundes zu Elberfeld.
1866. 13. und 14. Okt. Wuppertaler Schachkränzchen zu Unterbarmen.

1867. 31. Aug. bis 4. Sept. 6. Kongress des westdeutschen Schachbundes zu Köln.
1868. 31. Mai bis 2. Juni. 1. Kongress des norddeutschen Schachbundes zu Hamburg.
      2. bis 6. Aug. 7. Kongress des westdeutschen Schachbundes zu Aachen.
1869. 25. Juli bis 2. Aug. 2. Kongress des norddeutschen Schachbundes zu Hamburg.
      6. bis 13. Aug. 8. Kongress des westdeutschen Schachbundes zu Barmen.
1870. 18. Juli bis 4. Aug. Internationaler Schachkongress zu Baden-Baden.
      15. bis 23. Sept. Kongress des österreichischen Schachbundes zu Graz.
1871.   4. bis 12. Aug. 9. Kongress des westdeutschen Schachbundes zu Krefeld.
      17. bis 20. Aug. Schachkongress zu Wiesbaden.
      12. bis 16. Sept. Schachkongress zu Ems.
      27. bis 31. Dez. 1. Kongress des mitteldeutschen Schachbundes zu Leipzig.
1872. 25. bis 28. Juli. 3. Kongress des norddeutschen Schachbundes zu Altona.
1873. 21. Juli bis 29. Aug. Internationales Schachturnier zu Wien.
1876.   9. bis 13. Juli. 2. Kongress des mitteldeutschen Schachbundes zu Leipzig.
      9. bis 11. Sept. 10. Kongress des westdeutschen Schachbundes zu Düsseldorf.
1877. 15. bis 21. Juli. Anderssen-Feier zu Leipzig.
      18. bis 21. Aug. 11. Kongress des westdeutschen Schachbundes zu Köln.

III. Vorbereitungen zum Kongress.

Widerholt ist im Laufe der verflossenen siebzehn Jahre, seitdem der erste Schachbund in Deutschland sich bildete, der Gedanke angeregt und öffentlich besprochen worden, einen allgemein deutschen Schachbund ins Leben zu rufen; doch blieb es bei dem bloßen Gedanken, da die zu seiner Verwirklichung erforderlichen Mittel fehlten. Dem zweiten mitteldeutschen Kongress, der im Juli 1876 zu Leipzig abgehalten wurde, war es vorbehalten, die Frage um ein beträchtliches Stück ihrer Lösung näher zu führen. An der Festtafel dieses Kongresses nahm der Vertreter Leipzigs beim Meisterspiel, Dr. C. Göring, das Wort, um in humordurchwürzter Rede die Aufmerksamkeit darauf zu lenken, dass unser Altmeister Anderssen, der als Knabe von neun Jahren das Schachspiel erlernte, im Jahre 1877 sein neunundfünfzigstes Lebensjahr zurücklege, und dass also die Schachwelt Veranlassung habe, Anderssens fünfzigjähriges Schachjubiläum zu feiern. Aber wie? Er erinnerte daran, dass ein anderer großer Schachspieler einst einem Gastgeber, der ihn mehrere Tage freigebig bewirtet hatte, seinen Dank dadurch abstattete, dass er ihn am letzten Tage eine Schachpartie gewinnen ließ: ähnlich könne man die Sache auch hier anstellen und Anderssen „eine Partie gewinnen lassen", d. h. einen Kongress veranstalten, Turnierpreise aussetzen und dem sieggewohnten Altmeister überlassen, sich einen derselben als Fest- und Ehrengeschenk zuzueignen. Allerdings würden die dazu erforderlichen Kosten von dem mitteldeutschen Schachbund, der übrigens kaum ein „Bund" zu nennen sei, da er eigentlich von den Leipziger Schachvereinen allein repräsentirt werde, nicht aufgebracht werden können; doch das würde sich finden, wenn man nur der Idee selber zustimmen wolle. Und die Versammlung stimmte der Idee mit Jubel und Begeisterung zu; hatte man doch die feste Hoffnung, dass gerade diese Jubelfeier einen Anstoß bilden würde, wie er erforderlich ist, um deutsche Gemüter für eine große Idee zu erwärmen und zu deren Ausführung zu vereinigen, einen Anstoß zur Gründung des von vielen Seiten längst ersehnten allgemein deutschen Schachbundes. Denn diejenigen Elemente, welche der Vereinigung jetzt noch widerstrebten, weil sie vielleicht eine Hegemonie Leipzigs fürchteten, würden sich nicht zurückziehen, wo es sich darum handle, unserem überall hochgeschätzten Vorkämpfer Anderssen eine Ehre zu erweisen; man werde also Vertreter aus allen Gauen Deutschlands zur Jubelfeier in Leipzig haben und werde dann über das weitere mündlich verhandeln können, und der mündliche Austrag einer streitigen Angelegenheit habe sich noch allezeit als der praktischste und zweckmäßigste erwiesen.

Um für die durch einen Schachkongress entstehenden Kosten einen Grund zu legen, wurde an der von etwa dreißig Mitgliedern besetzten Festtafel sofort eine Zeichnungsliste in Umlauf gesetzt, die das ansehnliche Resultat von ungefähr 700 Mark ergab. Damit war eine solide Basis gegeben, auf der weiter operirt werden konnte, und alle weiteren Schritte zur Ausführung des Planes wurden dem Leipziger Komitee und seinem bewährten Schatzmeister H. Zwanzig überlassen.

Das Komitee begann alsbald eine reiche Tätigkeit zu entfalten: nach allen Seiten Deutschlands hin wurden Korrespondenzen gepflogen, Beziehungen angeknüpft und teilweise durch persönliche Zusammenkünfte befestigt. Es würde zu weit führen, hierüber ausführlichen Bericht zu erstatten, wir begnügen uns hier mit der Mitteilung der öffentlich in die Erscheinung tretenden Tatsachen.

Der erste derartige Schritt des Komitees war der Erlass des nachstehenden Aufrufs:

Aufruf zum Schachjubiläum Anderssens.

Der berühmte Veteran des deutschen Schachspiels, Professor Anderssen, feiert in diesem Jahre sein fünfzigjähriges Schachjubiläum, ein Ereignis, das von allen Jüngern, Meistern und Freunden des edlen Spiels mit Freuden begrüßt werden wird und keinesfalls unbeachtet vorübergehen darf.

Bei der letzten Versammlung des mitteldeutschen Schachbundes wurde eine Jubelfeier zu Ehren des Schachmeisters in Anregung gebracht, welche hier in Leipzig stattfinden soll, und zu welcher bereits durch zahlreiche

Unterschriften in erfreulicher Weise die finanzielle Grundlage gelegt wurde. Diese Feier soll am 8. Juli*) beginnen und ihren wesentlichen Bestandteil ein Meisterturnier bilden, an welchem sich der Jubilar selber beteiligen wird, außerdem ein Hauptturnier und mehrere Nebenturniere.

Wir laden hiermit die deutschen Schachklubs ein, durch Wahlen aus ihrer Mitte ein Komitee bilden zu helfen, welches die nötigen Anordnungen und Bestimmungen für die Jubelfeier zu treffen hat; nur Zeit und Ort derselben sind durch Uebereinkunft mit dem Jubilar festgesetzt, alles andere ist den Bestimmungen des zu konstituirenden Komitees überlassen.

Außer an die Schachklubs selbst richten wir diese Einladung an die hervorragenden Meister des Schachs, die einzelnen Klubs nicht angehören; jede Beitrittserklärung derselben zum Komitee wird mit Vergnügen entgegengenommen werden.

Wir zweifeln nicht, dass diese Einladung, die von einigen der ältesten Freunde des Meisters und von den Vertretern des mitteldeutschen Schachbundes ausgeht, in unserem ganzen Vaterlande ein freudiges Echo wecken wird, denn Anderssen hat ja auf seinem Schlachtfelde als wackerer Kämpe für den deutschen Ruhm gefochten und zweimal an der Themse dem deutschen Geist den Sieg über die Vertreter der anderen Nationen errungen. Ein Anderssen-Jubiläum wird in der Geschichte des deutschen Schachlebens stets als eins der bedeutendsten Ereignisse dastehen.

Wir widerholen daher die Bitte, baldmöglichst die gewünschte Entscheidung treffen zu wollen, da wir mit dem 1. März das Komitee als konstituirt betrachten werden, sodass dasselbe bald darauf die Programme und Einladungen zu der Feier selbst wird ergehen lassen können.

Alle Einsendungen bitten wir an

Herrn Zwanzig, Kassirer der „*Augustea*" (Leipzig, Alexanderstraße No. 20) zu richten.

Leipzig, den 20. Januar 1877.

Dr. Carl Göring. Geh. Hofr. Dr. Rudolf Gottschall. Dr. Max Lange. Johannes Minckwitz. Dr. Const. Schwede. H. Zwanzig.

---

*) Der Anfangstermin wurde später durch Beschluss des Komitees um eine Woche verschoben.

Dieser Aufruf, welcher durch die „deutsche Schachzeitung" im Januarheft 1877 veröffentlicht und außerdem an alle einflussreichen Schachfreunde und Schachklubs von ganz Deutschland versandt wurde, ermangelte des Erfolges nicht, zumal schon die Teilnehmer des 1876er Kongresses in ihren heimatlichen Vereinen aufs eifrigste für die Sache gewirkt hatten.

Nachdem das Komitee sich definitiv konstituirt hatte, hielt es am 23. März zu Leipzig eine Sitzung ab, in welcher zunächst auf mehrseitigen Antrag, namentlich mit Rücksicht auf den Beginn der Sommerferien an den verschiedenen Anstalten, die durch die Note auf S. 23 bereits angedeutete Verschiebung des Kongresses um eine Woche genehmigt und sodann beschlossen wurde, für das Meisterturnier, das doch jedenfalls den Mittelpunkt der Feier bilden sollte, für den Fall der Beteiligung von mindestens acht Spielern drei Preise bei einem Einsatz von zehn Mark pro Person auszusetzen, anderenfalls nur die üblichen zwei Preise bei sechs Mark Einsatz. In Folge des bereitwilligsten und freigebigsten Entgegenkommens der deutschen Schachvereine und der dadurch ermöglichten Disposition über bedeutendere Geldmittel konnte außerdem der zu allgemeiner Befriedigung gereichende Beschluss gefasst werden, dass dem Jubilar bei passender Gelegenheit während des Kongresses ein Ehrengeschenk zu überreichen sei. Als Lokal für den Kongress wurde widerum das Schützenhaus bestimmt.

Um den Kongress vollständig zu machen, durfte auch ein Problemturnier nicht fehlen; der in dieser Beziehung vom Komitee einige Tage später gefasste Beschluss wurde Anfang April durch nachstehende Publikation zur Kenntnis der Schachwelt gebracht:

Problemturnier des mitteldeutschen Schachbundes.

Das Komitee hat beschlossen, in Verbindung mit der diesjährigen „Anderssen-Feier" ein Problemturnier zu veranstalten.

Gefordert werden zwei bisher unveröffentlichte direkte Aufgaben in drei bis fünf Zügen, welche mit Namen und Adresse des Verfassers an den Obmann,

Herrn H. Zwanzig in Leipzig, Alexanderstraße 20,

bis spätestens den 20. Juni 1877 einzusenden sind. Der Obmann wird alle Bewerbungen auf gleichartigen Diagrammen kopiren und nur die Kopien

dem Preisrichter, Herrn Dr. C. Schwede, übergeben. Die beste Sendung erhält einen Preis von
100 Mark,
die zweitbeste einen solchen von
50 Mark.

Das Urteil erfolgt zur Zeit des Anderssen-Kongresses, wird jedoch erst dann rechtskräftig, wenn gegen die Korrektheit der prämiirten Aufgaben binnen vier Wochen nach deren Publikation in der „deutschen Schachzeitung" ein begründeter Einwand nicht erhoben worden ist.

Der Preisrichter behält sich das Recht vor, eventuell auch eine Aufgabe, wenn sie die korrekten Sendungen überragt, krönen zu dürfen,

Indem wir die Problemfreunde zu möglichst zahlreicher Beteiligung an diesem Turnier einladen, verbinden wir zugleich damit die Bitte, Einsendungen in Anbetracht der kargen Frist, welche dem Richter zur Prüfung der Probleme gewährt ist, möglichst frühzeitig machen zu wollen.

Das Komitee.
I. A.: H. Zwanzig.

Hiernach waren alle vorbereitenden Schritte getan, und das Komitee konnte am 10. April zur endgiltigen Aufstellung des Progamms für die Feier im ganzen schreiten; das Resultat dieser Feststellung war ein im Laufe des Mai in die deutschen Schachkreise verschicktes und im Juniheft der Schachzeitung abgedrucktes Programm, welches alle Programme früherer Schachkongresse an Reichhaltigkeit bei weitem überragte. Wir lassen auch dieses Programm im Wortlaut folgen.

Anderssen-Feier.

Schachkongress in Leipzig 1877.

Zur Zeit des zweiten mitteldeutschen Schachkongresses (Juli 1876) wurde von Mitgliedern des Bundes der Gedanke gefasst, das fünfzigjährige Schachjubiläum unseres berühmten Meisters, des Herrn Professor Adolf Anderssen in Breslau, festlich zu begehen und für diesen Zweck alle deutschen Klubs, überhaupt alle Freunde unseres Spiels zur tätigen Mitwirkung aufzufordern. Ein Leipziger Komitee erließ demgemäß im Januar d. J. einen Aufruf, welcher erfreulicherweise einen sehr befriedigenden Erfolg hatte und das Zustandekommen eines würdigen Festes ermöglichte. Nachdem das Komitee durch Vertreter vieler Schachgesellschaften aus allen Teilen

Deutschlands ansehnlich verstärkt und durch Subskriptionen die nötigsten Geldmittel gesichert waren, konnte am 23. März zu einer Vorberatung und am 10. April zur definitiven Feststellung des Programms geschritten werden. Dasselbe ist, wie folgt, entworfen worden:

Sonntag, 15. Juli. Abends 6 Uhr: Versammlung im Schützenhaus. Begrüßung der Fremden. Verloosung zum Meisterturnier. Freie Partien, eventuell Konsultationsspiel. Geselliges Beisammensein.

Montag, 16. Juli. Morgens Punkt 9 Uhr: Beginn des Meisterturniers. Verloosung zum Hauptturnier. $^1/_2$10 Uhr: Beginn des Hauptturniers. Mittag 1—4 Uhr: Pause. Hierauf Fortsetzung der Turniere. — Erstes Nebenturnier.

Dienstag, 17. Juli. Morgens Punkt 9 Uhr: Fortsetzung der Turniere mit Pause wie am Tage zuvor. — Zweites Nebenturnier.

Mittwoch, 18. Juli. Morgens 9—1 Uhr: Fortsetzung der Turniere. Nachm. 2 Uhr: Festessen. Ueberreichung eines Ehrengeschenks an Herrn Prof. Anderssen. Verkündigung der Preisträger im Problemturnier. — Abends 7 Uhr: Beratung behufs Konstituirung eines allgemeinen deutschen Schachbundes.

Donnerstag, 19. Juli. Fortsetzung der Turniere wie an den früheren Tagen. Abends 6 Uhr: Blindlingsspiel. Gleichzeitig findet eine Konsultationspartie zwischen den anwesenden Meistern statt.

Freitag, 20. Juli. Fortsetzung und eventuell Beendigung der Turniere. Früh 9 Uhr: Lösungsturnier. Zum Schluss: Preisverteilung an die Sieger.

Die Mitgliedschaft für diesen Kongress wird durch Zahlung eines Minimalbeitrages von drei Mark erworben.

Anmeldungen sind zu richten an Herrn H. Zwanzig, Leipzig, Alexanderstraße 20.

Bestimmungen für die einzelnen Turniere.

I. Meisterturnier.

Jeder Teilnehmer hat mit jedem anderen eine Partie zu spielen. — Bei Beteiligung von acht oder mehr Herren werden drei Preise ausgesetzt:

I. Preis: Mark 400,

II. „ „ 200,

III. „ „ 100;

der Einsatz beträgt in diesem Falle 10 Mark. Sind weniger als acht Teilnehmer vorhanden, so werden nur zwei Preise,

I. Preis: Mark 400,
II. „   „   200,

gegeben, und beträgt der Einsatz alsdann 6 Mark.

II. Hauptturnier.

Für Jedermann offen, mit Ausschluss der ersten Sieger in früheren mitteldeutschen Hauptturnieren. 16 bez. 32 Teilnehmer. Spielweise in Gängen. Einsatz 5 Mark. Vier wertvolle Preise:

I. Preis: Wert Mark 120,
II. „   „   „   80,
III. „   „   „   50,
IV. „   „   „   30.

III. Nebenturniere.

Spielweise in Gängen. Zahl der Teilnehmer unbeschränkt. Zahl der Preise, bestehend in wertvollen Schachwerken und sonstigen Gegenständen, verhältnismäßig. Kein Einsatz.

IV. Problemturnier.

Gefordert zwei direkte Originalaufgaben in 3—5 Zügen, welche mit Namen und Adresse des Verfassers versehen bis spätestens den 20. Juni 1877 an den Obmann, Herrn H. Zwanzig, Leipzig, Alexanderstraße 20, einzusenden sind. Der Obmann wird nur die Kopien der Probleme dem Preisrichter Herrn Dr. C. Schwede übergeben.

Das Urteil erfolgt am 18. Juli, wird aber erst dann rechtskräftig, wenn gegen die Korrektheit der prämiirten Aufgaben binnen vier Wochen nach deren Publikation in der „deutschen Schachzeitung" ein begründeter Einwand nicht erhoben worden ist. — Der Preisrichter behält sich das Recht vor, eventuell auch eine Aufgabe krönen zu dürfen.

I. Preis: Mark 100,
II. „   „   50.

V. Lösungsturnier.

Freitag am 20. Juli früh 9 Uhr wird eine der schwierigeren Aufgaben des Problemturniers als Lösungsaufgabe vorgelegt. Wer binnen drei Stunden die ausführliche korrekte Lösung zuerst schriftlich einreicht, erhält einen Preis von 20 Mark.

Turnierordnung.

§ 1. Spielgesetze. Für sämmtliche Turniere sind die im „v. Bilguer-schen Handbuch des Schachspiels" enthaltenen Schachgesetze mit dem Zusatz maßgebend, dass nach dreimaliger Wiederholung derselben Reihenfolge von Zügen jede der beiden Parteien das Recht hat, die Partie als unentschieden abzubrechen.

§ 2. Spielzeit. Jeder Teilnehmer an den Turnieren ist verpflichtet, täglich von 9—1 Uhr und von 4 Uhr bis zur Entscheidung der Partie zu spielen. Im ganzen muss jeder täglich mindestens zwei Partien machen.

§ 3. Bedenkfrist. Beide Spieler haben für 20 Züge je eine Stunde Bedenkzeit. Die in den ersten Stunden etwa ersparte Zeit wird für die späteren Züge gutgerechnet. Der seine Zeit überschreitende Spieler verliert die Partie. Die Kontrole geschieht mittelst Weckeruhren. Die Uhr des Spielers, der bis zur bestimmten Stunde (9 Uhr, 4 Uhr) nicht erschienen ist, wird in Gang gesetzt, und die durch Verspätung verlorene Zeit wird als Bedenkzeit angenommen. Bei einer Verspätung von 1 Stunde wird die Partie dem säumigen als verloren angerechnet. Fehlen beide Spieler, so wird nach 1 Stunde die Partie beiden als verloren angerechnet. Keinerlei Privatarrangement kann die Durchführung der vorstehenden Regeln beirren.

§ 4. Aufzeichnung der Partien. Der Gewinner jeder Partie muss vor Beginn des nächsttägigen Spieles dem aufsichthabenden über das Turnier eine leserliche Abschrift derselben übergeben, widrigenfalls ihm die Partie als remis angerechnet wird. Ist die Partie aber remis geworden, so ist der Anziehende verpflichtet, die Ablieferung der Kopie zu besorgen, da sonst die Partie als für ihn verloren zählt.

Zusatz zu § 3. Die Uhrenkontrole gilt nur für das Meisterturnier.

§ 5. Verloosung. Vor Beginn des Meisterturniers wird durch das Loos entschieden, in welcher Reihenfolge die Teilnehmer mit einander zu spielen haben, gegen welche Gegner jeder derselben den Anzug erhält, und gegen welche er ihn verliert.

§ 6. Streitfragen und Kontrole. Etwa vorkommende Streitfälle oder Meinungsverschiedenheiten werden von hierzu ernannten Schiedsrichtern, welche an den Turnieren nicht beteiligt sind, endgiltig geschlichtet. Die Kontrole über die Turniere wird von den durch das Komitee dazu erwählten mit größter Strenge ausgeübt.

Leipzig, 1. Mai 1877.

Das Komitee zur Anderssen-Feier.

Aachen, . . .	H. Hundt.
Altenburg, . .	C. Pitschel.
Altona, . . .	H. Böie.
	A. Ahrenssen.
Apolda, ...	Otto Schlömilch.
Barmen, . . .	Julius Asbeck junr.
	Fritz Doepper.
Berlin, *Schachgesellschaft*,	
	Rechtsanwalt Levy.
	Dr. Landau.
	Jul. Rosenheim.
do. *Schachkl.*	Dr. S. Blaschke.
Brandenburg a. H.	H. Seligo, Krs.-Ger.-Sekret.
Braunschweig, .	C. Freystedt, Lehrer.
Cassel, . . .	J. Christ.
Coburg, . . .	Professor Kästner.
Cöln a. R., . .	Ed. Hammacher.
Crefeld, . . .	F. A. Hipp.
Darmstadt, . .	Aug. Stade.
Delitzsch, . .	G. Jonas.
Dortmund, . .	Justizrat Deckner.
Dresden, . . .	P. Schellenberg.
Düsseldorf, . .	Hermann Wittgenstein.
	Georg Schnitzler.
Eilenburg, . .	Dr. Wiemann.
Erfurt, . . .	Theodor Dressler.
Florenz, . . .	Ad. Bayersdorfer.
Frankfurt a. Main,	Emil Rosenthal.
Glefsen, . . .	Hofg.-Adv. Weidig.
Görlitz, . . .	Dr. Frahnert.
Gotha, . . .	Rich. Moschkau.

Halberstadt, . .	Rektor Lindenblatt.
Halle a. S., . .	Pastor Sickel.
Hannover, . .	Carl Schultz.
Insterburg, . .	C. H. Braune.
Langensalza, . .	Carl Seyferth.
Leipzig, *Augustea*,	Dr. Carl Göring.
	Geh. Hofr. Dr. R. Gottschall.
	Dr. Max Lange.
	Johannes Minckwitz.
	Dr. Const. Schwede.
	E. Flechsig.
	R. Wuttig.
	H. Zwanzig.
do. *Johannea*,	H. v. Woydt.
do. *Café Français*,	Stadtrat Hermsdorf.
Lübeck, . . .	Heinr. Schunck.
Lüneburg, . .	W. Görges, Oberlehrer.
Magdeburg, . .	C. A. Rasch.
	H. Kähne, Referendar.
Mannheim, . .	Staatsanwalt von Marschall.
Memel, . . .	Benj. Kundt.
Nürnberg, . .	Dr. E. Rehm.
	Dr. H. v. Weißenbach.
Potsdam, . . .	Steinbacher, Geh. Registr.
Prenzlau, . . .	Ernst Flügel.
Reutlingen, . .	Georg Leuze.
Rudolstadt, . .	H. Jahn, Hoforganist.
Tessin in Mecklbg.,	A. v. Leitner.
Weimar, . . .	Carl Berber.
Wurzen, . . .	C. Fischer, Aktuar.
	E. M. Spenke.

VERLAUF DES CONGRESSES.

————

Schon mehrere Tage vor der Eröffnung des Kongresses führten die Bahn-
züge von den verschiedenen Richtungen her zahlreiche Freunde und Meister
des edlen Spiels nach Leipzig zusammen; als einer der ersten traf der Jubilar
selbst ein, der bald nach dem Schluss des Schulunterrichts sich auf den Weg
nach Leipzig machte, um mit den dortigen Meistern noch vor dem Beginn
der ernsten Kämpfe eine Reihe von Partien zu wechseln. Am Sonnabend den
14. Juli erschien Anderssens ebenbürtiger Gegner Louis Paulsen, ferner aus
Köln die Delegirten des westdeutschen Schachbundes Ed. Hammacher, C. Leffmann und C. Wemmers, aus Wien B. Englisch als Vertreter der dortigen
Schachgesellschaft, aus Berlin Dr. Viktor Knorre und E. Schallopp; am Sonntag stellten sich J. H. Zukertort, den der St. Georges-Klub in London zur
Feier entsandt hatte, S. Winawer aus Berlin und viele andere ein. Die Tage
vor der Eröffnung dienten den erschienenen Meistern mehr zu persönlicher
Unterhaltung und allenfalls zu analytischen Erörterungen am Brett; nur der
Altmeister entging seinem Schicksal nicht, er wurde am Sonnabend Nachmittag von E. Schallopp herausgefordert und musste mit demselben drei
Partien ausfechten, die wir an betreffender Stelle unter Nr. 96 bis 98 mit-
teilen. Besonders ernsthaft wurden dieselben von keiner Seite gespielt; schon
die erste Partie beweist dies durch einen Fingerfehler, den Anderssen dadurch beging, dass er als Anziehender im Zweispringerspiel den durch den
Springer a5 angegriffenen Läufer, anstatt zunächst auf b5 Schach zu bieten,
sofort nach e2 zurückzog und dadurch dem Nachziehenden gestattete, den geopferten Bauern ohne weiteres mit gut entwickeltem Spiel zurückzugewinnen.

Am Sonntag den 15. Juli Abends 6 Uhr versammelten sich die bis dahin erschienenen Teilnehmer und Besucher des Kongresses, 85 an der Zahl, in dem dafür bestimmten Saal des Schützenhauses, woselbst der verdienstvolle Förderer der Leipziger Kongresse, Präsident der „Augustea" und des Komitees, Herr Geheimer Hofrat Dr. Rudolf Gottschall, den Kongress mit folgender Ansprache eröffnete:

„Meine Herren! Im Namen des Leipziger Komitees und des Leipziger Schachklubs „Augustea" heiße ich alle Anwesenden herzlich willkommen. Wir Leipziger sind stolz darauf, eine so ansehnliche Versammlung, so hervorragende Meister des Schachs und so zahlreiche Freunde dieses Spieles, in unserer Mitte zu begrüßen. Ist doch diese Veranlassung eine doppelt freudige, denn es gilt nicht bloß, der Lust an dem königlichen Spiel sich hinzugeben, in ritterlichen Turnieren zu kämpfen und im Schweiße des Angesichts Preise zu erringen, — obgleich auch dieses der Fall sein wird, denn wenn die Hundstagshitze wie heute andauert, so ist zu befürchten, dass keine kühle Brise die Anstrengungen der Kämpfer mildern wird. Aber die Turniere sind sich nicht selbst Zweck; sie geschehen zu Ehren eines Meisters, dessen Anwesenheit unserer Zusammenkunft erst die höhere Weihe gibt, und es ist der Name dieses Meisters, der die Herren aus allen Gauen Deutschlands und aus der Fremde hierher in unsere Mitte geführt hat. Eine fünfzigjährige Jubelfeier ist immer ein Ereignis, das in der Geschichte des Schachspiels zu verzeichnen ist; aber von doppelter Bedeutung ist die Jubelfeier eines Mannes, der zweimal in London den ersten Preis errungen und dem deutschen Namen auch im Ausland Ruhm und Ehre verschafft hat. Mag es mir vergönnt sein, heute daran zu erinnern, dass ich selbst bereits vor fünfundzwanzig Jahren in der Breslauer „Nova" mit diesem Meister Partien spielte, und stolz auf diese Erinnerung darf ich mir das Recht nehmen, auch in Ihrer aller Namen den Meister selbst in unserer Mitte zu begrüßen und willkommen zu heißen. Ich fordere Sie auf, mit mir einzustimmen in den Ruf: Herr Professor Anderssen lebe hoch! — hoch! — hoch!"

Die Versammlung entsprach dieser Aufforderung in lebhaftester Weise. Demnächst erhob sich Herr Kreisgerichtssekretär Seligo aus Brandenburg a. d. H., um dem Meister die Grüße und Glückwünsche des Brandenburger Schachklubs zu überbringen. Herr Seligo hatte vor 34 Jahren mit Anderssen in Breslau manche Partie gespielt, und er war es, der die erste persönliche Zusammenkunft des größten Theoretikers, von Heydebrandt und der Lasa, und des größten Praktikers, unseres gefeierten Anderssen, in Breslau veranstaltete. In Erinnerung an diese Zeiten hatte er die Idee einer Jubelfeier zu EhrenAnderssens mit aufrichtigster Freude begrüßt und in seinem Schachklub auf das wärmste vertreten und war deshalb von dem letzteren zur Teilnahme an der Feier delegirt worden.

Das Komitee schritt nunmehr zur Verloosung für das

Meisterturnier.

Zu demselben hatten sich gemeldet:

1. Professor Dr. A. Anderssen;

2. B. Englisch, Delegirter der Wiener Schachgesellschaft;

3. Ernst Flechsig, Studirender der Medizin und der Naturwissenschaften zu Leipzig;

4. Professor Dr. A. Franke aus Celle;

5. Dr. C. Göring, Dozent der Philosophie an der Universität zu Leipzig;

6. C. Leffmann aus Köln;

7. Joh. Metger, Studirender der Mathematik zu Göttingen;

8. Louis Paulsen und

9. Wilfried Paulsen aus Nassengrund bei Blomberg;

10. E. Schallopp, Vorsteher des stenographischen Büreaus des Reichstags in Berlin;

11. S. Winawer aus Berlin;

12. J. H. Zukertort, Delegirter des St.-Georges-Klubs zu London.

Die Herren C. Pitschel in Altenburg und Dr. C. Schwede in Dresden mussten auf eine dauernde Teilnahme am Kongress zu ihrem lebhaftesten Bedauern wegen Zeitmangels verzichten; auch Dr. Knorre war in der Zeit zu beschränkt, als dass er sich als dreizehnter am Meisterturnier beteiligen konnte, dem er als neunter oder zehnter sich gern angeschlossen haben würde.

Um die Verloosung, die bei früheren Turnieren trotz geringerer Anzahl der Teilnehmer gewöhnlich längere Zeit in Anspruch genommen hatte, tunlichst zu vereinfachen, hatte E. Schallopp zuvor Tabellen für Turniere von 3 bis 20 Teilnehmern aufgestellt; für 12 Teilnehmer trat folgende Liste in Geltung:

1. AB,	CD,	EF,	GH,	IK,	LM.
2. AC,	BE,	DF,	GI,	HL,	KM.
3. AD,	BF,	CH,	EK,	GL,	IM.
4. AE,	BG,	CI,	LD,	FK,	HM.
5. AF,	IB,	KC,	DH,	EL,	GM.
6. AG,	KB,	LC,	DI,	EH,	FM.
7. HA,	CG,	FI,	LB,	DK,	ME.
8. IA,	BH,	FL,	CE,	GK,	MD.
9. KA,	BD,	EG,	FH,	IL,	MC.
10. LA,	DG,	CF,	EI,	HK,	MB.
11. MA,	BC,	DE,	FG,	HI,	KL.

Zu dieser Liste ist zu bemerken, dass jedesmal der erste der beiden Buchstaben den Anziehenden, der zweite den Nachziehenden bezeichnet; durch eine einfache Regel ist dafür gesorgt, dass Anzug und Nachzug sich möglichst gleichmäßig vertheilen. Es brauchte, nachdem diese Liste als Grundlage der Verloosung angenommen worden war, nur jedem der Teilnehmer durch das Loos ein Buchstabe zugewiesen und demnächst gleichfalls durch das Loos bestimmt zu werden, in welcher Reihenfolge die einzelnen Runden vor sich gehen sollten.

Bei der ersten Verloosung zog Anderssen den Buchstaben B, Englisch M, Flechsig F, Franke C, Göring A, Leffmann I, Metger E, Louis Paulsen H, Wilfried Paulsen G, Schallopp D, Winawer K, Zukertort L; und bei der zweiten Verloosung stellte sich die Reihenfolge der einzelnen Runden in folgender Weise her: 6, 2, 9, 7, 10, 11, 1, 3, 5, 4, 8.

Hiernach ergab sich folgende Ordnung für das Turnier:

Erste Runde, am 16. Juli Vormittags: 1. Göring, W. Paulsen; 2. Winawer, Anderssen; 3. Zukertort, Franke; 4. Schallopp, Leffmann; 5. Metger, L. Paulsen; 6. Flechsig, Englisch.

Zweite Runde, am 16. Juli Nachmittags: 7. Göring, Franke; 8. Anderssen, Metger; 9. Schallopp, Flechsig; 10. W. Paulsen, Leffmann; 11. L. Paulsen, Zukertort; 12. Winawer, Englisch.

Dritte Runde, am 17. Juli Vormittags: 13. Winawer, Göring; 14. Anderssen, Schallopp; 15. Metger, W. Paulsen; 16. Flechsig, L. Paulsen; 17. Leffmann, Zukertort; 18. Englisch, Franke.

Vierte Runde, am 17. Juli Nachmittags: 19. L. Paulsen, Göring;

20. Franke, W. Paulsen; 21. Flechsig, Leffmann; 22. Zukertort, Anderssen; 23. Schallopp, Winawer; 24. Englisch, Metger.

Fünfte Runde, am 18. Juli Vormittags: 25. Zukertort, Göring; 26. Schallopp, W. Paulsen; 27. Franke, Flechsig; 28. Metger, Leffmann; 29. L. Paulsen, Winawer; 30. Englisch, Anderssen.

Sechste Runde, am 19. Juli Vormittags (am Nachmittag des 18. Juli konnten wegen des Festessens Turnierpartien nicht gespielt werden): 31. Englisch, Göring; 32. Anderssen, Franke; 33. Schallopp, Metger; 34. Flechsig, W. Paulsen; 35. L. Paulsen, Leffmann; 36. Winawer, Zukertort.

Siebente Runde, am 19. Juli Nachmittags: 37. Göring, Anderssen; 38. Franke, Schallopp; 39. Metger, Flechsig; 40. W. Paulsen, L. Paulsen; 41. Leffmann, Winawer; 42. Zukertort, Englisch.

Achte Runde, am 20. Juli Vormittags: 43. Göring, Schallopp; 44. Anderssen, Flechsig; 45. Franke, L. Paulsen; 46. Metger, Winawer; 47. W. Paulsen, Zukertort; 48. Leffmann, Englisch.

Neunte Runde, am 20. Juli Nachmittags: 49. Göring, Flechsig; 50. Leffmann, Anderssen; 51. Winawer, Franke; 52. Schallopp, L. Paulsen; 53. Metger, Zukertort; 54. W. Paulsen, Englisch.

Zehnte Runde, am 21. Juli Vormittags: 55. Göring, Metger; 56. Anderssen, W. Paulsen; 57. Franke, Leffmann; 58. Zukertort, Schallopp; 59. Flechsig, Winawer; 60. L. Paulsen, Englisch.

Elfte Runde, am 21. Juli Nachmittags: 61. Leffmann, Göring; 62. Anderssen, L. Paulsen; 63. Flechsig, Zukertort; 64. Franke, Metger; 65. W. Paulsen, Winawer; 66. Englisch, Schallopp.

Eigentümlicherweise war also die zwischen den beiden Hauptmatadoren Anderssen und L. Paulsen zu spielende Partie durch das Loos in die letzte Runde verwiesen worden, und wenn die beiden Rivalen in den ersten Runden gleiche Fortschritte machten, so wäre diese Partie eine Entscheidungspartie um den ersten und zweiten Preis geworden. Das Turnierglück fügte es indessen anders, wie wir im weiteren Verlauf sehen werden.

Am Montag den 16. Juli Vormittags 9 Uhr nahm das Turnier unter den Hallen des Schützengartens seinen Anfang, und die Meister traten paarweise in der für die erste Runde vorgeschriebenen Weise zum Kampf zusammen. Eine dichte Corona sammelte sich um den Tisch, an welchem Winawer dem Altmeister Anderssen gegenübersaß, und verfolgte mit gespanntester Aufmerksamkeit den Verlauf der zwischen beiden aus einer sizilianischen Er-

Öffnung sich entwickelnden Partie. Von Zeit zu Zeit verließen einzelne Gruppen den Tisch und zogen sich in das Freie des Gartens zurück, um die halblaut begonnene Erörterung in zwangloserer Weise fortzusetzen oder die Phasen der Partie am Brett zu studiren. Leider ereignete sich bei dieser Partie eine kleine Differenz insofern, als Winawers Uhr beim 37. Zuge eine Ueberschreitung der Zeit anzeigte, während er selbst behauptete, dass er die Zeit tatsächlich nicht überschritten haben könne, und dass seine Uhr vielleicht bei irgend einem Zuge des Gegners zu Unrecht in Gang geblieben sei. Herr Dr. Max Lange als Mitglied des Komitees entschied jedoch dahin, dass die Partie für Winawer als verloren zu gelten habe, und angesichts der strengen Bestimmung der Turnierordnung blieb beiden Kämpfern nur übrig, sich dieser Entscheidung zu fügen, die später vom Schiedsrichteramt bestätigt wurde und auch während der ferneren Dauer des Kongresses von keiner Seite eine Anfechtung erfuhr.

Während dessen unterlag Göring gegen W. Paulsen in einem nordisch-schottischen Gambit, Schallopp gegen Leffmann in einer spanischen Partie; Zukertort führte eine Wiener Partie gegen Professor Franke zu schneller Entscheidung, und zwischen Flechsig und Englisch musste ein Vierspringerspiel — eine der beliebtesten Eröffnungen in diesem Turnier neben der spanischen Partie — als unentschieden abgebrochen werden. Einen harten Strauß hatte L. Paulsen als Nachziehender mit Metger auszufechten, welcher gegen die Verteidigung 1. . . . . e7—e6 und 2. . . . . g7—g6 sein Spiel gut entwickelte und günstig stellte, ohne indessen der Zähigkeit Paulsens gegenüber einen entscheidenden Vorteil erlangen zu können. Mit der Zeit gelang es dem letzteren, ein geringes materielles Uebergewicht zu erringen; inzwischen waren aber die für den Kampf festgesetzten Stunden verstrichen, und die Fortsetzung der Partie wurde durch Uebereinkunft der Spieler auf eine spätere Zeit, zu der beide frei sein würden, vertagt. Es entspann sich bei dieser Gelegenheit, nicht zwischen den beteiligten, wol aber zwischen den anderen Teilnehmern am Turnier, ein kleiner Disput über die Folgen einer solchen notwendigen Unterbrechung, indem einige behaupteten, die abgebrochene Partie müsse sofort weiter gespielt werden, sobald die Glocke zur Fortsetzung des Turniers rufe, und es dürfe von keinem der beiden Spieler an eine neue Partie gedacht werden, ehe nicht die alte beendigt sei. Wir vermögen uns dieser Ansicht nicht anzuschließen, denn was würde die Folge sein? Die Partie zwischen A und B ist nicht beendigt und wird fortgesetzt, während die Mitkämpfer die nächste Runde beginnen; die neuen Gegner von A und B — nennen wir sie C und D — müssen notgedrungen feiern. Das Auskunftsmittel, dass C und D inzwischen i h r e Turnierpartie spielen, wird dadurch illusorisch gemacht, dass diese Partie vielleicht schon in einer früheren Runde erledigt ist, und darf auch deshalb nicht ergriffen werden, weil C und D sich bereit halten müssen, sofort nach Erledigung der zwischen A und B schwebenden Partie sich diesen zu stellen. Nun geht die Partie AB zu Ende, A spielt mit C, B mit D, aber jetzt müssen diese beiden Partien, weil nicht Zeit genug für sie übrig blieb, abgebrochen werden, und in der nächsten Runde sitzen möglicherweise vier Spieler müßig da. So wird schließlich die ganze Turnierordnung verschoben und die Beendigung des Turniers unter Umständen um einen Tag oder mehr verzögert. Wird dagegen die abgebrochene Partie in der Schwebe gelassen, und finden die beiden Gegner wirklich während der ganzen Dauer des Turniers keine Gelegenheit, sie zu Ende zu spielen, so haben sie nach Schluss der sämmtlichen Runden hinreichende Zeit dazu, ohne die anderen in Mitleidenschaft zu ziehen.

Die Frage ist nicht unwichtig, weil sie bei der bisher üblichen Turnierordnung, nach welcher an jedem Tage zwei Turnierpartien gespielt werden sollen, sehr leicht vorkommen und zu Differenzen Anlass geben kann, und es empfiehlt sich deshalb, um allen Uebelständen vorzubeugen, die Turnierordnung durch die Bestimmung zu ergänzen, dass eine nach der vorgeschriebenen Zeit abgebrochene Turnierpartie den Fortgang des Turniers selbst nicht stören darf, sondern zu passender Zeit, eventuell nach Beendigung der übrigen Partien, weiterzuspielen ist. Am besten würde allerdings dieser wie mancher andere Missstand vermieden werden, wenn größere Turniere in Zukunft stets so arrangirt werden könnten, dass für jede Partie ein voller Tag zur Verfügung gestellt wird, wie dies beim Wiener internationalen Turnier zur allseitigen Befriedigung der Fall gewesen ist.

Was die Partie Metger-Paulsen selbst betrifft, so wurde dieselbe an einem späteren Tage — irren wir nicht, am Mittwoch — zu Ende gespielt und von L. Paulsen schnell gewonnen.

In der zweiten Runde am Montag Nachmittag gewann Göring eine französische Partie gegen Franke, während Anderssen sich gegen Metger, der dieselbe Verteidigung wählte, mit Remis begnügen musste; L. Paulsen gewann durch kräftigen Figurenangriff ein Vierspringerspiel gegen Zukertort, Schallopp durch langsames Bauernspiel eine spanische Partie gegen Flechsig;

W. Paulsen gab eine sizilianische Partie gegen Leffmann, die er wol noch hätte gewinnen können, wegen mangelnder Zeit zur Durchrechnung der möglichen Kombinationen remis, und Winawer musste in einer schottischen Partie gegen den Wiener Kämpen Englisch die Waffen strecken.

Die dritte Runde nahm am Dienstag früh ihren Anfang. In derselben gewann Winawer eine spanische Partie gegen Göring, Anderssen eine ebensolche gegen Schallopp, Metger ein „Dreispringerspiel" gegen W. Paulsen; Flechsig verlor gegen L. Paulsen, der sich mit Damenfianchetto verteidigte, Leffmann eine italienische Partie gegen Zukertort, Englisch eine spanische gegen Franke, welcher die Verteidigung Lf8—c5 zu Ehren brachte.

In der vierten Runde am Dienstag Nachmittag gewann L. Paulsen ein Vierspringerspiel gegen Göring, widerum — wie Tags zuvor gegen Zukertort — durch starken Offizierangriff; Franke führte ein Läufergambit gegen W. Paulsen, Zukertort eine Wiener Partie gegen Anderssen zum Remis; Flechsig verlor ein Vierspringerspiel gegen Leffmann, und Englisch gewann ein abgelehntes Damengambit gegen Metger.

In der fünften Runde am Mittwoch Vormittag verlor Zukertort eine Wiener Partie gegen Göring, Franke ein Läufergambit gegen Flechsig; Schallopp gewann einen Spanier gegen W. Paulsen; ein abgelehntes Damengambit zwischen Englisch und Anderssen sowie ein Vierspringerspiel zwischen Metger und Leffmann blieben unentschieden, während L. Paulsen ein ähnliches Springerspiel gegen Winawer, der statt des vierten Springers den Königsläufer entwickelte, verlor.

Die sechste Runde fand am Donnerstag Vormittag statt und hatte folgendes Ergebnis: Winawer verlor ein Vierspringerspiel gegen Zukertort, Englisch eine spanische Partie gegen Göring; Anderssen gewann eine solche gegen Franke, dem hier die Verteidigung Lf8—c5 nicht glückte; Flechsig machte ein Vierspringerspiel gegen W. Paulsen remis, Schallopp gewann in einer französischen Partie gegen Metger, L. Paulsen in einer unregelmäßigen Eröffnung, die sich zur holländischen Partie gestaltete, gegen Leffmann.

Die Mehrzahl der Partien war nun gespielt, und man konnte nach dem bisherigen Ergebnis Schlüsse auf den mutmaßlichen Ausgang des Turniers ziehen; es durften ferner gewisse noch zu spielende Partien als unerheblich für den weiteren Verlauf des Turniers betrachtet werden und wurden in der Folge dem entsprechend von den beteiligten in leichterer Weise geführt. In nachstehender Tabelle, welche den nunmehrigen Stand des Turniers veranschaulicht, bezeichnet 1 eine gewonnene, $\frac{1}{2}$ eine unentschiedene (halb gewonnene), 0 eine verlorene Partie.

Stand des Meisterturniers nach der sechsten Runde.

Namen der Teilnehmer.	Anderssen	Englisch	Flechsig	Franke	Göring	Leffmann	Metger	L. Paulsen	W. Paulsen	Schallopp	Winawer	Zukertort	Summe der gewonnenen Partien.
ANDERSSEN	—	½		1		½				1	1	½	4½
ENGLISCH	½	—	½	0	0		1				1		3
FLECHSIG		½	—	1	0		0	½	0				2
FRANKE	0	1	0	—	0				½			0	1½
GÖRING		1		1	—			0	0		0	1	3
LEFFMANN			1			—	½	0	½	1		0	3
METGER	½	0			½		—	0	1	0			2
L. PAULSEN		1		1	1	1		—			0	1	5
W. PAULSEN			½	½	1	½	0		—	0			2½
SCHALLOPP	0	1			0	1		1		—	0		3
WINAWER	0	0			1			1		1	—	0	3
ZUKERTORT	½		1	0	1		0				1	—	3½

Hiernach war also L. Paulsen, welcher eine Partie verloren hatte, gegen Anderssen, der drei Partien hatte remis geben müssen, um eine halbe Partie im Vorteil, und wenn das Turnier in gleicher Weise fortgeschritten wäre, so wäre allerdings die Partie Anderssen-Paulsen in der letzten Runde zu einer Entscheidungspartie um den ersten und zweiten Preis geworden.

Doch schon die nächste, s i e b e n t e, R u n d e am Donnerstag Nachmittag brachte eine unerwartete Wendung der Dinge mit sich. Sie führte Dr. Göring

mit Anderssen zusammen; Anderssen verteidigte sich sizilianisch, übernahm
in sieggewohnter Weise alsbald den Angriff und eroberte einen Bauern,
später die Qualität und einen zweiten Bauern: da erlangte Göring einen
kleinen Gegenangriff, mittels dessen er durch eine Opferkombination bei
richtiger Fortsetzung die Qualität zurückeroberte, ohne indessen die Partie
retten zu können. Dr. Göring hatte aber ein stärkeres Vertrauen auf seinen
Angriff und kündigte, nachdem das Springeropfer angenommen war, ein
dreizügiges Matt an, indem er zugleich den ersten, schachbietenden Zug
tat. Das Matt war freilich vorhanden, es lag aber so versteckt, dass
Anderssen, ohne die Position näher zu prüfen, an einen krassen Irrtum
seines Gegners glaubte und seinen Gegenzug ausführte, nach welchem nun
allerdings das zweizügige Matt erzwungen war. Hätte Anderssen sich die
Sache nur einen Augenblick angesehen, so hätte er gewiss nicht nur die ver-
steckte Mattkombination, sondern auch das noch versrecktere Turmopfer
gefunden, mittels dessen er das Matt vereiteln und sich nach Vereinfachung
der Spiele durch sein Bauernübergewicht den Sieg sichern konnte.

Mit dieser ersten Niederlage des Altmeisters änderte sich der Stand des
Turniers erheblich; denn wenn nunmehr nicht Paulsen von einem ähnlichen
Missgeschick irgend einem anderen Konkurrenten gegenüber betroffen wurde,
so konnte er später die Partie gegen Anderssen unbedenklich verlieren, ohne
darum den ersten Preis aus der Hand zu geben, und Anderssen musste in
jedem Falle diese Partie zu gewinnen trachten, da er durch Remis oder Verlust leicht auch um den zweiten Preis kommen konnte. Ein eigentümlicher
Zufall ist es, dass gerade derjenige, der den ersten Anstoß zu der Veranstaltung dieses Kongresses gab, nun durch eine, wenn auch unbeabsichtigte,
Ueberrumpelung den Jubilar um jede Aussicht auf den ersten Preis brachte.

Während dessen gewann Franke gegen Schallopp ein Königsgambit,
welches letzterer mit d7—d5 ablehnte und in den nächsten Zügen durch
oberflächliche Behandlung der Eröffnung verdarb; entschuldbar deshalb, weil
an demselben Abend Schallopps Blindlingsproduktion stattfinden sollte und
ein Abbrechen dieser Partie, die ohnehin auf den weiteren Verlauf des Turniers kaum noch von irgend einem Einfluss sein konnte, nicht erwünscht
gewesen wäre. Eine in gleichem Sinne irrelevante Partie — ein abgelehntes
Damengambit — brachen Metger und Flechsig im 14. Zuge als remis ab.
L. Paulsen hatte sich gegen seinen Bruder Wilfried zu verteidigen und tat
dies mit einem doppelten Fianchetto (im Nachzuge), welches er durch lang-

sames Vordringen und allmähliche Ausnutzung der Schwächen des weißen Spiels siegreich durchführte. Gleichzeitig verlor Leffmann ein „Dreispringerspiel" gegen Winawer, welcher dasselbe mit Gambit in der Rückhand verteidigte, und Zukertort gewann ein Vierspringerspiel gegen Englisch.

In der achten Runde am Freitag Vormittag hatte zunächst Schallopp das Glück, in einem von ihm philidorisch verteidigten Springerspiel den Besieger Anderssens für sein fälschlich angekündigtes dreizügiges Matt durch ein nach dem 16. Zuge richtig angekündigtes vierzügiges Matt zu bestrafen; leider jedoch ohne dadurch den Altmeister für den erlittenen Verlust entschädigen zu können. Der letztere gewann gegen Flechsig eine französische Partie, welche er mit Sb1—c3 und darauf folgendem Vorrücken des Königsbauern fortsetzte; Franke verlor ein Läufergambit — sein Lieblingsspiel — gegen L. Paulsen; Winawer, welcher gegen Metger nach dem Ergebnis der Verloosung den Nachzug haben sollte, bekam durch ein beiderseitiges Versehen die weißen Steine und gewann ein Vierspringerspiel; W. Paulsen verlor ein Evansgambit gegen Zukertort, und Leffmann eine spanische Partie gegen Englisch.

In der neunten Runde am Nachmittag desselben Tages gewann Göring eine französische Partie gegen Flechsig, Winawer ein Evansgambit gegen Franke, welcher dasselbe annahm und mit dem vom seligen Mayet kultivirten Rückzug des Läufers nach d6 weiter verteidigte. Metger verlor ein nordischschottisches Gambit gegen Zukertort, W. Paulsen ein von Englisch abgelehntes Evansgambit, Leffmann eine spanische Partie gegen Anderssen, und Schallopp gegen L. Paulsen eine französische Partie, welche er, wie am Vormittag Anderssen gegen Flechsig, mit 3. Sb1—c3 und 4. e4—e5 fortsetzte. Gegen Metger am Mittwoch Vormittag hatte Schallopp diese Fortsetzung nicht gewagt, da das Vorrücken des Königsbauern in dieser Eröffnung von der Theorie getadelt wird; nach dem schnellen für den Anziehenden günstigen Ausgang der Partie Anderssen - Flechsig glaubte er dasselbe für unbedenklich und gut halten zu dürfen und musste sich durch die von L. Paulsen sehr elegant geführte Verteidigung eines besseren belehren lassen.

In der zehnten Runde am Sonnabend Vormittag gewann Göring eine französische Partie gegen Metger, Anderssen einen Spanier gegen W. Paulsen, welcher denselben mit Sc6—d4 verteidigte, Zukertort eine schottische Partie gegen Schallopp, L. Paulsen ein geschlossenes Spiel (mit c2—c4 eröffnet) gegen Englisch; Franke verlor eine französische Partie gegen Leff-

mann, und Flechsig hatte einen langen langen Kampf in einem Vierspringerspiel gegen Winawer zu bestehen, der schließlich nach 92 Zügen als unentschieden abgebrochen werden musste.

Die elfte und letzte Runde wurde am Sonnabend Nachmittag aus-
gefochten. Da L. Paulsen 9, Anderssen und Zukertort je $7^1/_2$. Partien
gewonnen hatten, so war Paulsen der erste Preis gewiss; gewann er die
Partie gegen Anderssen, und Zukertort die seine gegen Flechsig, so hatte
Zukertort den zweiten und Anderssen den dritten Preis; ebenso, wenn die
Partie Anderssen-Paulsen unentschieden blieb, da der Sieg Zukertorts über
Flechsig, der durch den harten, über die Mittagszeit ausgedehnten Strauß
mit Winawer total erschöpft war, als unzweifelhaft angenommen werden
konnte. Anderssen musste deshalb alles daran setzen, um diese Partie zu
gewinnen, weil ihm nur dann eine Aussicht auf den zweiten Preis blieb.
Den üblichen Eröffnungszug 1. e2—e4 hätte Paulsen wahrscheinlich mit
1. . . . . e7—e6 beantwortet, und es wäre, da 3. Sb1—c3 nebst 4. e4—e5
nicht mehr rätlich erschien, die gewöhnliche französische Partie heraus-
gekommen, bei der von einem lebhaften Angriff keine Rede ist, vielmehr baldiger Abtausch und Remisschluss in Aussicht steht. Die Eröffnung durch 1. d2—d4 oder 1. c2—c4 führt zum abgelehnten Damengambit oder zu ineinandergeschobenen Spielen, in denen Remis ebenfalls
nichts ungewöhnliches ist. Von dem ersten Zuge hing also viel ab, und
wirklich verbrauchte Anderssen mehrere Minuten, ehe er mit dem gegen
Morphy erprobten, nachträglich aber von Anderssen selbst für „verrückt"
erklärten Anzug 1. a2—a3 die Partie eröffnete. Die hochgespannten Erwar-
tungen des Publikums, welches sich dicht um diese Partie schaarte, wurden
leider bitter getäuscht, da Paulsen ein fast unglaubliches Versehen beging,
welches den Verlust der Dame gegen einen Turm und einen Bauern zur Folge
hatte. Die Partie wurde hiernach von Anderssen in wenigen kräftigen Zügen
gewonnen. Ebenso gewann Zukertort seine Partie — ein Vierspringerspiel
— gegen Flechsig, allerdings nicht ohne Mühe, denn die Partie dauerte fast
ebenso lange wie Flechsigs Vormittagspartie. Die übrigen Kämpfe waren
von keinem Einfluss weiter, wurden jedoch sämmtlich ausgefochten: Leffmann gewann eine italienische Partie gegen Göring, Franke verlor ein
Läufergambit gegen Metger, W. Paulsen ein Evansgambit gegen Winawer,
Englisch eine Wiener Partie gegen Schallopp.

Nachstehend das Schlussergebnis des Turniers.

Namen der Teilnehmer.	Anderssen	Englisch	Flechsig	Franke	Göring	Leffmann	Metger	L. Paulsen	W. Paulsen	Schallopp	Winawer	Zukertort	Summe der gewonnenen Partien.
Anderssen	—	$\frac{1}{2}$	1	1	0	1	$\frac{1}{2}$	1	1	1	1	$\frac{1}{2}$	$8\frac{1}{2}$
Englisch	$\frac{1}{2}$	—	$\frac{1}{2}$	0	0	1	1	0	1	0	1	0	5
Flechsig	0	$\frac{1}{2}$	—	1	0	0	$\frac{1}{2}$	0	$\frac{1}{2}$	0	$\frac{1}{2}$	0	3
Franke	0	1	0	—	0	0	0	0	$\frac{1}{2}$	1	0	0	$2\frac{1}{2}$
Göring	1	1	1	1	—	0	1	0	0	0	0	1	6
Leffmann	0	0	1	1	1	—	$\frac{1}{2}$	0	$\frac{1}{2}$	1	0	0	5
Metger	$\frac{1}{2}$	0	$\frac{1}{2}$	1	0	$\frac{1}{2}$	—	0	1	0	0	0	$3\frac{1}{2}$
L. Paulsen	0	1	1	1	1	1	1	—	1	1	0	1	9
W. Paulsen	0	0	$\frac{1}{2}$	$\frac{1}{2}$	1	$\frac{1}{2}$	0	0	—	0	0	0	$2\frac{1}{2}$
Schallopp	0	1	1	0	1	0	1	0	1	—	0	0	5
Winawer	0	0	$\frac{1}{2}$	1	1	1	1	1	1	1	—	0	$7\frac{1}{2}$
Zukertort	$\frac{1}{2}$	1	1	1	0	1	1	0	1	1	1	—	$8\frac{1}{2}$

Louis Paulsen hatte also mit 9 Gewinnpartien den ersten Preis, 400 Mark, errungen, während Anderssen und Zukertort, die jeder $8\frac{1}{2}$ Partien gewonnen hatten, um den zweiten und dritten Preis spielen mussten; eine Partie um die Differenz zwischen dem zweiten und dritten Preis, eine Partie um 100 Mark. Dieselbe wurde auf Montag den 23. verschoben; Zukertort erlooste den Anzug und spielte eine Wiener Partie, welche von Anderssen mit Lf8—c5 verteidigt und vom Anziehenden mit f2—f4 fortgesetzt wurde. Anderssen gewann die Partie und damit den zweiten Preis, 200 Mark, während Zukertort den dritten Preis im Betrage von 100 Mark erhielt.

Der Verlauf des Turniers beweist widerum, wie launisch Fortuna auch beim Schachspiel ist, und wie unsicher der Maßstab sein würde, den man etwa nach dem Ausgang eines solchen Kampfes, bei welchem eine einzige Partie entscheidet, an die Spielstärke der einzelnen Teilnehmer legen wollte. Wenn Paulsen von Anderssen, Anderssen (wie auch Zukertort) von Göring, Göring von Schallopp, Schallopp von Leffmann geschlagen wurde, so wird man doch deshalb nicht behaupten können, dass nun Leffmann, Schallopp und Göring stärker als Zukertort, Anderssen und Paulsen seien; und in der Tat wurden ja Leffmann wie Schallopp von Paulsen, Anderssen und Zukertort geschlagen. Aehnliche Reihen lassen sich mehrfach aufstellen, sogar durch alle zwölf Teilnehmer hindurch. Ordnen wir die Namen folgendermaßen: Franke, Englisch, Metger, W. Paulsen, Göring, Anderssen, L. Paulsen, Zukertort, Winawer, Leffmann, Schallopp, Flechsig, so ist jedesmal, selbst wenn man die Namen in Kreisform aneinanderreiht, der Vordermann Sieger über den unmittelbaren Hintermann. Eine ähnliche Reihe, die allerdings nicht in sich aufgeht, ist: Anderssen, Flechsig, Franke, Schallopp, Englisch, Metger, W. Paulsen, Göring, Zukertort, Winawer, L. Paulsen, Leffmann; hier stehen diejenigen Teilnehmer, welche die geringste Gewinnziffer aufzuweisen haben, weit über dem Träger des ersten Preises. Dieser Einfluss des Glücks auf die Entscheidungen eines Turniers lässt sich sicherlich, wenn auch nicht ganz beseitigen, so doch erheblich abschwächen, wenn das Arrangement derart getroffen werden könnte, dass für jede Partie ein voller Tag freigegeben wird; ein Vorschlag, der hiermit nochmals den verehrlichen Kongresskomitees zur ernstlichsten Erwägung empfohlen sei.

Das Hauptturnier.

Während am Montag früh um 9 Uhr die Meister sich zum Beginn ihres Turniers niedersetzten, fand die Verloosung zum Hauptturnier statt, welches dem Programm gemäß in Gängen ausgefochten ward; denjenigen, die in den ersten Gängen verloren und deswegen aus dem Turnier ausscheiden mussten, stand noch die Beteiligung an den Nebenturnieren offen. Zum Hauptturnier waren recht tüchtige Kräfte angemeldet: die Herren Baltzer, Bloch und Dr. Knorre aus Berlin, deren letztgenannter, wie bereits erwähnt, sich gern am Meisterturnier beteiligt haben würde, wenn seine Zeit es ihm gestattet hätte, Doppler und Obermann aus Leipzig, Flügel aus Prenzlau, Freystedt aus Braunschweig, Fritz aus Gießen, Hammacher und Wemmers aus Köln, Dr. Reiff aus Gotha, Riemann und Schottländer aus Breslau,

Rokahr aus Hannover, Dr. Schmid aus Dresden und Witt aus Potsdam.

Das Loos ergab für den ersten Gang folgende Spielordnung: Baltzer gegen Fritz, Bloch gegen Hammacher, Doppler gegen Riemann, Flügel gegen Wemmers, Freystedt gegen Schottländer, Witt gegen Dr. Knorre, Obermann gegen Rokahr, Dr. Schmid gegen Dr. Reiff. Der Kampf wurde alsbald begonnen; als Sieger gingen aus demselben hervor: Fritz, Bloch, Wemmers, Schottländer, Dr. Knorre, Obermann und Dr. Schmid; die Partie Doppler-Riemann wurde remis, und es musste zwischen diesen beiden Gegnern eine zweite gespielt werden.

Während dies am Nachmittag geschah, traten die Sieger in der aufs neue durch das Loos festgestellten Ordnung zum Kampf zusammen: Bloch mit Fritz, Obermann mit Dr. Knorre, Schottländer mit Wemmers, und Dr. Schmid harrte des Ausgangs der zwischen Riemann und Doppler beginnenden zweiten Partie. Dieselbe entschied sich für den talentvollen Schüler Anderssens, der denn auch unverzagt, obwol er schon zwei lange Partien gegen seinen sehr zähen Gegner durchgekämpft hatte, noch am nämlichen Abend den Kampf mit Dr. Schmid unternahm. Kein Wunder, wenn diese Partie für ihn einen ungünstigen Ausgang nahm! Auch der andere Breslauer Kämpe unterlag in diesem Gange, aus dem als Sieger hervorgingen: Fritz, Dr. Knorre, Wemmers und Dr. Schmid, welche nunmehr unter sich um die vier Preise weiter zu spielen hatten.

Das Loos brachte am Dienstag Fritz mit Wemmers und Dr. Schmid mit Dr. Knorre zusammen. Die erste Partie zwischen Fritz und Wemmers wurde remis, die zweite gewann Wemmers; Dr. Schmid schlug Dr. Knorre. Somit hatten Wemmers und Dr. Schmid um den ersten und zweiten Preis zu kämpfen; dies geschah am folgenden Tage und ergab den Sieg des Rheinländers. Zu gleicher Zeit spielten die beiden Verlierer des dritten Ganges, Dr. Knorre und Fritz, ihre Entscheidungspartie um den dritten und vierten Preis; dieselbe wurde von Dr. Knorre gewonnen.

Gewinner des ersten Preises, eines silbernen Pokals, war somit C. Wemmers aus Köln; der zweite Preis, ein wertvoller Regulator, fiel an Dr. Schmid aus Dresden; den dritten Preis, ein Oelgemälde, hatte Dr. Knorre aus Berlin erstritten, und den vierten Preis, ein kunstvoll gearbeitetes Schachspiel, nahm Stud. Fritz mit sich nach Gießen. Die vier in Leipzig auf einem Tische ausgestellten Wertgegenstände wanderten in die

verschiedensten Gegenden des deutschen Reichs mit ihren glücklichen Ge-
winnern und werden den letzteren durch ihren Anblick gewiss noch manche
Stunde froher Erinnerung an die schönen Leipziger Tage bereiten.

Auf Anregung der beiden Breslauer Spieler Riemann und Schottländer
wurde nach Beendigung des Hauptturniers ein sogenanntes

freies Turnier

veranstaltet, in welchem nach der Art des Meisterturniers jeder Teilnehmer
mit jedem anderen eine Partie zu spielen haben sollte, so dass eine verlorene
Partie nicht ohne weiteres das Ausscheiden aus dem Turnier zur Folge haben
konnte. Leider mussten Wemmers und Dr. Knorre schon am Donnerstag ab-
reisen und daher auf die Teilnahme an diesem Turnier verzichten.
Dasselbe setzte sich wie folgt zusammen: Bloch, Flügel, Fritz,
Riemann, Dr. Schmid und Schottländer; außerdem noch ein jüngerer
Spieler, der am Hauptturnier nicht teilgenommen hatte und seinen Namen
nicht genannt zu sehen wünscht, weil er später, nachdem er zwei Partien im
freien Turnier gespielt und beide gewonnen hatte, durch persönliche Motive
zum Verzicht auf die weitere Teilnahme bewogen ward. Als Einsatz zahlte
jeder Teilnehmer 5 Mark, und von den Einsätzen wurden drei Preise zum
Betrage von 20, 15 und 5 Mark gebildet. Das Resultat dieses freien Turniers,
welches am Freitag und Sonnabend ausgefochten wurde, war, dass Fritz von
Riemann, Riemann von Dr. Schmid und Dr. Schmid von Fritz geschlagen
wurde, im übrigen aber die genannten alle Gegner schlugen, mit Ausnahme
einer Partie, die Fritz gegen Flügel verlor. Somit hatten Dr. Schmid und
Riemann um den ersten und zweiten Preis zu kämpfen, während Fritz als
Gewinner des dritten Preises seinen Einsatz rettete. Zu der Entscheidungspartie zwischen Dr. Schmid und Riemann kam es indess nicht, da der erstere
notwendigerweise verreisen musste, und die beiden Herren einigten sich daher über die Preise in anderer Art.

Nebenturniere.

Um auch weniger starken Spielern Gelegenheit zu geben, ihre Kraft zu
erproben, und um die Ungunst des Looses, die vielleicht diesem oder jenem im

Hauptturnier widerfahren konnte, einigermaßen auszugleichen, waren, wie üblich, zwei Nebenturniere eingerichtet und für jedes derselben vier Preise, meist in Schachwerken bestehend, ausgesetzt worden.

Am ersten Nebenturnier beteiligten sich außer Herrn Flügel, der aus dem Hauptturnier nach dem Verlust einer Partie hatte ausscheiden müssen, die Herren Buchholz, Hensel, Jahn, Kuntze, Löwenfeld, Rasch und Weismann; Sieger im ersten Gange blieben Weismann, Jahn, Flügel und Hensel, an welche im weiteren Kampf in der aufgeführten Reihenfolge die vier Preise fielen.

Am zweiten Nebenturnier, welches erst nach Erledigung des ersten Ganges des ersten Nebenturniers eröffnet wurde, durften sich auch die Nichtsieger des letzteren beteiligen. Es meldeten sich zu demselben die Herren Ackermann, Goldschmidt, Kuntze, Obermann, Rasch, Dr. Reiff, Dr. Schwabe und Witt; die vier Preise fielen an Goldschmidt, Kuntze, Rasch und Dr. Reiff.

Wir haben die Berichte über die einzelnen Turniere vorangeschickt und teilen nunmehr den übrigen Verlauf des Kongresses in chronologischer Reihenfolge mit.

Am Mittwoch den 18. Juli Nachmittags 4 Uhr versammelten sich etwa 50 von den 125 Teilnehmern, welche überhaupt zum Kongress erschienen waren, im Trianonsaal des Schützenhauses zu dem im Programm vorgesehenen Festessen, um an wolbesetzter Tafel und bei perlendem Wein den Beweis zu liefern, dass sie nicht allein den Gängen der Turniere, sondern auch den Gängen des Mahles gewachsen, dass sie, wie Meister des Schachspiels, so auch Meister des Wortes seien. Und auf beiden Gebieten wurde das mögliche geleistet; war man doch im Stande, sich ungezwungen den leiblichen wie geistigen Genüssen hinzugeben, da für keinen der Gäste eine etwa an demselben Abend noch zu spielende Turnierpartie im Hintergrunde lauerte. Von den Hauptteilnehmern am Kongress fehlte niemand außer Louis Paulsen, welcher sich von dergleichen Festlichkeiten gewöhnlich fern hält und von seinem Bruder bestens vertreten wurde. Leider glänzte auch dasjenige Element, welches sonst solchen heiteren Versammlungen erst die höhere Weihe

zu geben pflegt, durch fast totale Abwesenheit: eine einzige Dame, die Braut
eines nur für diesen Tag herübergekommenen Dresdener Schachfreundes, nahm
an der Festtafel teil.

Als erster Redner trat der würdige Präsident der Leipziger Augustea
und des Kongresskomitees, Herr Geheimer Hofrat Dr. Rudolf Gottschall,
auf, welcher die eigentliche Feier mit folgendem in schwungvollster Weise
vorgetragenen Gedicht einleitete:

Wir feiern eine goldne Hochzeit heute:
Die Braut, — es ist die seltenste der Bräute,
Des Schachspiels Muse stolz und königlich.
Noch hat kein Bildner sie in Stein gebannt,
Kein Maler ihrer Züge Reiz entwandt;
Dem Aug' des Geistes nur enthüllt sie sich:
Auf ihrer Stirn den Adel der Gedanken,
Um ihren Mund ein Lächeln siegsgewiss,
Ihr forschend Aug' durchdringt die Finsternis,
Worin der Zukunft dunkle Loose schwanken;
Mit zarten Händen und mit festem Blicke
Lenkt sie des Kampfes wechselnde Geschicke.
Sie borgt Thaliens Maske sich, zu necken,
In schlauem Spiel sich lächelnd zu verstecken;
Dann wider sitzt sie wie Urania
Mit königlichem Ernste sinnend da,
Und ihres Zepters Elfenbein umranken
In luftgem Tanz die wechselnden Gedanken.
Auf dem Olymp war nicht ihr Heiligtum,
Sie ist ein göttlich Kind der spätern Zeiten;
Doch wen sie liebt, dem schenkt sie Sieg und Ruhm
Und weiß die Stätte schön ihm zu bereiten:
Das hat in langer Zeit von fünfzig Jahren
Der Meister hier, ihr Bräutigam, erfahren.
Sie schmückte seine Stirn mit Ehrenkränzen
Und seine Kunst mit ewig jungen Lenzen;
Sie stand in ernsten Kämpfen ihm zur Seite,
Gab ihm in alle Ferne das Geleite, —
Bis zweimal er im Nebelland der Britten
Dem deutschen Namen Ruhm und Sieg erstritten:

Von Feld zu Feld ein kühner Truppenlenker, —
Dem großen Schweiger gleich, ein Schlachtendenker;
Erfahren in des Krieges Schlangenwindung,
Begabt mit unerschöpflicher Erfindung.
Sein Name sei in Deutschland unvergessen,
So lang' in solchem Kampf sich Gegner messen!
Lang' herrsch' er noch mit seinem Zauberstabe
Und siege noch, wie oft, mit Zauberschlag!
Das deutsche Schach weiht diese Hochzeitsgabe
Ihm heut an seinem goldnen Ehrentag.
Ja, diese Ehrensäule sei ein Bild
Des Ruhmes, den er glorreich sich gewonnen!
Heut heben wir den Sieger auf den Schild,
Der freudig funkelt in dem Glanz der Sonnen.
Die Gläser hoch und hoch der Schwung der Geister:
Es lebe Anderssen, des Schachspiels Meister!

Gegen den Schluss des Vortrags, den die Versammlung mit lebhaftem
Beifall aufnahm, wurde das Ehrengeschenk für Anderssen, welches
bis dahin verdeckt auf einem Nebentische gestanden hatte, enthüllt. Dasselbe
besteht aus einer Ehrensäule in gediegen künstlerischer Ausführung, hervor-
gegangen aus dem rühmlichst bekannten Atelier für Gold- und Silberwaaren
von Sy und Wagner in Berlin. Der Sockel von buntem polirtem Marmor trägt
einen Würfel gleichen Steins mit der guirlandenverzierten Widmung:

„**Dem deutschen Schachmeister Professor Dr. Adolf Anderssen**
zum fünfzigjährigen Schachjubiläum
seine Freunde und Verehrer.“

Die Rückseite des Würfels zeigt ein Schachbrett mit der Schlussstellung
der Partie, in welcher Anderssen beim Weltturnier in London 1851 seinen ge-
fährlichsten Gegner Staunton schlug. Die Namen und Zahlen am Schachbrett:

„London 1851, 1862, Baden-Baden 1870, Wien 1873, Leipzig 1871, 1876“

deuten die dem Leser aus den ersten beiden Abschnitten der Einleitung
bekannten hervorragenden Spielepochen im Leben des Meisters an. Auf dem
Würfel erhebt sich eine Säule aus tiefschwarzem Marmor, umwunden mit
Eichenlaub in Gold und Silber, deren Spitze der Schachgenius krönt: eine

in Silber getriebene weibliche Figur, das Schachbrett in der Linken, die Rechte den goldenen Lorbeerkranz erhebend.

Nun drängten sich von allen Seiten die Delegirten der verschiedenen Schachvereine zu dem Jubilar, um ihn zu seinem Ehrenfeste zu beglückwünschen: so Herr Kreisgerichtssekretär Seligo aus Brandenburg a. H., der schon bei der Eröffnung des Kongresses die Grüße seines Klubs überbracht hatte, Herr Bürgermeister von Leitner aus Tessin in Mecklenburg. Herr C. Freystedt aus Braunschweig, Herr Ernst Flügel aus Prenzlau, Herr Weismann aus Mainz, Herr Dr. Rehm aus Nürnberg und viele andere. Auch an wertvollen, den Jubilar auf das innigste erfreuenden Gaben fehlte es nicht: die Schachgesellschaften von Barmen und Elberfeld überreichten durch ihren Vertreter Herrn Julius Asbeck einen sehr geschmackvollen silbernen Ehrenbecher; ein ebensolcher war aus dem fernsten Osten, vom Memeler Schachklub, dem Komitee zur Ueberreichung an den Jubilar zugegangen, und aus dem Norden schickte der Klub von Altona ein prachtvoll ausgeführtes Ehrendiplom. Herr Hoforganist und Gymnasiallehrer H. Jahn aus Rudolstadt überreichte ein Prachtexemplar eines von ihm zu Ehren des Tages komponirten „Schachjubiläumsmarschs" für Klavier mit Text, welcher mit Beifall aufgenommen wurde; das hübsche Opus mit dem Titelbild „Anderssen Schach spielend" ist bei A. E. Fischer in Bremen verlegt worden.

Lange dauerte es, ehe die hochgehenden Wogen der Beglückwünschungen sich einigermaßen legten; jedem einzelnen, der an ihn herantrat, sprach Anderssen seinen Dank für die freundlichen Wünsche und Gaben mit warmen Worten und herzlichem Händedruck aus und wandte sich dann, als alle wider Platz genommen, mit folgender Rede an die Versammlung:

„Meine verehrten Schachfreunde! Die Festlichkeit, die uns am heutigen Tage versammelt hat, und durch die mir eine so hohe Auszeichnung mit so prachtvollem Angebinde zu teil wird, hat sich ganz anders gestaltet und einen ganz anderen Abschluss gefunden, als dies ursprünglich in der Absicht ihres intellektuellen Urhebers, der leider heute nicht anwesend ist, gelegen hat. Es war ein scherzhafter Einfall, der zu unserer heutigen Feier den ersten Anstoß gegeben hat und nur darum, weil ich einem tragikomischen Intermezzo, worauf es abgesehen zu sein schien, kein Hindernis in den Weg legen wollte, habe ich dem Entdecker meines fünfzigjährigen Schachjubiläums meine Einwilligung erteilt, die Feier desselben bei dem vor einem Jahre hier tagenden Kongress zu beantragen. Aber seltsamerweise wurde aus dem

Scherz bitterer — das heißt, für mich der erfreulichste — Ernst, und der
Vorschlag des Antragstellers wurde mit so großem Eifer ergriffen und mit so
ernstlichen Bemühungen und so beispiellosem Erfolg zum Ziel geführt, dass
meine Verdienste um das Schachspiel trotz der glänzenden Beleuchtung, die
sie soeben durch den Dichterschwung unseres verehrten Herrn Präsidenten gefunden haben, zur Erklärung eines solchen Phänomens nicht ausreichen, und
dass ich mich beschämt fühlen müsste, wenn sich mir nicht in diesem Augenblick Gelegenheit darböte, durch einen kurzen Kommentar das Rätsel zu lösen.

„Das leitende Motiv zur Veranstaltung dieses Festes war keineswegs
die Absicht einer bloßen Ovation, sondern ein anderes. Schon seit Jahren
schwebt die Idee eines allgemeinen deutschen Schachbundes gewissermaßen
in der Luft — oder wenigstens in der gesunden Leipziger Stadtluft, denn
von Leipzig gingen die ersten Bemühungen zur Verwirklichung einer solchen
Idee aus; und nur darum fand der Vorschlag, mein Jubiläum zu feiern,
sofortigen Anklang, weil man sich von dieser Feier die Wirkung einer allgemeinen Zusammenkunft aller deutschen Schachkontingente versprach und
durch die bloße Voraugenstellung eines so großartigen Schauspiels dem be-
zweckten Unternehmen Freunde und Fürsprecher zu erwecken und so den
Grundstein für die künftige deutsche Schacheinheit zu legen hoffte. Möchte
doch diese Hoffnung nicht fehlschlagen! Denn es wäre nichts vorteilhafter
für den Aufschwung des deutschen Schachspiels, als der bisherigen Zer-
splitterung der Kräfte und Bestrebungen ein Ende zu machen, und ich würde
mich glücklich schätzen, wenn ich die unschuldige Veranlassung zu dieser
für das Schach so ersprießlichen Schöpfung gewesen wäre.

„Wenn man nun gerade meiner Firma die Anziehungskraft zutraute,
alle die zerstreuten Elemente zu sammeln, und es für den Hauptzweck zu-
träglich hielt, mich als Jubelgreis in Szene zu setzen (Heiterkeit), so rechnete
man dabei auf die Macht der langen Gewohnheit, mich bei jeder Gelegenheit
auf dem Kampfplatz erscheinen zu sehen; man rechnete auf den Eindruck
der Standhaftigkeit, mit der ich mich — zwar nicht auf meinem Trone,
aber doch auf meinem einträglichen Posten als Preisgewinner behauptet
habe (Heiterkeit); man rechnete endlich auf die Sympathie für jene Art von
Ritterlichkeit, die mich abhielt, die gewonnene Reputation vor jedem rauhen
Windstoß zu wahren, und mich immer bereit finden ließ, das gewonnene wider
aufs Spiel zu setzen, wider zu verlieren, ohne jemals die Hoffnung aufzugeben, wenigstens den Einsatz zurückzuerlangen. Als ein Zeichen der An-

4*

erkennung dieser löblichen Eigenschaften, die ich mir selbst zuspreche, darf ich die mir dargebrachte so glänzende Beglückwünschung — nicht als Lohn, doch als huldreiche Gabe mit dem tiefsten Dank entgegennehmen.

„Aber selbst von diesem Ruhm muss ich bekennen, dass ich die Hälfte dem Leipziger Schachklub abzutreten habe. Denn wodurch erhielt ich die Anregung, durch die mein Schacheifer beständig in Spannung erhalten wurde? aus welcher Quelle schöpfte ich die nötige Erfrischung und Stärkung? Aus keiner anderen als aus der Tätigkeit, die der Leipziger Schachklub entfaltete in theoretischer wie praktischer Hinsicht, — der Leipziger Schachklub, der in dem nie absterbenden Schachinteresse seines in dieser Beziehung unvergleichlichen Präsidenten die unentbehrliche, sichere Stütze besitzt! Durch diesen Verein erhielt ich Gelegenheit zu Turnieren und anderen Schachkämpfen, wodurch ich vor Erschlaffung und Stagnation bewahrt wurde; und die von Dr. Max Lange begründete, nach seinem Rücktritt mit gleicher Umsicht weiter redigirte Schachzeitung gewährte mir, wie tausend anderen, die geistige Nahrung, um von der Höhe der Wissenschaft nicht herabzusinken. Und endlich das gegenwärtige Fest, das mir der Leipziger Schachklub veranstaltet hat, bietet eine Auffrischung dar, die wol für den Rest meines Lebens vorhalten wird.

„Obschon ich daher so vielen fremden Teilnehmern zu dem tiefsten Dank verpflichtet bin, so fühle ich mich doch gedrungen, den Erguss meines Dankgefühls an die Veranstalter und Urheber meines Ehrenfestes zu richten, und ich glaube, dass auch die fremden Meister und Hauptspieler darin mit mir einverstanden sein und freundlich der Aufforderung Folge leisten werden, dem Leipziger Schachklub einen feurigen Toast darzubringen. Ich ersuche Sie also, meine Herren, die Gläser zu füllen: es gilt dem Leipziger Schachklub und seinem würdigen Präsidenten! Der Leipziger Schachklub und sein Präsident Herr Geheimrat Dr. Gottschall, sie leben hoch! — hoch! — hoch!"

Die Versammlung stimmte in dieses Hoch auf das kräftigste ein, worauf im Namen der Augustea Dr. Max Lange das Wort ergriff. Derselbe sprach dem Jubilar den Dank der Leipziger Schachgesellschaft für seine Aufmerksamkeit aus und hob im weiteren Verlauf seiner Rede hervor, dass das Leipziger Komitee, als es für diesen Kongress die Vorbereitungen traf, der Ueberzeugung gewesen sei, dass keine passendere Gelegenheit für die Verwirklichung einer großen Idee, der Idee der Gründung eines deutschen Schachbundes, gefunden werden könne, als der Tag, an dem man das fünfzigjährige Schachjubiläum des größten deutschen Schachgenius begehe. In Anderssen verehre die Schachwelt die Verkörperung des wahrhaft deutschen Geistes, der über die Grenzen des Vaterlandes Ideen trug von internationaler Bedeutung. Als vor etwa fünfundzwanzig Jahren in Folge der Olmützer Vorgänge eine Zeit der Erniedrigung über Preußen und Deutschland hereingebrochen war, gerade damals sei es Anderssen gelungen, den deutschen Namen im Ausland wenigstens auf einem idealen Felde zu Ehren zu bringen. Ebenso habe er später die auf die Einigung Deutschlands gerichteten Bestrebungen an seinem Teile und auf seinem Gebiete aufs kräftigste unterstützt und zu ihrer Verwirklichung, an der man ja heute weder in politischer noch in schachlicher Beziehung einen Zweifel hegen dürfe, redlich das seinige beigetragen. Redner schloss mit einem Hoch auf die sämmtlichen von auswärts in Leipzig erschienenen Gäste, von denen er hoffe, dass sie noch oft zu gleichem Zweck auf deutschen Schachkongressen sich zusammenfinden werden.

In diesem schachpolitischen Sinne der Vereinigung der Vereine und Verbände Deutschlands zu einem deutschen Schachbund sprach auch der nächste Redner, der als Vertreter des westdeutschen Schachbundes erschienene Herr Eduard Hammacher von Köln. Derselbe äußerte sich wie folgt:

„Meine Herren! Der Gedanke, den Herr Professor Anderssen hatte, als er die Zustimmung zur festlichen Begehung seines Jubiläums gab, der Gedanke, einen allgemeinen deutschen Schachbund dadurch herbeizuführen, hat bei dem westdeutschen Schachbund eine gute Aufnahme gefunden. Die Sache wird auf dem rheinischen Kongress, welcher im nächsten Monat in Köln stattfinden wird, nach besten Kräften weiter betrieben werden. Es mögen sich Schwierigkeiten geltend machen: unter uns Rheinländern sagt vielleicht der eine oder der andere, dass er hier auf dem mitteldeutschen Schachkongress zu viel Schach spielen müsse, während die mitteldeutschen Genossen gegen uns möglicherweise den Vorwurf erheben, dass wir durch den feurigen Wein zu vergnügungssüchtig gemacht werden. Aber ich glaube, dass sich dieses ausgleichen lässt, und ich für meine Person werde, das verspreche ich hiermit, dahin wirken, dass der westdeutsche Schachbund sich dem allgemeinen deutschen Schachbund anschließt. (Bravo!)

„Erlauben Sie nun, verehrter Herr Professor, dass ich mich an Sie wende, um Ihnen die Mitteilung zu machen, dass der Kölner Schachklub Sie zu seinem Ehrenmitglied ernannt hat und die Herren Wemmers, Leffmann und mich als Deputation hierhin entsandte, um Ihnen das betreffende Diplom zu überreichen. Wir haben diesen ehrenvollen Auftrag mit um so größerem Vergnügen übernommen, als uns dadurch Gelegenheit wurde, Sie persönlich zu begrüßen. Indem wir uns hierdurch des uns gewordenen Auftrags entledigen, sprechen wir gleichzeitig die Hoffnung aus, Ihnen eine kleine Freude bereitet zu haben."

Professor Anderssen bat den Vorredner, seinen wärmsten Dank dem Kölner Klub zu übermitteln, und gab die Zusage, seinerseits das nötige dazu beizutragen, um die von dem Vorredner bezeichnete Ausgleichung zu Stande zu bringen, um so mehr da die mitteldeutschen Schachspieler dabei bloß „gewinnen" können.

Demnächst erhob sich Herr J. H. Zukertort von London, welcher den Jubilar mit folgenden Worten begrüßte:

„Geehrter Herr Professor! Sie haben soeben die Beweise entgegengenommen, dass die deutschen Schachklubs des Tages gedenken, an dem der Altmeister des deutschen Schachspiels sein fünfzigjähriges Jubiläum feiert. Erlauben Sie, dass ich Ihnen auch die Glückwünsche des Landes überbringe, welches sich nicht rühmen kann, Sie zu seinen Mitbürgern zu zählen, welches Ihnen aber das erste und größte Feld darbot, Ihr Talent zu zeigen. Ihr Weltruhm datirt seit dem Londoner Turnier von 1851, welches von Staunton hauptsächlich deshalb veranstaltet wurde, damit Albion das Siegeszepter des Schach erhalten bleiben sollte, nachdem dasselbe durch Staunton dem französischen Champion Saint-Amant entwunden war. Sie haben damals gezeigt, dass das Schachzepter weder bei den Italienern noch bei den Franzosen noch bei den Engländern verbleiben dürfe, sondern dem deutschen Genius zukomme. England hat, Herr Professor, Sie trotzdem nicht mit Missgunst behandelt, man hat Ihnen den Sieg im großen und ganzen gegönnt; das Land und die englischen Klubs waren stolz, dass wenigstens ein Cousin, um den Ausdruck mir zu erlauben, aus teutonischem Blut den Sieg errang. Der Klub, der seinen Namen nach dem Schutzpatron Englands führt, der St.-Georges-Klub, in dessen Räumen Sie oft am Brett tätig gewesen sind, hat mich beauftragt, Ihnen seine Glückwünsche darzubringen, und ich habe Ihnen den Brief, der Ihnen die Ehrenmitgliedschaft des St.-Georges-Klubs verkündigt, zu überreichen."

Nachdem Professor Anderssen auch hier mit gewohnter Schlagfertigkeit seinen Dank ausgesprochen, brachte Dr. Max Lange das nachstehende, von

dem Schachklub zu St. Gallen eingegangene sinnige Festgedicht zum
Vortrag:

Am seltnen Feste, wo so viele
Dir huldigend sich heute nahn,
Die alle einem edlen Spiele,
Dem ernsten Schach, sind zugetan,
 Da werden ihre Lieder bringen
 Auch Dichter, deren Namen klingen
Voll Ruhm und Ehr im deutschen Land,
 Und mancher, den die Schachwelt kennet,
 Den einen Held am Brett sie nennet,
Reicht seinem Meister froh die Hand: —

So zürne nicht, wenn wir es wagen,
Die unbekannt Dir werden sein,
Auch einen Gruß Dir heut zu sagen
Mit Worten einfach, schlicht und klein!
 Bei uns, wo auch der Sinn sich reget,
 Der gern und treu das Schachspiel pfleget,
Hier kennt man wol den Jubilar;
 Und sind es gleich nur kleine Geister,
 Sie bringen dem bewährten Meister
Doch ihre besten Wünsche dar!

Seit fünfzig Jahren hast Dein Denken
Voll Liebe Du dem Schach geweiht;
Wie Du die Steine weißt zu lenken,
Das bleibt ein Muster jederzeit: —
 Darum aus Schweizerbergen dringet
 Dies Lied zu Dir und überbringet
Dir Gruß und Dank aus unsrer Stadt,
 Dazu den Wunsch: in Glück und Frieden
 Sei noch gar mancher Sieg beschieden
Dir bis zum fernen letzten Matt!

Der Vortragende knüpfte daran den Wunsch, dass dieses „letzte Matt"
noch sehr ferne sein möge, und die Versammlung folgte begeistert seiner

Aufforderung, diesem Wunsch ein Glas zu widmen und dem Jubilar ein nochmaliges feuriges Hoch darzubringen.

Auch an einem Tafellied, welches von der Versammlung gemeinschaftlich gesungen wurde, fehlte es nicht; dasselbe war von Dr. Max Lange verfasst und lautete wie folgt:

Mel.: Gaudeamus igitur etc.

Stimmet an den Preisgesang,
Unser Werk zu krönen;
Lasst aus vollem Herzensdrang
Heut das Lied ertönen,
Da zur langersehnten Zeit
Jeder will mit Sang bereit
Unser Fest verschönen.

Preis zuerst dem tiefen Geist,
Der das Spiel ersonnen;
Preis dem edlern Sinn zumeist,
Dem aus diesem Bronnen
Quellen frisch von Tag zu Tag,
Zug um Zug und Schach für Schach,
Reine Lebenswonnen.

Preis der deutschen Kunst und Kraft,
Die auf diesen Felden
Jeher großes, schönes schafft,
Viel Triumph kann melden.
Preis den Siegern im Turnier,
Preis vor allen Deutschlands Zier,
Unserm Jubelhelden!

Preis dem großen Vaterland,
Dessen Hauch wir spüren;
Wo von Schranken nicht gebannt
Wir uns Ziele küren:
Nord und Süd wie Ost und West
Heut zum deutschen Bunde fest
Treuvereint sich führen.

In dem lang geplanten Bau,
Der heut wird vollendet,
Hoher Geist stets aufwärts schau,
Edlem zugewendet.
Jeder soll willkommen sein,
Der nur einen kleinen Stein
Solchem Streben spendet.

Dass zum Spiele reiner Trieb,
Lust mit Ernst erstarke;
Rittersinn und Bruderlieb'
Sei des Schachfreunds Marke.
Dass voll edlen Lebens Frucht
Stolz hinzieh' von Bucht zu Bucht
Unsres Bundes Barke.

Aber wer uns führet ein,
Zu so edlem Streben,
Ihm den höchsten Preis zu weihn
Wir die Gläser heben:
Der ein Glanz in solchem Fach,
Der ein Stolz des deutschen Schach,
Anderssen soll leben!

Herr Geheimrat Gottschall verkündete jetzt die Sieger des Hauptturniers und brachte jedem einzelnen derselben unter Bezugnahme auf den errungenen Preis ein Hoch aus; ebenso Herr Dr. Schwede den Siegern des Problemturniers, in welchem ihm das Schiedsrichteramt übertragen worden war und über welches er kurzen Bericht erstattete. Der erste Preis fiel Herrn Joh. Berger in Graz, der zweite Herrn Karl Kondelik in Prag zu. Wir lassen die prämiirten Probleme nebst ihren Lösungen im „Anhang" folgen.

In Anschluss an die soeben den Siegern und Meistern dargebrachten Toaste gedachte Herr Dr. Max Lange desjenigen deutschen Meisters, welcher, im kaiserlichen Dienst im Ausland weilend, doch mit seinen Gedanken bei allen deutschen Schachfesten stets gegenwärtig ist und diese Teilnahme auch diesmal durch ein an den Jubilar gerichtetes, dessen praktische wie theoretische Tüchtigkeit im Schachspiel in das hellste Licht setzendes Schreiben bekundet hatte. Herr von Heydebrand und der Lasa, Gesandter des deutschen Reichs am dänischen Hofe, schrieb folgendes:

„Kopenhagen, 14. Juli 1877.

„Verehrtester Freund und Landsmann!

„Das seltene Fest, das Sie jetzt begehen, und zu dem auch ich meinen aufrichtigsten Glückwunsch Ihnen hiermit sende, veranlasst mich überdies zu einigen Bemerkungen, die Sie bei gelegener Zeit lesen mögen. Eiliges enthalten dieselben nicht.

„Fast unser ganzes Leben ist gleichzeitig dahingegangen, und wir sind dabei auf einem bestimmten Gebiete, dem des Schach, mit unseren ernsten Bestrebungen zusammengetroffen. Aber während ich, in Ausführung von Bilguers Plan, mich bestrebte, aus dem vorhandenen Material und den allerwärts neu auftauchenden Ideen ein Kompendium der üblichen Spielarten herzustellen und dieses widerholentlich zu ergänzen, war Ihnen die lebensfrischere Aufgabe zugefallen, praktisch am Brette altes zu prüfen und neues daneben einzuführen. Sie konnten damit im täglichen Kampfe nicht allein zu Hause großes erreichen, sondern das gewonnene auch weithin im Auslande zur Anerkennung bringen. Am gegenwärtigen Jubelfeste wird Ihnen sicherlich von allen Seiten zugerufen werden, dass Sie den deutschen Schachruhm hoch und weit in Ehren erhoben haben. Ihnen war es zugleich beschieden, nachhaltiger als Morphy und ähnlich wie einst Labourdonnais auch in strategischer Hinsicht erweiternd mitzuwirken. Das Genie des großen französischen Meisters hat seiner Zeit Epoche gemacht, namentlich mit dem Angriff im Damengambit und mit der Verteidigung einer geschlossenen Partie. Aus Morphys Wettkämpfen hingegen, so überwältigend sein praktisches Talent und so korrekt jeder seiner Züge war, hat doch die Strategik eine neue Bereicherung nicht entnommen. Kein Spiel, so viel ich wüsste, hat durch den unbesiegten Amerikaner eine merkliche Aenderung in seiner Behandlung erfahren. Ihre Einwirkung auf zahlreiche Anfänge, und, um nur einen zu nennen, auf das Gambit Evans, ist aber keinem der um Sie versammelten Schachfreunde unbekannt.

„Sehr wol erinnere ich mich der entlegenen Zeit, als vor etwa vierzig Jahren Bledow, nach einer Schachreise, bei der er auch Breslau berührt hatte, eines starken Spielers gedachte, von dem er bedeutendes erwartete. Dies war das erste Mal, dass ich Ihren Namen hörte, in jener theoretisch noch wenig entwickelten Periode, in der die deutschen Spieler erst anfingen aus dem Kreise ihrer beschränkten Kombinationen herauszutreten und auf neuere Erweiterungen einzugehen. Zur Charakteristik jener Zeit brauche ich wol nur an die übliche Partie 1. e2—e4 e7—e5 2. Sg1—f3 d7—d6 3. d2—d4 f7—f5 etc. und das ausgeprägte Philidorsche Gambit, neben dem *giuoco piano* 4. c2—c3 mit der konstanten Erwiderung 4. . . . . d7—d6 oder 4. . . . Dd8—e7 zu erinnern. Das schottische Gambit, gewöhnlich mit der Fortsetzung 4. Lf1—c4 Lf8—c5 5. c2—c3 d4—d3, oder das Evansgambit waren noch ziemlich selten, und Muzio nebst Läufergambit fingen damals erst an näher erforscht zu werden. Auch von der richtigen Behandlung des sizilianischen Spieles war man noch ziemlich fern, und das Gambit mit dem Turmbauern 3. Sg1—f3 g7—g5 4. h2—h4, von dem später so reichlicher Gebrauch gemacht wurde, blieb noch fast unberücksichtigt. Gänzlich vernachlässigt oder selbst unbekannt waren aber der Zug des Lopez, das russische Springerspiel und die Wiener Partie.

„Wie hat sich aber das Spiel seitdem in allen Gebieten reicher gestaltet, wie viele Partien sind indess auch, nachdem sie in der Gunst gestiegen waren, wider als verfehlt bei Seite gesetzt worden! Welche Umwandlungen liegen nicht allein schon zwischen der gedachten Bledowschen Periode und Ihrem ersten großen Londoner Siege, der 1851 einen so unvergleichlichen Aufschwung der Begeisterung in ganz Deutschland hervorrief!

„Inzwischen waren Turmbauer- und Läufergambit, sowie das Lopezspiel und die Partie 1. e2—e4 e7—e5 2. Sg1—f3 Sb8—c6 (3. Lf1—c4 Lf8—c5 4. c2—c3 Sg8—f6) 3. Lf1—c4 Sg8—f6 4. Sf3—g5 d7—d5 5. e4—d5: Sc6—a5 etc., nebst Evans und allen sogenannten geschlossenen Spielen in den Vordergrund getreten.

„Welche Veränderung lässt uns dann aber wider die Zeit Ihres Glanzmoments in Baden im Jahre 1870 erkennen. Muzio- und Turmbauergambit haben fast aufgehört, auch das einfache *giuoco piano* ist verlassen, und zu 1. e2—e4 c7—c5 hat der Verteidigende kein Zutrauen mehr; überhaupt sind die geschlossenen Spiele viel weniger beliebt als zur Zeit des großen Kampfes zwischen Staunton und St.-Amant. Hingegen sehen wir Evans, Lopez und Hamppes Wiener Partie noch stetig an Ansehen zunehmen. Daneben hat aber auch, und dies scheint mir besonders wichtig zur Bezeichnung des Fort-

schritts, eine in mehrfacher Hinsicht veränderte Beurteilung des Positions-
wertes und eine von der früheren Taktik nicht selten abweichende Behandlung
im Spiele überhaupt Eingang gefunden, die gewiss auch noch heute weiter
ausgebildet werden wird. Nicht allein, dass der Angriff im allgemeinen
höher geschätzt wird und dass man mehr als sonst gedrückte Stellungen,
selbst wenn Bauerngewinn damit gesichert erscheint, vermeidet, sondern es
zeigt sich sogar ein Unterschied in der Verwendung von gewissen Stücken.
Der Angriffsläufer, der zumeist nur auf c4 (c5) oder d3 (d6) stehen sollte,
wird ohne Bedenken statt dessen oft nach e7 gezogen, selbst wenn ihn d7—d6
auf die ·Länge einschließt. In anderen Spielen zieht man neuerdings die
Läufer häufig im Angriff, und noch mehr in der Verteidigung, nachdem der
Springerbauer einen Schritt vorgerückt ist, schräg vor den Turm. Dieses
Verfahren lenkt den Angriffsläufer ganz von der Richtung ab, die ihm
sonst allein angewiesen wurde, und führt auch noch zu anderen Konse-
quenzen.

„Hinsichtlich des Wertes der Rochade haben sich in einigen Fällen die
Anschauungen ebenfalls geändert. Allgaier, dessen Meinung lange bei uns
Geltung hatte, wollte nichts vom Läufergambit wissen und hielt 3. Sg1—f3
für durchaus nötig, um Dd8—h4† zu verhindern, „wodurch sonst das ganze
Spiel zerrissen würde". Später verlor die Störung der Rochade aber ihr
klassisches, vermutlich auch schon von Philidor bezweifeltes Ansehen, und
jetzt gilt das Läufergambit nicht allein für vollkommen sicher, sondern könnte
nach der Ansicht einiger Spieler sogar gegen jegliche Verteidigung den Weißen
einen gewissen Vorteil gewähren.

„Ferner begegnen wir nicht selten dem eigentümlichen, ebenfalls die
Rochade aufgebenden Anfang: 1. e2—e4 e7—e5 2. Sb1—c3 Sb8—c6 3. f2—f4
e5—f4: 4. d2—d4 Dd8—h4† 5. Ke1—e2 etc., ohne dass bisher eine allseitig
anerkannte Widerlegung dagegen ans Licht getreten wäre. Hier ist indessen
nicht allein die Stellung des Königs beachtenswert, sondern auch schon der
Zug 2. Sb1—c3, mit dem vormals der Anziehende nicht leicht dem Bauern
c2 den Weg zu sperren pflegte. In der ersten Ausgabe des Bilguerschen
Handbuchs ist 2. Sb1—c3 noch nicht erwähnt, außer mit einem einzigen
Worte auf S. 217. Ich lernte nämlich den Zug erst von Hamppe 1845 in Wien
kennen oder vielmehr beachten, legte·ihm.aber selbst dann nur geringen Wert
bei, da mir zufällig in den vorgekommenen Spielen die Verteidigung
2. . . . . Sg8—f6 3. f2—f4 d7—d5 glückte. Dieselbe hatte Jänisch drei

Jahre zuvor als mindestens genügend mit dem Bemerken in der *Analyse nouvelle* angegeben, dass die Partie unter guten Spielern eigentlich nicht vorkomme.

„Ich habe mich später oftmals an diesen Ausspruch, der mir doch seiner Zeit berechtigt erschienen war, wider erinnert und dabei meine Reflexionen über den mäßigen Wert gemacht, den Autoritäten, und selbst die besten, für die Schachpraxis haben.

„Auch in anderen Ihrer eigenen Partien hat Sb1—c3 seitdem als Angriffszug Aufnahme gefunden. Ich sehe dabei von einer namentlich in England häufig und schon lange gespielten Variante 1. e2—e4 e7—e5 2. Sg1—f3 Sb8—c6 3. Lf1—c4 Lf8—c5 4. Sb1—c3 mit sehr verschiedenen Zügeumstellungen ab und denke vielmehr an das neuere Spiel 1. e2—e4 e7—e6 2. d2—d4 d7—d5 3. Sb1—c3. Jänisch hielt, selbst in seinen letzten Lebensjahren, den Zug des Springers hier für ungeeignet, da es ihm gewissermaßen als ein Beruf des Anziehenden erschien, das Vorrücken von c2—c4, wenn dieses in erreichbarer Aussicht stand, nicht zu verstellen. Er konnte aber der Spielart 3. Sb1—c3 doch keine Schwäche nachweisen und hat deshalb auch die Praxis nicht von dem Zuge abzuschrecken vermocht.

„Die Umwandlungen, die nach und nach stattgefunden haben, und die sich noch jetzt vorbereiten, sind so zahlreich, dass ich sie auch nicht annähernd alle andeuten könnte; sie verteilen sich über sämmtliche Eröffnungen. Aber ich brauche sie Ihnen auch nicht speziell vorzuführen, da Sie meine Behauptung, dass sich erstaunlich viel seit der Zeit von Ihrem und meinem ersten Eintreten in das Spiel geändert habe, und dass wir noch immer in einer fortdauernden Aufschwungsperiode leben, ohnehin als richtig anerkennen werden. Nur ein Spiel möchte ich noch als besonderen Typus hervorheben. Uns war aus alter Zeit ein großer und ohne Zweifel innerhalb bestimmter Grenzen wolberechtigter Respekt vor geschlossenen Mittelbauern überkommen. In dies harmonische Prinzip machte der zwar längst bekannte, aber doch erst von England mit Erfolg ausgehende „schottische Gambit-" Zug d2—d4, der zur Beschleunigung des Angriffs auf Vollständigkeit des Zentrums verzichtete, eine entschiedene Bresche. Noch weiter ging man im Muziogambit, wo der Königsbauer e4—e5 weggegeben wurde, um die Angriffspunkte zu vermehren. Endlich kam bei der Eröffnung 1. e2—e4 e7—e5 2. Sg1—f3 Sb8—c6 3. d2—d4 e5—d4: 4. Sf3—d4: Dd8—h4 Horwitz, den Sie vielleicht wie ich früher persönlich gekannt oder wenigstens in London

gesehen haben müssen, auf den Gedanken, 5. Sd4—b5 zu ziehen und ganz
von der Mitte zu abstrahiren, denn es folgt 5. . . . . Dh4—e4† 6. Lf1—e2
oder Lc1—e3 u. s. w. Bilguers Handbuch hielt anfangs dieses Spiel für
unvorsichtig, da es schien, Weiß könne wegen seiner rechts und links getrennten Bauern auf die Dauer keine Kraft entwickeln und Schwarz werde
Bauer d7 bald vorbringen und gut stehen. Jetzt hegt man mehr Zweifel über
das schwarze Spiel und hat überdies mit 5. Sd4—f3 noch eine neue Wendung
in ähnlichem Sinne wie die frühere Variante in Anwendung gebracht.

„Es wäre gewiss eine lohnende Arbeit, wenn jemand die Entwicklung
im heutigen Schach eingehend charakterisiren und die Aufeinanderfolge der
Epochen an der verschiedenen Behandlung der Spiele, am Auftauchen und
Verschwinden gewisser Varianten und an der modifizirten Strategik durch
eine Reihe erläuternder Partien nachweisen wollte. Niemand wäre dazu wol
so geeignet wie Sie selbst, da Sie durch alle Phasen praktisch mit hindurch
gegangen sind und noch heute rüstig auf dem Platze stehen. Eine mit Partien
belegte chronologische Schilderung Ihres Schachlebens würde sich namentlich
so einrichten lassen, dass dieselbe dem angedeuteten Plane entspräche. Sie
würde Ihnen, meine ich, keine übermäßigen Schwierigkeiten darbieten und
hätte den Vorteil, das allgemein nützliche an speziell interessantes zeit-
gemäß anzuknüpfen. Ich habe wol auch meinerseits zuweilen an ähnliches
oder an die fortlaufende Mitteilung von Neuerungen gedacht, wie diese jetzt
von Herrn Dr. Schwede verdienstlicherweise in der Schachzeitung begonnen
sind; aber ich konnte mich zur Ausführung solcher Entwürfe nicht für be-
rufen oder hinlänglich befähigt halten. Bei der jüngsten Bearbeitung des
Handbuchs, die, wie Sie wissen, für mich jedenfalls die letzte bleibt, habe
ich gefühlt, dass ich den neuen Stoff doch, trotz aller angewandten Mühe,
nicht mehr recht beherrschte. Ich konnte oft nur registriren, was ich an
verschiedenen Stellen vorfand, und musste es dabei nicht selten an der rechten
Verbindung mit dem alten oder an einer wünschbaren weiteren Ausführung
fehlen lassen. Daneben gewann ich es aber nicht über mich, veraltete Sachen,
wie es wol hätte geschehen können, fortzulassen. Dieselben kamen mir
zum Teil als Jugenderinnerungen, die immer fest haften, doch nicht gleich-
giltig vor, und ferner mochte ich mir auch nicht, da ich der Praxis schon
so lange entrückt bin, ein entscheidendes Urteil darüber gestatten, was ohne
Schaden zu beseitigen wäre und was nicht. Dabei kommt auch noch in Betracht, dass die universelle Bedeutung des Buches und nicht allein sein Ge-

brauch in Deutschland von mir stets im Auge behalten wurde. Ich vermute
indess doch, dass die Abstriche in den Tabellen reichlich vorzunehmen wären,
und dass ein neuer Bearbeiter, wenn er an den alten Bilguer mit frischem
Mut herantreten wollte, ihm ein sehr verändertes Aussehen geben würde.
Für das Gesammtbild der Gegenwart passt eben nicht mehr der alte Rahmen.
Freilich dachte ich nach dem Erscheinen der ersten Ausgabe des Handbuchs
1843 wesentlich anders über die Dauer des Werkes. Damals meinte ich
bleibendes geleistet zu haben, das nur stellenweise ergänzt und hier und da
berichtigt zu werden brauchte. Der Aenderungen und Zusätze sind aber bei
den folgenden Ausgaben so viele geworden und drängen sich immer wieder
in solcher Menge aus den Schacherzeugnissen aller Länder herbei, dass ich
am Schlusse meiner Tätigkeit, weit entfernt von der jugendlichen Zuversicht,
nunmehr bekennen muss, im Handbuch doch an keiner Stelle fertig geworden
zu sein. Es bleibt mir nur, mit Epikur bei Seneka zu sagen: *nemo non ita
exit e vita, tamquam modo intraverit.*

„Bei meinem persönlichen Festhalten an den alten Varianten würde die
als Aufgabe für Sie empfohlene Darstellung der Spielumwandlungen, wenn
ich selbst diese Arbeit vornehmen könnte und wollte, gewiss nicht frei von
Vorurteilen gegen die Neuerungen ausfallen. Mich warnen in dieser Beziehung die Beispiele von auffälligen Schwächen voraufgegangener Theoretiker,
namentlich von Lewis und Jänisch, denen beiden wir übrigens die bedeutendsten Fortschritte im Spiele verdanken. Der erstere sagte 1831, Schwarz
solle im *giuoco piano* auf 4. c2—c3, obwol 4. . . . . Sg8—f6 ohne Gefahr
geschehen könne, doch lieber 4. . . . . d7—d6 tun; wenn dann 5. d2—d4
e5—d4: 6. c3—d4: folge, stelle zwar Weiß zwei Bauern geschlossen in die
Mitte, man könne aber nicht behaupten, dass sein Spiel deshalb gerade besser
sei als das schwarze. Diese Aeußerungen, die uns eigentlich im unklaren
darüber lassen, ob überhaupt völlige Ausgleichung bei der Verteidigung des
giuoco piano zu erreichen sei, hat Lewis unverändert 1842 in einer angeblich
sorgsam revidirten neuen Auflage, S. 95, 104 und 123, zu einer Zeit widerholt, als in Folge einer berühmten Korrespondenzpartie zwischen Paris und
London der Verteidigungszug 4. . . . . d7—d6 schon in Misskredit gekommen
war. Man sieht also, dass Lewis sich in diesem Punkte von den einmal gewonnenen Anschauungen durch spätere Erfahrungen nicht mehr abbringen
ließ. Aehnliches habe ich auch bei Jänisch wahrzunehmen Gelegenheit gehabt.
Dieser Analytiker, der sich besonders bemühte, Schärfe und Konsequenz in

die Beurteilung der Stellungen und Spiele zu bringen, und der oft mit Erfolg
das vor ihm so häufige „steht ungefähr gleich" näher untersuchte, hat sich
doch nie von dem Gedanken ganz los machen können, die bekannten Phili-
dorschen Grundsätze bildeten allein und überall die Basis des Spiels für Angriff und Verteidigung. Ich hatte es mir in Aufsätzen der Schachzeitung und
sonst angelegen sein lassen, den Wert des Bauernprinzips auf sein richtiges
Maß bei den verschiedenen Eröffnungen und überhaupt im Gegensatz zur
Verwendung der Offiziere, namentlich auch durch Beispiele aus Jänischs
eigenen Schriften, zurückzuführen. Letzterer erkannte in Briefen an mich
die Richtigkeit des Raisonnements wol an, kam aber dennoch von Zeit zu Zeit
und bis zuletzt immer wider auf die ausschließliche Geltung jener Grundsätze öffentlich zurück. Dies haben Sie übrigens auch wol schon aus den
Bemerkungen entnehmen können, welche ich vorher bei Besprechung des
Zuges Sb1—c3 über meinen dahingeschiedenen Freund machte.

„Im Hinblick auf das eben geschilderte unzeitgemäße Verhalten der
beiden berühmtesten Theoretiker bin ich nun der Ueberzeugung, dass die
richtige Würdigung der Neuerungen im Schach und das entscheidende Urteil,
ob eine Spielweise oder Variante als abgetan anzusehen ist, nur von einem
noch in frischer Praxis stehenden, erfahrenen Meister wird ausgehen können.
Wer sollte dann aber wol mehr als Sie, geehrtester Herr Professor, im Stande
sein, uns die zahlreichen Wandlungen der Spielarten anschaulich zu machen?
Und möchten Sie dabei etwa meinen, doch nicht allein dies Thema in Angriff
nehmen zu dürfen, so fände sich zuversichtlich im Kreise der vereinigten
Meister die geeignete Kraft, um mit Ihnen gemeinsam die Arbeit auszuführen.
Es würde mir zu großer Befriedigung gereichen und wol auch ein schönes
Ergebnis des jetzigen Kongresses sein, wenn der angeregte Gedanke in der
hier entwickelten oder in einer ähnlichen Gestalt verwirklicht werden könnte.
Ich habe mir erlaubt schriftlich für denselben Ihr Interesse zu erwecken, da
ich zu meinem Bedauern nicht sehe, ob und wann ich das Vergnügen haben
kann, Sie wider, wie zuweilen in alten Zeiten, in Breslau aufzusuchen und
mündlich die Sache zu besprechen. Die Veranlassungen, die mich einst nach
dem Norden Schlesiens und später nach Warmbrunn führten, sind leider
alle durch den Tod der mir am nächsten gestandenen Personen geschwunden.
Indess gebe ich doch die Hoffnung nicht auf, dass wir uns wenigstens an
einem dritten Orte, vielleicht bei Gelegenheit einer anderen Schachversamm-
lung, wider treffen mögen. Bis dahin wollte ich aber mit meiner jetzigen

Aufforderung, der sich bestimmt auch andere Schachfreunde, wenn sie darum
wüssten, anschließen würden, nicht warten.

„Mit dem Ausdruck fortdauernder Freundschaft

Ihr

aufrichtigst ergebener

von der Lasa."

An die Verlesung dieses Schreibens knüpfte Herr Dr. Max Lange das
Ersuchen, den Verfasser desselben, welcher dem deutschen Schach auch im
Ausland ein warmes Herz bewahrt und wesentliche Dienste geleistet habe,
ein Hoch darzubringen. Der Aufforderung wurde in begeisterter Weise
Folge gegeben; das Komitee erhielt den Auftrag, Herrn v. d. Lasa hiervon
telegraphisch in Kenntnis zu setzen.

Ein Trinkspruch auf die Damen oder vielmehr auf die Dame durfte
selbstverständlich nicht fehlen; denselben übernahm in dankenswerter Weise
Herr Professor Dr. Franke aus Celle durch den Vortrag der nachstehenden
improvisirten Verse, die von der Versammlung mit lebhaftem Beifall belohnt
wurden:

> Als wir aus der Ferne hergezogen,
> Schwammen wir auf grüner Hoffnung Wogen:
> Vor uns stand ein Zauber zart und mild.
> Ja, wir träumten, dass an diesem Feste
> Aus dem Schwarm der männlich ernsten Gäste
> Winken würd' manch holdes Frauenbild.
>
> Billig war, gerecht war unser Hoffen;
> Denn wer hätte je im Schach getroffen,
> Was der Siegeskraft sich gleichen mag,
> Die die Dame trägt in ihren Händen?
> Drum den Damen Huldigung zu spenden
> Hofften wir am Ehrentag des Schach.
>
> Aber ach, nur eine einz'ge zieret
> Unsre Tafel, die sich fast verlieret
> In der Männer feierschwarzem Chor.
> Drum wolan: nehmt eine denn für alle,
> Klingt und singt mit dankesfrohem Schalle:
> Hoch den Frauen! Hoch der Braut zuvor! —

Herr Bürgermeister und Stadtrichter von Leitner aus Tessin in
Mecklenburg, einer der treuesten Anhänger und Verehrer des Altmeisters,
der sich an den Kämpfen des Kongresses selbst nicht beteiligte, dessen ehr-
würdiges graues Haupt aber fast regelmäßig an demjenigen Tisch zu erblicken
war, wo Anderssen am Brett saß, überbrachte demselben in äußerst launigen
Worten, die sich der beifälligsten Heiterkeit der Versammlung erfreuten, die
Ehrenmitgliedschaft des aus 29 wirklichen und einigen zwanzig Ehrenmit-
gliedern bestehenden Tessiner Schachklubs; Herr Dr. Schmid aus Dresden
erklärte, dass der Dresdener Klub, welcher von dem gleichen Gefühl der Ver-
ehrung für den Jubilar getragen werde, nur deshalb von seiner Ernennung
zum Ehrenmitglied Abstand genommen habe, weil er sich nicht würdig
erachte, sich mit dem Namen eines solchen Ehrenmitgliedes zu schmücken.

Auch sonst fehlte es nicht an zahlreichen Beweisen der Aufmerksamkeit
für den gefeierten Meister. Der Berliner Schachklub sandte auf dem Wege
des Drats „Glückwunsch und Gruß dem Großmeister, der zu der Wissenschaft
das Spiel gesellt und in dem Spiel die Wissenschaft bestellt“; und viele andere
Briefe und Depeschen aus allen Teilen Deutschlands bekundeten die allseitige
herzlichste Teilnahme an dem seltenen Feste.

Nunmehr unterzog sich Herr Referendar Kähne aus Magdeburg der
Aufgabe, die Verdienste, welche sich der Schatzmeister des Kongresses Herr
H. Zwanzig um das Zustandekommen des gegenwärtigen Kongresses und
dadurch um die dem Anschein nach nunmehr gesicherte Gründung des
allgemeinen deutschen Schachbundes erworben, in das gebührende Licht zu
stellen, und ersuchte die Versammlung, auf das Wol des Herrn Zwanzig ein
feuriges Hoch erschallen zu lassen; Professor Anderssen knüpfte hieran die
Bemerkung, dass ihm durch Herrn Zwanzig die Gelegenheit zu einem seiner
bedeutendsten Triumphe gegeben worden sei durch eine im Jahre 1876 zu
Leipzig gespielte Beratungspartie, in welcher er (Anderssen) mit zwei Verbündeten gegen zwei und Zwanzig siegreich gekämpft habe. Herr Zwanzig
sprach seinen Dank für die ihm erwiesene Ehre aus und brachte denjenigen
seine Anerkennung dar, welche das Werk durch ihre Unterstützung zu einem
so schönen Abschluss geführt hatten.

Die Reihe der Tischreden wurde jetzt geschlossen und unter dem Vorsitz des Herrn Dr. Rudolf Gottschall zu den eigentlichen Beratungen
wegen Gründung des deutschen Schachbundes geschritten. Das
Wort zur Motivirung ergriff der unermüdliche Vorkämpfer in Bundes-

angelegenheiten Dr. Max Lange. Er führte aus, dass es ein allgemeiner Zug der Zeit sei, bestimmte Interessen nicht in einzelnen Vereinen, sondern darüber hinausgehend, sich nicht an das lokale bindend, großzuziehen und zu pflegen. Es sei der Gedanke zum Durchbruch gekommen, die Konstituirung eines deutschen Schachbundes, welcher nicht nur einzelne Vereine in sich begreife, sondern ein großes Schachwesen bilde, anzubahnen. Hoch über allen Meinungsverschiedenheiten, fern von jedem politischen Parteistandpunkt, sei es das Schach, welches wolberufen sei, die Idee gemeinsamen Wirkens und Schaffens in einem Bund zu verwirklichen. Deshalb wolle man einen allgemeinen Schachbund errichten, welcher die Interessen der Schachfreunde vertrete, in Wanderversammlungen mit wechselndem Vorort in bestimmten Zeiten die Bedeutung des Spiels wachrufe und es belebe.

Nach dieser Motivirung, und nachdem durch die im Beginn des Festessens gehörten, von begeisterter Zustimmung der Anwesenden begleiteten Reden das allgemeine Einverständnis in dieser Hinsicht bereits hinlänglich bekundet war, bedurfte es langer Erörterungen nicht mehr. Zwar drohte zunächst die Frage, ob der Bund über die politischen Grenzen Deutschlands hinaus Ausdehnung finden solle oder nicht, die Gemüter zu ernstlichem Streit zu entflammen; doch genügte der Hinweis von Dr. Max Lange auf die zu allen Zeiten bestandene Verschiedenheit dieser Grenzen, um nach einigem Hin- und Herreden diese in der Tat äußerst inopportune Frage fallen zu lassen. Auf weitere Spezialitäten einzugehen, verbot sich bei der Lage der Dinge von selbst; man konnte auch um so eher darauf verzichten, als ja das Leipziger Komitee das in es gesetzte Vertrauen in jeder Beziehung vollkommen gerechtfertigt hatte. Man beschränkte sich deshalb auf folgende allgemeine Beschlüsse:

1. Es wird ein deutscher Schachbund gegründet, der alle zwei Jahre einen Schachkongress veranstaltet.

2. Der erste Kongress des Bundes findet 1879 zu Leipzig statt; auf demselben wird über die Organisation des Bundes endgiltiger Beschluss gefasst werden.

3. Auf jedem Kongress wird bestimmt, an welchem Ort der nächste Kongress stattfindet.

4. Herr Zwanzig, welcher die Befugnis erhält, sich mit anderen Herren nach seiner Wahl zu einem Komitee zu vereinigen, wird beauftragt, die erforderlichen Schritte zur Ausführung der Beschlüsse unter 1 und 2 zu tun.

Das Programm für den Mittwoch war hiermit erfüllt; die Teilnehmer am Festessen und an der darauf folgenden Beratung trennten sich in der Ueberzeugung, dass nunmehr der Grundstein zu dem Gebäude gelegt sei, dessen Krönung im Jahre 1879 stattfinden soll. Und dass diese Ueberzeugung keine eitle war, lehren die inzwischen eingetretenen Ereignisse; dank der hingebenden Fürsorge der Leipziger Baumeister, dank der eifrigen Mittätigkeit der verschiedenen Schachvereine, insbesondere des westdeutschen Schachbundes, der sich dem deutschen Schachbund bereits durch Statutbestimmung angeschlossen hat, schreitet der Bau rüstig vorwärts, und mit Zuversicht darf man hoffen, dass die bauenden nicht müde werden und dass ihren Bemühungen der verdiente Erfolg nicht fehlen wird. In diesem Sinne mitzuarbeiten und nach Kräften zur Vollendung des Baues beizutragen ist die Pflicht jedes deutschen Schachvereins, ist die Pflicht jedes einzelnen Schachfreundes; durch die Fertigstellung des begonnenen Werkes wird Deutschland sich den anderen Nationen, welche ihm vorangegangen sind, auch auf diesem Felde würdig an die Seite stellen.

Fahren wir in dem Bericht über den Verlauf des Kongresses fort.

Am nächsten Tage, Donnerstag den 19. Juli, fand während der Mittagspause im hinteren Garten des Schützenhauses eine photographische Aufnahme der noch anwesenden Teilnehmer des Kongresses statt. Dieselbe wurde von dem Photographen Herrn Karl Bellach in Leipzig ausgeführt und lieferte ein recht gelungenes Bild, auf dem fast alle der bisher genannten Turnierkämpfer, sowie die Leipziger Koryphäen Dr. Gottschall, Dr. Max Lange, H. Zwanzig u. a. zu erblicken sind.

Das Blindlingsspiel, welches E. Schallopp am Abend desselben Tages zum besten gab, litt unter der Ungunst der Verhältnisse. Der Blindlingsspieler hatte im Lauf des Tages bereits zwei Partien im Meisterturnier gespielt, von denen wenigstens die erste, ziemlich lange dauernde Partie gegen Metger ihm doch einigermaßen mitgenommen hatte; er erlangte daher kein so günstiges Resultat, wie er es auf früheren Kongressen wol aufzuweisen hatte: er gewann drei Partien, verlor vier und machte eine remis. Am besten durchgeführt war wol die Nr. 1 der Produktion, die wir als Nr. 94 unter den gespielten Partien mit abdrucken; der zu schneller Entscheidung führende

22. Zug des Blindlingsspielers überraschte viele selbst der stärkeren als Zuschauer anwesenden Spieler.

Dem am Freitag Vormittag stattfindenden Lösungsturnier wurde die im Problemturnier prämiirte Kondeliksche Aufgabe Nr. 1 zu Grunde gelegt. Ein Lösungsturnier bietet für den Laien gewiss ein sonderbares Bild dar. Bei Turnierpartien sieht man doch wenigstens zwei Personen am Brett einander gegenüber, darf also annehmen, dass diese beiden miteinander kämpfen, wennschon man vielleicht lange Zeit zugegen sein kann, ehe ein einziger Zug geschieht, und von den Spielern kein Lebenszeichen wahrnimmt außer etwa dem Ticken der in Gang befindlichen Turnieruhren; nun aber denke man sich an verschiedenen einzelnen Tischen je eine Person, bald den Kopf in die Hände gestützt und unverwandt das Schachbrett mit einzelnen aufgestellten Figuren anschauend, bald mit größter Beweglichkeit die Steine hin- und herschiebend und wider auf ihre Plätze stellend, um dann mit einem Kopfschütteln den Anfang zu neuem Grübeln zu machen. — Den ausgesetzten Preis von 20 Mark für die erste schriftlich eingereichte richtige Lösung errang Herr Ernst Flügel aus Prenzlau.

Am Sonnabend wurde das Meisterturnier, wie bereits mitgeteilt, bis auf die Entscheidungspartie zwischen Anderssen und Zukertort zu Ende geführt; am Sonntag Nachmittag wurde eine Beratungspartie veranstaltet, in welcher L. Paulsen, Dr. Göring und Metger die weißen, Anderssen, Zukertort und Dr. Schmid, welcher es ermöglicht hatte, nach Leipzig zurückzukehren und noch einige Tage daselbst zuzubringen, die schwarzen Steine erhielten. Die Partie dauerte von 4 bis 11¼ Uhr, zählte 63 Züge und wurde von der nachziehenden Partei gewonnen.

Am Montag, den 23. Juli Vormittags, spielten Anderssen und Zukertort ihre Entscheidungspartie um den zweiten und dritten Preis im Meisterturnier, und damit hatte der Kongress seine offizielle Endschaft erreicht. Auf Veranlassung des Komitees hatten sich indess die beiden ersten Sieger, Paulsen und Anderssen, bereit finden lassen, einen Separatwettkampf miteinander auszufechten, für welchen allerdings nur ein geringer Preis noch hatte ausgesetzt werden können. Als Sieger sollte derjenige gelten, der zuerst fünf Partien gewann; das Amt eines Beisitzers oder Ehrenrichters war Herrn H. Zwanzig übertragen worden. Dieser Wettkampf nahm am Montag Nachmittag seinen Anfang; die erste Partie, in welcher Paulsen den Anzug hatte, wurde von Anderssen gewonnen. Am Dienstag wurden zwei Partien gespielt;

beide gewann Paulsen. Am Mittwoch gewann Anderssen eine, Paulsen eine;
am Donnerstag wurde nur eine Partie gespielt, die nach 61 Zügen remis gegeben werden musste; am Freitag gewann Paulsen eine, Anderssen eine;
am Sonnabend gewann Paulsen eine Partie und damit den Match. Es waren
somit neun Partien gespielt, von denen Paulsen fünf, Anderssen drei gewonnen hatte, während eine unentschieden geblieben war. Damit war auch
dieses Nachspiel des Kongresses beendigt.

Schon in den letzten Tagen der ersten Woche, nachdem der Mittelpunkt
der Feier — das Festessen und die Beratung in Betreff der Gründung des
deutschen Schachbundes — vorüber war, hatten viele der Kongressteilnehmer
die gastfreundlichen Mauern Leipzigs verlassen; immerhin noch groß war
die Anzahl derjenigen, welche den Ausgang des Meisterturniers abwarteten
und am Sonntag oder Montag sich von den Bahnzügen in die Heimat tragen
ließen, doch nur ein kleines Häuflein blieb auch die zweite Woche hindurch
anwesend. Sie alle aber nahmen bei ihrem Scheiden das Bewusstsein mit
sich, anregende und genussreiche Stunden auf dem Kongress verlebt und zu
einer schönen Feier, welche für den weiteren Aufschwung des edlen Spiels
in unserem deutschen Vaterland nicht ohne Wirkung gewesen ist, das ihrige
beigetragen zu haben.

Gespielte Partien.

I. Die Partien des Meisterturniers.

Erste Runde.

Gespielt am 16. Juli, Vormittags.

Nr. 1. Schottisches Gambit.

Dr. C. Göring. Weiß.	W. Paulsen. Schwarz.
1. e2—e4	e7—e5
2. Sg1—f3	Sb8—c6
3. d2—d4	e5—d4:
4. c2—c3	d4—c3:
5. Lf1—c4	

Dieses Opfer zweier Bauern erscheint inkorrekt, doch ist der Nachweis nicht leicht zu führen.

5.	c3—b2:
6. Lc1—b2:	Lf8—b4†
7. Sb1—c3	Sg8—f6
8. Sf3—g5	Sc6—e5
9. Lc4—b3	0—0
10. 0—0	d7—d6

Auf h6 folgt mit Vorteil 11. f4.

11. f2—f4	Lb4—c5†
12. Kg1—h1	Se5—g4
13. Sc3—d5	Sf6—d5:
14. Dd1—d5:	c7—c6
15. Dd5—d3	h7—h6

Verderblich für Schwarz wäre es gewesen, auf Qualitätsgewinn zu spielen.

16. Sg5—h3	Lc8—e6
17. Dd3—c3	Sg4—f6
18. Lb3—c2	b7—b5
19. Tf1—f3	

Weiß hätte den Angriff recht gut mit 19. e5 (b4 20. Dg3) fortsetzen können.

19.	Sf6—h5
20. f4—f5	b5—b4
21. Dc3—d3	Le6—c8

22. Lc2—b3   a7—a5
23. Lb3—c4

Die stärkste Fortsetzung wäre hier 22. Sf4; auch 22. g4 dürfte einen starken Angriff ergeben.

23. . . . .   a5—a4
24. Ta1—f1   a4—a3
25. Lb2—a1   d6—d5
26. e4—d5:   c6—d5:
27. Lc4—d5:   Lc8—a6
28. Dd3—e4   La6—f1:
29. Tf3—f1:   Ta8—a6
30. De4—c4   Ta6—a5
31. Tf1—d1   Kg8—h7?

Mit Dd8—e7 hätte Schwarz seinen materiellen Vorteil bei besserer Position sichergestellt.

32. Ld5—f3   Tf8—e8

Stellung nach dem 32. Zuge von Schwarz.

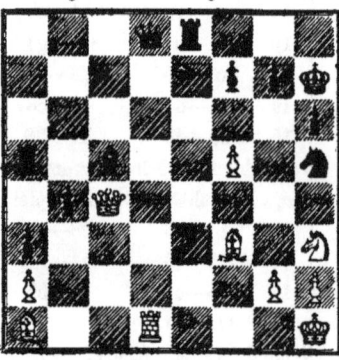

33. Dc4—f1

Mit 33. g2—g3 würde Weiß im Vorteil geblieben sein, auch wenn Schwarz die Dame auf d1 opfert: 33. g3 Dd1† 34. Ld1: Te1† 35. Kg2

Td1: 36. Df7: Ta1: 37. Dh5: Le7 38. Dg6† Kg8 39. De6† Kf8 40. Sf4 Der von Dr. Göring gewählte Zug 33. Dc4—f1 erobert allerdings den Springer h5, überlässt jedoch dem Nachziehenden einen sofort entscheidenden Angriff.

33. . . . .   Dd8—h4
34. g2—g3   Sh5—g3†
35. h2—g3:   Dh4—g3:
36. Df1—g2

Auch bessere Züge vermögen das weiße Spiel jetzt nicht mehr zu retten.

36. . . . .   Te8—e1†
37. Sh3—g1   Dg3—h4†
38. Dg2—h2   Dh4—h2†
39. Kh1—h2:   Lc5—g1†
40. Kh2—g2   Te1—d1:
41. Lf3—d1:   Lg1—e3
42. Kg2—f3   Le3—d2
43. Ld1—c2   f7—f6
44. La1—d4   h6—h5
45. Kf3—e2   Ta5—d5
46. Ld4—f2   Ld2—c3
47. Lf2—e3   Td5—e5
48. Ke2—f3   Te5—e3†

Energisch und entscheidend.

49. Kf3—e3:   Kh7—h6
50. Lc2—b1   Kh6—g5
51. Ke3—f3   h5—h4
52. Kf3—g2   g7—g6
53. f5—g6:   f6—f5
54. Kg2—h3   Lc3—f6
55. Lb1—c2   Kg5—g6:
56. Lc2—d1   Kg6—g5
57. Ld1—a4   Kg5—f4

58.	Kh3—g2	Kf4—e3		61.	Ld7—e6	b3—b2
59.	Kg2—f1	f5—f4		62.	Le6—f5	Kc3—d2
60.	La4—d7	b4—b3			Weiß gibt die Partie auf.	

Nr. 2. Sizilianische Partie.

S. Winawer.   Anderssen.

	Weiß.	Schwarz.
1.	e2—e4	c7—c5
2.	Sg1—f3	e7—e6
3.	Sb1—c3	Sb8—c6
4.	Lf1—b5	

Dieser Läuferzug wird von Anderssen kräftig widerlegt.

4.	. . . .	Sc6—d4
5.	Sf3—d4:	

Der Abtausch engt das weiße Spiel ein; besser scheint 5. Lc4.

5.	. . . .	c5—d4:
6.	Sc3—e2	Sg8—f6
7.	Lb5—d3	

Man sieht, daß wegen der exponirten Stellung des Läufers weder 7. d3 noch 7. Sd4: geschehen darf; ersteres würde durch Da5†, letzteres durch Db6 8. c3 e5 Offizierverlust zur Folge haben. — Etwas besser scheint 7. Sg3 oder 7. e5.

7.	. . . .	Lf8—c5
8.	b2—b3	0—0
9.	Se2—g3	e6—e5

Durch diesen trefflichen Zug sichert Schwarz seinen Positionsvorteil und bereitet das spätere Vordringen des Zentrums vor.

10.	0—0	d7—d6
11.	f2—f4	Lc8—d7
12.	f4—f5	Ld7—c6
13.	Tf1—e1	

Besser wäre 13. Kh1, um nach d5 mit 14. De2, nach Te8 aber mit 14. Lb2 fortzufahren.

13.	. . . .	Tf8—e8
14.	Kg1—h1	d6—d5
15.	e4—d5:	Lc6—d5:
16.	Ld3—e4	

Weiß muss dem Vordringen des e-Bauern begegnen, täte dies aber besser mit dem Springer.

16.	. . . .	d4—d3

Schwarz beutet seine überwiegende Stellung in energischer Weise aus.

17.	c2—d3:	Lc5—f2

Derselbe Zug wäre gefolgt, wenn Weiß mit dem Läufer schlug. Allerdings behielt Weiß dann mehr Chancen, die Spiele auszugleichen.

18.	Te1—e2	Lf2—g3:
19.	h2—g3:	Ld5—e4:
20.	d3—e4:	Dd8—d4
21.	Lc1—a3	Sf6—e4:
22.	Kh1—h2	Ta8—d8

Offenbar geht Dg1† nebst Sd2: wegen Td1 nicht an.

23. Dd1—g1   Dd4—d5
24. Ta1—e1   Se4—f6
Jetzt darf der Bauer d2 wegen 25. Lb4 nicht geschlagen werden.
25. Dg1—f1
25. Dc5 nützt nichts wegen Dd3!
25. . . . .   Dd5—a5
Um den schwachen Punkt d3 jetzt mit dem Turm zu besetzen.
26. La3—c1   Td8—d3
27. Te2—e4   Da5—d5
28. Te4—h4   h7—h5
29. Df1—e2   e5—e4
30. Te1—f1   Sf6—g4†
31. Kh2—h3
Weiß sollte die Qualität sofort opfern.
31. . . . .   Dd5—d6
32. Tf1—f3
Deckt Weiß durch 32. De2—e1, so erlangt Schwarz mit Te8—c8 33. Lc1—b2 e4—e3 entscheidenden Vorteil. Am besten war wol auch jetzt noch das Qualitätsopfer auf g4.

Stellung nach dem 32. Zuge von Weiß.

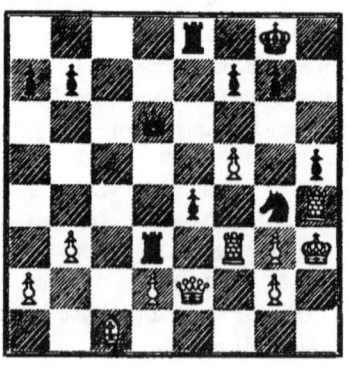

In dieser Position übersah Schwarz den sofort entscheidenden Zug Te8—c8! z. B. 33. Td3: Tc1: oder 33. De4: Sf2† oder 33. Th5: Sf6 etc.
32 . . . .   Dd6—c6
33. Tf3—f1   Dc6—c7
Mit Dc6—d6 hätte Schwarz die frühere Stellung wider herbeiführen können.
34. De2—e1   g7—g6
35. Lc1—b2
Damit erlangt Weiß einige Angriffschancen.
35. . . . .   Te8—d8
Es droht nun 36. . . . . e4—e3; das Qualitätsopfer kann jetzt nicht länger verschoben werden.
36. Th4—g4:   h5—g4†
37. Kh3—g4:
Die Partie war bei diesem Zuge wegen Zeitüberschreitung für Weiß verloren, wurde indessen noch folgendermaßen bis zum 45. Zuge fortgesetzt.
37. . . . .   Td8—d5
38. Tf1—f4   g6—f5†
39. Kg4—g5!   Kg8—f8?
Hier gibt Schwarz zum zweiten Mal den Sieg aus der Hand. Sofort entscheidend war 39. . . . . f7—f6†
40. Lf6: Dh7 (nebst Kf7).
40. Lb2—f6   Kf8—e8
41. g3—g4   f5—g4†
42. Kg5—g4:   Dc7—d7†
43. Kg4—h4   Dd7—d6
44. De1—e4†   Ke8—d7

45. De4—a4† .Dd6—c6
Es mangelte nun die Zeit, die Partie zu Ende zu spielen. Tauscht Weiß in dieser Stellung die Damen durch 46. Da4—c6†, so nimmt Schwarz mit dem König wider und deckt dann den Bf7 durch Td5—d7. Den Ba7 darf Weiß nach Anderssens Ansicht nicht schlagen, weil folgen könnte: 46. Da7: Tf5 47. Tf5: De4† 48. Kg5 Dg2† 49. Kf4 Tf3† 50. Ke5 De2† 51. Kd4

Df2† oder 48. Kh5 Df5† 49. Lg5 Dh7† 50. Kg4 Df5† 51. Kh5 Td4. Auch in der Variante 47. Td4† mit der Fortsetzung Ke6 48. Lg5 f6 49. Le3 scheint der Nachziehende im Vorteil zu bleiben, da er mit 49. . . . . Td4† 50. Dd4: Dg2: 51. Db6† Kf7 oder 51. Dc4† Dd5 52. Dc8† Kf7 dem ewigen Schach bald entgeht. Wir empfehlen die interessante Stellung dem Studium der Leser.

Nr. 3. Wiener Partie.

J. H. Zukertort. Prof. Dr. Franke.
	Weiß.	Schwarz.
1.	e2—e4	e7—e5
2.	Sb1—c3	Lf8—c5
3.	f2—f4	e5—f4:

Die Annahme des Gambits, nachdem der Läufer bereits auf c5 steht, ist entschieden zu verwerfen.

4.	Sg1—f3	d7—d6
5.	d2—d4	Lc5—b6
6.	Lc1—f4:	Sg8—e7
7.	Lf1—c4	Lc8—e6
8.	Lc4—d3	Le6—g4
9.	Lf4—e3	Sb8—c6
10.	Ld3—c4	Dd8—d7
11.	0—0	f7—f5
12.	h2—h3	Lg4—h5
13.	Dd1—d3	f5—f4
14.	Le3—f2	h7—h6

Hier musste a7—a6 oder Sc6—a5

geschehen. Schwarz steht jetzt in Gefahr, einen Offizier zu verlieren.

15.	Lc4—b5	Lh5—f3:
16.	Dd3—f3:	0—0

Entscheidendes Versehen, welches sich nur durch die gänzliche Neuheit des Turnierspiels für den Führer der schwarzen Steine erklärt. — Mit Kd8 in diesem oder im vorigen Zuge konnte Schwarz den Offizierverlust vermeiden; doch hätte Weiß auch dann das bessere Spiel bekommen.

17.	d4—d5	Sc6—e5
18.	Lb5—d7:	Se5—f3†
19.	g2—f3:	Ta8—d8
20.	Ld7—e6†	Kg8—h8
21.	Lf2—b6:	a7—b6:
22.	Kg1—f2	Tf8—f6
23.	Tf1—g1	c7—c6
24.	Tg1—g4	

Schwarz gibt die Partie auf.

Nr. 4. Spanische Partie.

E. Schallopp. C. Leffmann.

	Weiß.	Schwarz.
1.	e2—e4	e7—e5
2.	Sg1—f3	Sb8—c6
3.	Lf1—b5	a7—a6
4.	Lb5—a4	Sg8—f6
5.	0—0	Sf6—e4:
6.	Sb1—c3	

Eine von Dr. V. Knorre häufig angewandte, für das praktische Spiel wol zu empfehlende Neuerung. Man beachte folgende Fortsetzungen: A. 6. . . . . Sc3: 7. bc3: b5 8. Lb3 d5 9. d4 e4 10. Sg5 Le7 11. Sf7: B. 6. . . . . Sc3 7. bc3: d6 8. d4 d4: 9. Te1† Le7 10. Lg5 f6 11. Lf6: Auch bei anderen Spielweisen von Schwarz ergibt sich viel Angriff für Weiß.

	6.	Se4—f6

Besser erscheint der Rückzug nach c5, um Weiß zum Abtausch auf c6 zu nötigen.

	7.	Tf1—e1	Lf8—e7
	8.	La4—c6:	

Der Abtausch ist durch nichts motivirt und fördert nur die Entwicklung von Schwarz. Viel besser war 8. Se5:

	8.	d7—c6:
9.	Sf3—e5:	0—0
10.	d2—d4	Lc8—e6

Zieht Schwarz sofort c6—c5, so folgt 11. Sc3—e2, und auf 11. . . . . c5—d4:

12. Se2—d4: c7—c5 gewinnt Weiß dann durch 13. Se5—c6 einen Bauern.

11.	Sc3—e2	c6—c5
12.	c2—c3	

Besser 12. c2—c4.

12.	c5—d4:
13. Se2—d4:	c7—c5
14. Sd4—e6:	Dd8—d1:
15. Te1—d1:	f7—e6:
16. Lc1—g5	Ta8—d8
17. Lg5—f6:	Tf8—f6:
18. Td1—d8†	Le7—d8:
19. Ta1—d1	Ld8—c7
20. Se5—d7	

Weiß versprach sich von diesem Springerzuge mehr, als derselbe zu leisten vermochte. Schwarz verteidigt sich sehr gut.

20.	Tf6—f5
21. g2—g4	

Besser war jedenfalls c3—c4.

21.	Tf5—g5
22. f2—f3	c5—c4!

Dieser Bauernzug stört die Pläne von Weiß auf das empfindlichste. Auf b7—b6 würde 23. Sd7—b8 (a6—a5 24. Sb8—c6 oder a6) folgen.

23. Kg1—g2	b7—b6
24. b2—b4	Tg5—d5
25. Td1—d5:	e6—d5:
26. Kg2—f2	Ke8—f7
27. f3—f4	Kf7—e7!
28. Sd7—e5	Lc7—e5:

29.	f4—e5:	Ke7—e6		33.	a4—a5	h7—h6
30.	Kf2—f3	Ke6—e5:		34.	h2—h3	d5—d4†
31.	Kf3—e3	g7—g5		35.	c3—d4‡	Ke5—d5
32.	a2—a4	b6—b5				

Weiß gibt die Partie auf.

Nr. 5. Französische Partie.

Joh. Metger.   L. Paulsen.

	Weiß.	Schwarz.
1.	e2—e4	e7—e6
2.	d2—d4	g7—g6
3.	Sg1—f3	

Hier kommt die Entwicklung Ld3 und Se2 mit späterem f4 in Betracht.

Stellung nach dem 15. Zuge von Schwarz.

3.	. . . .	Lf8—g7
4.	Lf1—d3	Sg8—e7
5.	Lc1—e3	d7—d5
6.	Sb1—c3	Sb8—c6
7.	Sc3—e2	Sc6—b4
8.	Se2—g3	Sb4—d3†
9.	Dd1—d3:	d5—e4:
10.	Sg3—e4:	0—0
11.	h2—h4	f7—f5
12.	Se4—g5	h7—h6
13.	Sg5—h3	Se7—d5
14.	Sh3—f4	Sd5—f4:
15.	Le3—f4:	c7—c5

(S. Diagramm.)

Weiß hat eine gute Stellung und hätte dieselbe wol stärker ausnutzen können, als in der Partie geschah. Man erwäge die Fortsetzung: 16. 0—0—0 d4: 17. Dc4 Kh7 18. h5 g5 19. Le5; auf 16. . . . Da5 folgt 17. Db3 oder auch 17. Kb1 d4: 18. Sd4: e5

19. Sb3 Db6! 20. Le3 Dc7 21. Lc5 Tf7 22. Dg3.

16.	Lf4—e5	c5—d4:
17.	Le5—d4:	Lg7—d4:
18.	Sf3—d4:	Dd8—d5
19.	0—0	

Auch hier käme 0—0—0 in Betracht: auf 19. . . . . Da2: bekommt Weiß mit 20. Dg3 Da1† 21. Kd2 Da5† 22. c3 Kg7 23. h5 g5 24. f4 g4 25. Ta1 kein übles Spiel.

19. . . . .   e6—e5

Hätte Weiß nach der Damenseite rochirt, so würde auf diesen Zug 20. Dg3 folgen.

20.	Sd4—f3,	Dd5—e6
21.	Tf1—e1	e5—e4
22.	Dd3—d2	

Vielleicht war Dc3 vorzuziehen.

22.	. . . .	De6—f6

Ein feiner Zug, durch welchen
Schwarz ein gutes Spiel erlangt.

23.	Dd2—d5†	Lc8—e6
24.	Dd5—e5	Ta8—d8
25.	Te1—e2	Le6—d5
26.	De5—f6:	Tf8—f6:
27.	Sf3—e5	

Der entscheidende Fehlzug,
durch welchen ein Bauer verloren
geht. Besser war der Rückzug
nach h2.

27.	. . . .	Tf6—e6
28.	c2—c4	Te6—e5:
29.	c4—d5:	Te5—d5:
30.	Kg1—h2	Td5—d2
31.	Ta1—e1	Kg8—g7
32.	f2—f3	e4—f3:
33.	g2—f3:	Kg7—f6
34.	Kh2—g3	Td2—e2:
35.	Te1—e2:	g6—g5
36.	Te2—c2	f5—f4†
37.	Kg3—g4	

Der König musste nach h3 gehen;
es folgt jetzt ein hübsches Bauernmanöver.

37.	. . . .	h6—h5†
38.	Kg4—h3	g5—g4†
39.	Kh3—g2	

Auf 39. f3—g4: folgt natürlich zunächst Td8—d3†.

39.	. . . .	Td8—d3
40.	Tc2—c5	Td3—d2†
41.	Kg2—f1	Td2—b2:
42.	Tc5—h5:	g4—f3:
43.	Th5—a5	a7—a6
44.	Kf1—g1	Tb2—e2
45.	Kg1—f1	Kf6—g6
46.	Kf1—g1	Te2—g2†
47.	Kg1—f1	

Geht der König nach h1, so zieht
Schwarz den Turm nach g3 oder g4
und rückt dann mit dem Bauern vor.

47.	. . . .	Tg2—h2
48.	Ta5—a3	Th2—h4:
49.	Ta3—f3:	Kg6—f5
50.	Tf3—b3	Th4—h7
51.	Kf1—g2	Kf5—g4
52.	a2—a4	

Auf 52. Tb3—b4 folgt Th7—c7
nebst Vorrücken der Bauern des
Damenflügels.

52.	. . . .	f4—f3†
53.	Kg2—f2	Th7—h2†

Falls 53. Tb3—f3:, so gleichfalls
Th7—h2†.

54.	Kf2—g1	Kg4—g3
55.	a4—a5	Th2—a2
56.	Tb3—b1	Ta2—g2†
57.	Kg1—h1	Tg2—h2†
58.	Kh1—g1	f3—f2†

Weiß gibt die Partie auf.

Nr. 6. Vierspringerspiel.

F. Flechsig. B. Englisch.

	Weiß.	Schwarz.
1.	e2—e4	e7—e5
2.	Sg1—f3	Sb8—c6
3.	Sb1—c3	Sg8—f6

In Betracht kommt hier g7—g6.

| 4. | Lf1—b5 | Lf8—b4 |

Lc5 gefällt uns besser.

| 5. | Sc3—d5 | Lb4—c5 |
| 6. | c2—c3 | Sf6—e4: |

Das Bauernopfer des Anziehenden erscheint kaum korrekt.

| 7. | d2—d4 | e5—d4: |
| 8. | c3—d4: | Lc5—e7 |

Schwarz konnte hier recht gut mit 8. . . . . Sd4: 9. Sd4: c6 fortfahren.

| 9. | Lc1—f4 | Se4—d6 |

Einfacher und besser war wol d7—d6 (10. De2 f5).

| 10. | Lb5—d3 | 0—0 |
| 11. | h2—h4 | Sd6—e8 |

Es ist fraglich, ob h7—h6 besser war; Weiß konnte auch dann den Angriff mit 12. Sf3—g5 fortsetzen. 11. . . . . f7—f5 musste geschehen. (S. Diagramm.)

| 12. | Sf3—g5 | |

Hier konnte Weiß durch Lh7† entscheidendes Uebergewicht erlangen.

| 12. . . . . | h7—h6? | |

Ein Fehler; doch ist das schwarze Spiel ohnehin bereits sehr bedrängt. 12. . . . . Lg5: 13. g5: g6 14. Dg4 d6 15. Dh4 h5 oder 14. Lc7: Dg5:

Stellung nach dem 11. Zuge von Schwarz.

gewährte wol noch die beste Verteidigung.

13.	Sg5—h7	d7—d6
14.	Sh7—f8:	Le7—f8:
15.	Ld3—c2	Se8—f6
16.	Dd1—d3	

Kein sonderlich starker Zug.

16.		g7—g6
17.	Sd5—e3	Sc6—b4
18.	Dd3—d2	Sb4—c2†
19.	Dd2—c2:	Lc8—e6
20.	Lf4—g3	Sf6—d5
21.	0—0	Lf8—g7
22.	Se3—d5:	Le6—d5:
23.	Ta1—d1	c7—c6
24.	Tf1—e1	Dd8—d7
25.	b2—b3	Ta8—f8
26.	Dc2—e2	Ld5—e6
27.	De2—e3	a7—a6

Der Bauer wäre vielleicht besser zwei Schritt gegangen.

28. Lg3—f4   Kg8—h7

29. De3—c3

Es ist für Weiß sehr schwierig, sein materielles Uebergewicht zur Geltung zu bringen; Schwarz verteidigt sich musterhaft und gewährt keine Angriffspunkte.

29. . . . .   Tf8—d8

Schwarz hätte sofort c6—c5 nebst Tf8—c8 ziehen können.

30. Td1—d2   c6—c5
31. Lf4—e3   Td8—c8
32. Dc3—d3   Le6—f5
33. Dd3—e2   Dd7—b5
34. De2—b5:   a6—b5:

(S. Diagramm.)

Es erscheint sehr zweifelhaft, ob Weiß den Sieg erzwingen kann. Sein folgender Fehlzug führt zur sofortigen Ausgleichung der Spiele.

35. d4—c5:   Lg7—c3
36. c5—d6:   Lc3—d2:
37. Le3—d2:   Tc8—d8
38. Ld2—f4   g6—g5

Stellung nach dem 34. Zuge von Schwarz.

39. h4—g5:   h6—g5:
40. Lf4—g3   Kh7—g6
41. Te1—e3   Lf5—d7
42. f2—f4   g5—f4:
43. Lg3—f4:   Ld7—c6
44. Kg1—f2   Kg6—f5
45. g2—g3   Td8—e8
46. Te3—e8:   Lc6—e8:
47. Kf2—e3   Kf5—e6
48. Ke3—d4   Le8—c6

Als remis abgebrochen.

Zweite Runde.

Gespielt am 16. Juli, Nachmittags.

Nr. 7. Damenbaueröffnung.

Dr. C. Göring.   Prof. Dr. Franke.
Weiß.   Schwarz.

1. d2—d4   d7—d5
2. Sb1—c3   e7—e6
3. e2—e4   Sg8—f6

Das Spiel hat sich zur französischen Partie umgestaltet.

4. e4—e5

Der Wert dieses Zuges ist bekanntlich zweifelhaft; die richtige Fort-

setzung für Schwarz findet sich in
Partie Nr. 52.

4.	. . . .	Sf6—d7
5.	Sc3—e2	c7—c5
6.	c2—c3	Sb8—c6
7.	f2—f4	Lf8—e7
8.	Sg1—f3	0—0
9.	Se2—g3	f7—f6
10.	Lf1—d3	c5—c4
		Nicht gut!
11.	Ld3—b1	

Der Läufer ging wol besser
nach c2.

11.	. . . .	b7—b5
12.	0—0	Dd8—b6
13.	Kg1—h1	a7—a5
14.	Sf3—g1	f6—f5
15.	Dd1—h5	g7—g6
16.	Dh5—h3	Tf8—f7
17.	Sg1—f3	Db6—d8
18.	Sf3—g5	Le7—g5:
19.	f4—g5:	b5—b4

Schwarz verliert zu viel Zeit durch
das Vorrücken auf dem Damenflügel.

20.	Sg3—e2	Sd7—b6

Der Springer ging besser nach f8.

21.	Tf1—f3	Ta8—a7
22.	Dh3—h4	h7—h5

Damit gibt sich Schwarz eine neue
Blöße; besser war es noch immer, den
Sb6 über d7 nach f8 zu spielen.

23.	Se2—f4	Sc6—e7
24.	Tf3—h3	Tf7—h7
25.	Lb1—c2	

Weiß holt Verstärkung; vgl. die
Anmerkung zum 11. Zuge.

25.	. . . .	Kg8—g7
26.	Lc2—d1	Dd8—e8
27.	Lc1—d2	Se7—c6

Weiß hat jetzt die genügenden Vorbereitungen getroffen, um zu dem
entscheidenden Schlussmanöver überzugehen, und tut dies ohne Säumen.

28.	g2—g4	f5—g4:
29.	Ld1—g4:	Kg7—h8
30.	Lg4—h5:	Th7—h5:
31.	Sf4—h5:	g6—h5:
32.	g5—g6	De8—g6:
33.	Ta1—g1	Dg6—e4†
34.	Dh4—e4:	d5—e4:
35.	Th3—h5‡	Ta7—h7
36.	Ld2—h6	Aufgegeben.

Nr. 8. Französische Partie.

	Anderssen.	Joh. Metger.
	Weiß.	Schwarz.
1.	e2—e4	e7—e6
2.	d2—d4	d7—d5
3.	Sb1—c3	Sg8—f6
4.	Lc1—g5	Lf8—e7

5.	Lg5—f6:	Le7—f6:
6.	Sg1—f3	0—0
7.	Lf1—d3	b7—b6
8.	0—0	Lc8—b7
9.	e4—d5:	e6—d5:
10.	Sc3—e2	c7—c5

11.　c2—c3　　Sb8—c6
12.　Ta1—c1

Dieser Turmzug ist wol kaum notwendig.

12.　. . . .　　Dd8—d6
13.　Dd1—d2　　Tf8—e8
14.　Se2—g3　　g7—g6
15.　Tc1—d1　　Te8—e7

Hiermit droht Schwarz den Bauern d4 zu erobern. Schlüge er denselben sofort, so wäre er nach 15. . . . . d4: 16. d4: Sd4: 17. Sd4: Ld4: 18. Lg6: Lf2 ‡ 19. Df2:! genötigt, den Lg6 mit der Dame zu schlagen, was ein unbequemes Spiel zur Folge hätte.

16.　a2—a3?

Anderssen erklärte nachher Lb1 für den richtigen Zug. Er rechnete auf 16. . . . . Ta8—e8 und hätte dann mit 17. c5: c5: 18. Lb5 auf Eroberung des Bd5 gespielt.

16.　. . . .　　c5—d4:
17.　c3—d4:　　Sc6—d4:
18.　Sf3—d4:　　Lf6—d4:
19.　Ld3—g6:　　Ld4—f2 †
20.　Tf1—f2:　　f7—g6:

Schwarz hat einen Bauern gewonnen, kommt aber in die Defensive. Bei richtiger Fortsetzung gleicht Weiß die Spiele aus.

21.　Dd2—g5　　Ta8—e8
22.　Td1—f1

Fehlerhaft wäre Sf5 wegen Te1†.

22.　. . . .　　Te7—e1

Auf Lc8 folgt natürlich 23. Sh5!

23.　Sg3—f5　　Te1—f1 ‡

24.　Tf2—f1:　　⁻Dd6—c5 †
25.　Kg1—h1　　Dc5—f2

Nicht besser ist Te8—f8, wonach Weiß allerdings auf 26. h4 durch Kh8 und auf 26. Sh6†Kg7 27. Te1 durch d4! in Nachteil käme, aber mit 26. b4 Dc7! (nicht Dc3 oder c2 wegen 27. Sh6†Kg7 28. De7†) 27. Sh6†Kg7 28. Tf8:Kf8: 29. Df6†Ke8 30. Dh8‡ K ∼ 31. Dh7† mindestens das Remis durch ewig Schach in der Hand hat und vielleicht sogar noch auf Gewinn spielen kann.

26.　Dg5—c1　　Df2—e2

Stellung nach dem 26. Zuge von Schwarz.

27.　Sf5—d6?

Hierdurch gewinnt Weiß den Bauern allerdings für den Augenblick zurück, hätte aber doch bei richtiger Fortsetzung von Schwarz verlieren müssen. Weiß sollte durch 27. Sh6 † Kg7! 28. Tf7†Kh8 29. Tf8†!! remis halten.

27.　. . . .　　Lb7—a6!
28.　Sd6—e8:　　De2—f1 ‡

29.	Dc1—f1:	La6—f1:
30.	Se8—f6†	Kg8—f7
31.	Sf6—d5:	Kf7—e6
32.	Sd5—e3	Lf1—d3
33.	Kh1—g1	Ke6—e5
34.	Kg1—f2	Ke5—d4
35.	h2—h4	· Ld3—b5
36.	g2—g4	Kd4—d3
37.	g4—g5	Kd3—d2
38.	Se3—d5	Kd2—c2
39.	b2—b4	Kc2—b3
40.	Kf2—e3	Lb5—c4?

Mit diesem Zuge gibt Schwarz seinen Vorteil aus der Hand; das einfache Nehmen des Bauern hätte die Partie gewonnen: 40. . . . . Ka3: 41. Kd4 Kb3 42. Se7 Kb4: 43. Sc8 Ld7 44. Sa7: Ka5 etc. Auch andere Fortsetzungen hätten alsdann das Spiel für Weiß nicht zu retten vermocht, wie zahlreiche nach der Partie angestellte Versuche . bewiesen.

41.	Sd5—e7!	Kb3—a3:
42.	Ke3—d4	Ka3—b4:
43.	Se7—c6†	Kb4—b3
44.	Sc6—a7:	b6—b5

Es scheint nicht, dass Schwarz den Gewinn noch erzwingen könnte.

45.	Sa7—c6	Kb3—c2
46.	Sc6—e5	Lc4—f1
47.	Se5—g4	Lf1—e2
48.	Sg4—e3†	Kc2—b3
49.	Kd4—c5	Le2—c4
50.	Se3—g4	Lc4—e2
51.	Sg4—e5	Kb3—c3
52.	Se5—c6	Le2—f1
53.	Sc6—b4	Lf1—c4
54.	Sb4—c6	Kc3—d3
55.	Sc6—e5†	Kd3—c3
56.	Se5—c6	Kc3—d3
57.	Sc6—e5†	Kd3—e4

Schwarz versucht es nun auf dem Königsflügel, Weiß parirt auch dort den Angriff.

58.	Se5—d7	Ke4—f4
59.	Sd7—f6	Kf4—g3
60.	h4—h5	Kg3—f4

Auf h5: folgt 61. Sh5† Kh4 62. Sf6 Kg5: 63. Sh7† nebst Sf8 etc., und die Partie ist offenbar remis.

61.	h5—g6:	h7—g6:
62.	Sf6—h7	Kf4—f5
63.	Kc5—b4	Kf5—e6
64.	Kb4—c5	Ke6—e7
65.	Sh7—f6	Ke7—e6
66.	Sf6—h7	Ke6—e5

Remis.

Nr. 9. Spanische Partie.

	E. Schallopp.	E. Flechsig.
	Weiß.	Schwarz.
1.	e2—e4	e7—e5

2.	Sg1—f3	Sb8—c6
3.	Lf1—b5	Sc6—d4
4.	Lb5—a4	

6*

Ein neuer Versuch, der vielleicht
Empfehlung verdient. Be5 ist angegriffen; das Aufgeben desselben durch
4. . . . . Lc5 führt nach 5. Se5: Dg5
6. Sg4 zu keinem genügenden Ersatz,
während nach 4. . . . . c6 Weiß allerdings vom Nehmen des Bauern keinen
Vorteil haben, sondern durch 5. c3
den Springer zum Abtausch nötigen
würde und dem La4 die Rückzugslinie
nach d1 öffnete. Schwarz tauscht deshalb, da die möglichen Deckungen des
Bauern nicht geraten erscheinen, lieber
sofort ab; in Folge dessen entwickelt
sich Weiß etwas schneller und entgeht dem Druck, den bei seinerseitigem
Springerabtausch der schwarze Bauer
auf sein Spiel ausübt.

4.	. . . .	Sd4—f3†
5.	Dd1—f3:	Lf8—c5
6.	0—0	Dd8—f6
7.	Df3—g3	Sg8—e7
8.	d2—d3	h7—h6

Wenn Schwarz statt dessen rochirt,
so zieht Weiß gleichfalls 9. Le3, um
alsdann auf Lb6 mit 10. Lg5 fortzufahren.

9.	Lc1—e3	Lc5—b6
10.	Sb1—c3	g7—g5

Um f2—f4 zu hindern.

11.	Sc3—d5	

Weiß hätte hier wol stärkere Fortsetzungen gehabt, vielleicht Ta1—d1
nebst d3—d4 und e4—e5.

11.	. . . .	Se7—d5:
12.	e4—d5:	0—0

13.	h2—h4	Df6—g7
14.	h4—g5:	Lb6—e3:
15.	f2—e3:	Dg7—g5:

Bei 15 . . . . f5 erhält Weiß mit
16. Dh2 g5: 17. d6 oder 16. . . . . Dg5:
17. Tf3 ein gutes Spiel.

16.	Dg3—g5†	h6—g5:

Weiß hat einen geringen Positionsvorteil wegen der Rückständigkeit des
schwarzen f-Bauern und zieht, um
diesen zu behaupten, nicht 17. d5—d6,
worauf Schwarz f7—f5 erwidern
könnte. Doch war d5—d6 wahrscheinlich besser.

17.	Tf1—f6	d7—d6
18.	Ta1—f1	Lc8—g4
19.	Kg1—h2	Kg8—g7
20.	Kh2—g3	Lg4—h5
21.	La4—d7	Tf8—h8
22.	Tf6—f5	Kg7—h6!
23.	Tf1—h1	Kh6—g6!

Deckt Schwarz den Bf7 durch
Th8—h7 oder Ta8—f8, so folgt mit
Vorteil 23. Kh3.

24.	Tf5—f2	Kg6—g7
25.	Ld7—f5	Ta8—f8 ?
26.	c2—c4	Lh5—g6
27.	Th1—c1	Lg6—f5:
28.	Tf2—f5:	Kg7—g6
29.	e3—e4	b7—b6
30.	b2—b4	f7—f6
31.	c4—c5	Tf8—c8
32.	Tf5—f2	d6—c5:
33.	b4—c5:	b6—b5
34.	Tf2—b2	a7—a6
35.	Tb2—b4	Th8—d8

Schwarz bezweckt c7—c6, täte aber diesen Zug besser sofort. Weiß würde natürlich mit d5—d6 fortfahren und hätte später wol Gelegenheit gefunden, mit diesem Freibanern, der durch d3—d4 sich wirksam verstärken lässt, erfolgreich zu operiren.

36.	c5—c6!	Tc8—b8
37.	Tc1—b1	f6—f5

Zieht Schwarz Tb8—b6, so darf er auf 38. a2—a4 doch nicht mit Td8—b8 antworten, weil 39. a4—a5 einen Turm erobern würde; er darf deshalb die Türme erst verdoppeln, wenn Weiß auf b5 geschlagen hat. Geht Schwarz statt des gewählten Zuges den König nach f7, so rückt Weiß zunächst mit seinem König nach (38. Kg3—g4).

38.	a2—a4	f5—f4†
39.	Kg3—f3	Tb8—b6
50.	a4—b5:	Td8—b8
41.	d5—d6	

Der entscheidende Zug. Weiß würde auch gegen andere Züge des Nachziehenden gewinnen.

(S. Diagramm.)

Schlägt Schwarz in dieser Stellung den Bd6, so entscheidet 42. a6: Tb4: 43. Tb4: etc.; ebenso gewinnt Weiß auf 41. . . . . b5: durch 42. Tb5: Tb5: 43. Tb5:

Stellung nach dem 41. Zuge von Weiß.

41.	. . . .	a6—a5
42.	d6—c7:	Tb8—c8
43.	Tb4—a4	Tc8—c7:
44.	Ta4—a5:	Tc7—c6:
45.	b5—c6:	Tb6—b1:
46.	Ta5—e5:	Tb1—c1
47.	Kf3—g4	Kg6—h6
48.	Te5—e6†	Kh6—g7
49.	Kg4—g5:	Kg7—f7
50.	Te6—d6	Kf7—e7
51.	e4—e5	Tc1—g1
52.	Kg5—f4:	Tg1—g2:
53.	Kf4—e4	Tg2—d2
54.	d3—d4	Td2—f2
55.	Ke4—d5·	Tf2—c2
56.	Td6—h6	Ke7—f7
57.	Th6—h7†	Kf7—e8
58.	c6—c7	Tc2—c3
59.	Kd5—d6	Aufgegeben.

Nr. 10. Sizilianische Partie.

W. Paulsen.	C. Leffmann.
Weiß.	Schwarz.
1. e2—e4	c7—c5
2. Sg1—f3	e7—e6
3. Sb1—c3	Sb8—c6
4. d2—d4	c5—d4:
5. Sf3—d4:	a7—a6
6. Lc1—e3	Lf8—b4

Die übliche und wol auch bessere Fortsetzung ist 6. . . . . Sf6 7. Ld3 d5.

| 7. Sd4—c6: | Lb4—c3† |

Auf bc6: folgt 8. Dd4 mit guter Stellung für Weiß.

8. b2—c3:	b7—c6:
9. Dd1—d6	Sg8—f6
10. Lf1—d3	Dd8—e7
11. Le3—c5	De7—d6:
12. Lc5—d6:	Ke8—d8
13. Ta1—b1	Sf6—e8
14. Ld6—c5	

Besser war hier oder im vorigen Zuge e4—e5.

14.	d7—d6
15. Lc5—b6†	Kd8—d7
16. 0—0	Ta8—b8
17. c3—c4	

Hier verdiente vielleicht Tb1—b3 nebst Tf1—b1 den Vorzug. Der gewählte Zug hindert den Ld3, tätig in das Spiel einzugreifen.

17.	c6—c5
18. f2—f4	Kd7—c6
19. Lb6—a5	Tb8—b1:
20. Tf1—b1:	e6—e5
21. Tb1—b8	Kc6—d7
22. f4—f5	Se8—f6
23. c2—c3	Kd7—e7
24. Ld3—c2	Th8—f8
25. h2—h3	Lc8—d7
26. Tb8—b7	Tf8—a8
27. Kg1—f2	g7—g6
28. g2—g4	g6—f5:
29. e4—f5:	h7—h6
30. Kf2—e3	Ke7—e8
31. Tb7—b6	Ke8—e7
32. Tb6—b7	Ke7—e8
33. Tb7—b6	Ke8—e7
34. Tb6—b7	

Als remis abgebrochen.

Weiß hätte nach 30. (resp. 32.) . . . . Ke7—e8 recht gut folgende Spielweise versuchen können: 31. Lc7 Ke7 32. Lb8 a5 33. La4; oder 31. . . . . Lc6 32. Tb6 Kd7 33. Lb8 Se8 34. Le4; auch 34. Tc6: Tb8: 35. Ta6: Tb2 würde wegen 36. La4† für Weiß entscheiden. Der Mangel an Zeit zur Durchrechnung dieser Kombinationen erklärt den Remisschluss.

Nr. 11. Vierspringerspiel.

L. Paulsen.	J. H. Zukertort.
Weiß.	Schwarz.
1. e2—e4	e7—e5
2. Sg1—f3	Sb8—c6
3. Sb1—c3	Sg8—f6
4. Lf1—b5	Lf8—c5

Dies scheint uns besser zu sein als
4. . . . . Lb4.

    5.   0—0   d7—d6

Besser 0—0 und, falls Weiß· den
Be5 schlägt, 6. . . . . Te8.

    6.   d2—d4   e5—d4:

    7.   Sf3—d4:   Lc8—d7

Schwarz hätte den Springer schlagen
sollen. Weiß geht nunmehr in kräf-
tigem Stil mit dem Angriff vor.

    8.   Sd4—f5   0—0

    9.   Lc1—g5   Ld7—f5:

  10.   e4—f5:   Sc6—d4

  11.   Lb5—d3   d6—d5

Auch andere Züge vermögen Schwarz
nicht vor der Oeffnung seines Königsflügels zu schützen.

  12.   Lg5—f6:   g7—f6:

  13.   Sc3—a4   Dd8—d6!

  14.   Sa4—c5:   Dd6—c5:

  15.   Dd1—g4†   Kg8—h8

  16.   Dg4—h4

        (S. Diagramm.)

  16.   . . . .   Tf8—g8

Bf6 ist nicht zu retten.

  17.   Dh4—f6† Tg8—g7

Stellung nach dem 16. Zuge von Weiß.

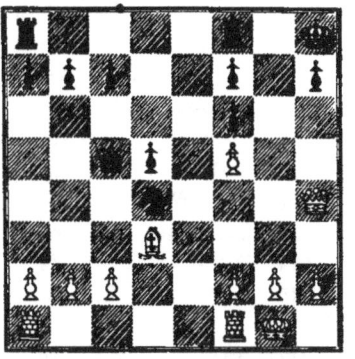

  18.   c2—c3   Sd4—c6

  19.   Ta1—e1   Ta8—g8

  20.   Te1—e3   Dc5—d6

  21.   Df6—d6:   Tg7—g2†

  22.   Kg1—h1   c7—d6:

  23.   f5—f6   Sc6—e5

Auf andere Züge von Schwarz entscheidet natürlich 24. Te3—h3.

  24.   Ld3—h7:

Ein schöner Zug!

  24.   . . . .   Se5—g4

  25.   Lh7—g8:   Sg4—e3:

  26.   Lg8—f7:   Aufgegeben.

Nr. 12. Schottische Partie.

S. Winawer. B. Englisch.

	Weiß.	Schwarz.
1.	e2—e4	e7—e5
2.	Sg1—f3	Sb8—c6
3.	d2—d4	e5—d4:
4.	Sf3—d4:	Lf8—c5

Zum mindesten sicherer für Schwarz
als Dd8—h4.

5.	Lc1—e3	Dd8—f6
6.	c2—c3	Sg8—e7
7.	f2—f4	Lc5—d4:

Das Handbuch empfiehlt Df6—g6;
der gewählte Zug erscheint jedoch
stärker.

8.	c3—d4:	d7—d5
9.	e4—e5	Df6—g6

10.   a2—a3

Weiß will Sc6—b4 vörbeugen und verliert in Folge dessen einen Bauern. Der richtige Zug war '10. Sb1—c3. Auf 10. Dd2 folgt zunächst Lf5.

10.	. . . .	Dg6—e4
11.	Dd1—d2	Se7—f5
12.	Ke1—f2	Sf5—e3:
13.	Dd2—e3:	De4—d4:
14.	De3—d4:	Sc6—d4:
15.	b2—b4	Lc8—f5
16.	Sb1—c3	c7—c6
17.	Ta1—c1	a7—a6

Ein schwacher Zug. Besser war 17. . . . . 0—0 nebst f7—f6 oder 17. . . . . Sd4—e6 nebst g7—g5.

18.	h2—h3	f7—f6

Hier wäre wol h7—h5 am Platze gewesen. Schwarz hat jetzt viel Mühe, seinen Vorteil zur Geltung zu bringen.

19.	g2—g4	Lf5—d7
20.	e5—f6:	g7—f6:
21.	Sc3—a4	0—0—0
22.	f4—f5	Sd4—b5!
23.	Lf1—b5:	a6—b5:
24.	Sa4—c5 ·	Td8—e8
25.	Th1—e1	Te8—e1:
26.	Tc1—e1:	b7—b6
27.	Sc5—d3	Th8—e8
28.	Te1—e3	Kc8—c7
29.	Te3—f3	Kc7—d6
30.	Sd3—f4	c6—c5
31.	Sf4—h5	Te8—f8
32.	Tf3—e3	d5—d4

33.	Te3—e4	Tf8—f7
34.	Sh5—f4	Tf7—f8

Es droht 35. . . . . . Tf8—e8.

35.	Sf4—h5	h7—h6
36.	Kf2—e2	Tf8—f7
37.	Ke2—d3	Kd6—c7
38.	Sh5—f4	Kc7—d8
39.	Te4—e1	Ld7—c8
40.	Te1—e2	Tf7—a7
41.	Kd3—c2	

Auf 41. Ta2 könnte Te7 42. Sd5 Te5 43. Sf6: Te3† nebst c4 oder Th3: die Folge sein.

41.	. . . .	Ta7—a3:
42.	Kc2—b2	Ta3—f3
43.	Sf4—d5	c5—c4
44.	Sd5—f6:	c4—c3†
45.	Kb2—b3	c3—c2†
	Schön gespielt!	
46.	Kb3—b2	d4—d3
47.	Te2—e1	Lc8—b7
48.	h3—h4	Lb7—c6

Es droht jetzt die Entscheidung durch 49. . . . . d3—d2; zieht Weiß 49. Te1—g1, so fährt Schwarz zunächst mit Tf3—f2 fort.

49.	Kb2—c3	Tf3—e3!
50.	Te1—g1	Kd8—e7
51.	Sf6—g8†	Ke7—f8
52.	Sg8—h6:.	Lc6—c4
53.	g4—g5	Te3—g3
54.	Tg1—e1	Tg3—g2
55.	Te1—e4:	c2—c1D †
56.	Kc3—d3:	Dc1—d2 ✝.

Dritte Runde.

Gespielt am 17. Juli, Vormittags.

Nr. 13. Spanische Partie.

	S. Winawer.	Dr. C. Göring.
	Weiß.	Schwarz.
1.	e2—e4	e7—e5
2.	Sg1—f3	Sb8—c6
3.	Lf1—b5	Sc6—d4
4.	Sf3—d4:	e5—d4:
5.	0—0	Lf8—c5
6.	Lb5—c4	d7—d6
7.	d2—d3	Dd8—h4

Weiß hätte diesem Damenzuge recht gut durch 7. Dd1—h5 vorbeugen können.

| 8. | Lc1—d2 | |

Eine bessere Entwicklung bot sich mit Sb1—d2 nebst f2—f4 und Sd2—f3 dar; nicht 8. f2—f4 wegen Lc8—g4!

8.	. . . .	Sg8—f6
9.	f2—f3	0—0
10.	Dd1—c1	h7—h6
11.	Ld2—e1	Dh4—h5
12.	Sb1—d2	Lc8—e6
13.	Lc4—e6:	f7—e6:
14.	h2—h3	Dh5—g6
15.	Sd2—b3	Lc5—b6
16.	Kg1—h2	Tf8—f7
17.	f3—f4	Sf6—d7
18.	Tf1—f3	Ta8—f8
19.	Le1—d2	Kg8—h7
20.	Dc1—f1	Sd7—f6

| 21. | Ta1—e1 | Sf6—h5 |
| 22. | g2—g3 | Sh5—f6 |

Der Mohr hat seine Arbeit getan.

23.	f4—f5	e6—f5:
24.	e4—f5:	Dg6—h5
25.	Kh2—g2	Sf6—d5
26.	g3—g4	Dh5—h4
27.	Te1—e6	Tf7—e7
28.	Df1—e2	Tf8—e8
29.	De2—e4	Sd5—f6
30.	Te6—e7:	

Im Hinblick auf die abgesperrte Stellung des Lb6 opfert Weiß die Dame gegen zwei Türme. Auf 30. Df4 könnte Remisangebot durch Sd5 folgen.

| 30. | . . . . | Sf6—e4: |
| 31. | Te7—e8: | Se4—f6 |

Besser als der Abtausch auf d2.

| 32. | Te8—e6 | Sf6—d5 |
| 33. | Ld2—e1 | |

Weiß täte besser, den Bh6 mit dem Läufer zu schlagen und, falls der letztere widergenommen wird, den Bf5 vorzurücken. Dies scheint einfacher und kräftiger zu sein.

| 33. | . . . . | Dh4—g5 |
| 34. | Sb3—d2 | |

Damit opfert Weiß die Qualität für

einen starken Angriff, gegen welchen
Schwarz sehr vorsichtig spielen muss.

Stellung nach dem 34. Zuge von Weiß.

34. . . . .   Sd5—f4†
Nicht so gut ist Se3†, worauf Weiß
in jedem Falle in Vorteil zu kommen
scheint, es könnte folgen: 35. Tfe3:e3:
36. Se4 Dd8 37. f6 f6: 38. Te8! De8:
39. Sf6† Kg6 40. Se8: Kf7 41. Sc7:
Lc7: 42. Kf3 Lb6 43. c3 etc. oder
37 . . . . d5 38. Sg3 f6: 39. Sh5 d4
40. Sf6‡ nebst Lh4 etc.

35.   Tf3—f4:   Dg5—f4:
36.   Sd2—e4   d6—d5
Ein Fehler, durch den die Partie
sofort verloren geht. Es musste Df4—c1
geschehen, worauf Weiß schwerlich
mehr als Remis erreichen kann. Es
würde folgen können: 37. g5 Kg8
38. g6 Dc2† (dies ist jetzt spätestens
notwendig, weil auf Kf8 Weiß mit
39. Lh4 Dc2† 40. Sf2 Dc6† 41. Kg3 Dd7
42. Kg4 in Vorteil zu kommen scheint)
39. Ld2 Kf8 40. Kg3 Dd3† 41. Kh4
(nicht Kg4 wegen De2† 42. Kh4 d3
und Schwarz gewinnt) Df3! Nun kann
43. f6 wegen Df5 nicht geschehen,
und es bleibt nur 43. Sf6 übrig, worauf
Schwarz remis hält. Für Weiß kommt
vielleicht 38. h6: anstatt 38. g6 in
Betracht. — Auf den Fehlzug des
Nachziehenden entscheidet der Läufer
die Partie, der bisher noch keine aus-
gedehnte Wirksamkeit zu entfalten
vermocht hat (vergl. Zug 8, 11, 19, 33).

37.   Le1—d2   Aufgegeben.

Nr. 14. Spanische Partie.

Anderssen.	E. Schallopp.
Weiß.	Schwarz.
1. e2—e4	e7—e5
2. Sg1—f3	Sb8—c6
3. Lf1—b5	Sg8—f6
4. d2—d3·	

Von Anderssen noch immer für den
stärksten Angriffszug gehalten.

4. . . . .   Lf8—c5
Nach diesem Zuge von Schwarz,
den die Theorie für einen der besten
erklärt, wird das Spiel dem *giuoco
piano* ähnlich; das Tempo, welches
der Anziehende dort durch Lf1—c4—b5
verliert, büßt er hier durch d2—d3—d4
ein.

| 5. | c2—c3 | 0—0 |
| 6. | 0—0 | |

6. Lc6: bc6:! 7. Se5: ist bekanntlich wegen 7. . . . d5 (8. Sc6: De8)
nicht günstig für Weiß.

| 6. | . . . . | d7—d6 |

Hier kommt d7—d5 in Betracht.
Z. B. 7. Lc6: c6: 8. Se5: e4: 9. Sc6:De8
10. d4 Ld6 11. Sa5 Db5 12. Sb3 Lg4
13. De1! Dh5 oder 9. e4: La6 10. Te1
De8 oder 7. d4 d4: 8. d4: e4: 9. c5: f3:
10. Lc6: c6: 11. Df3: La6 etc. oder
8. d5: Dd5: 9. c4 Dd6 10. Sc3 Lf5.

7.	d3—d4	e5—d4:
8.	c3—d4:	Lc5—b6
9.	Sb1—c3	Lc8—g4
10.	Lb5—c6:	b7—c6:
11.	Lc1—g5	h7—h6
12.	Lg5—h4	g7—g5

Vielleicht zu kühn wegen der Oeffnung des Königsflügels.

| 13. | Lh4—g3 | Sf6—h5 |
| 14. | Dd1—d3 | Dd8—d7 |

Schwarz versäumt hier die richtige
Fortsetzung Lf3:. Schlägt Weiß mit
der Dame wider, so ist nicht ersichtlich, wie er nach 15. . . . . . Sg3: nebst
16. . . . . Ld4: ein Aequivalent für
den geopferten Bauern erlangen will;
nimmt dagegen der Bauer (15. f3:) so
folgt 15. . . . . . f5 16. f5: Dd7 mit gutem
Spiel für Schwarz.

| 15. | Sf3—d2! | |

Der Springer salvirt sich, und der
Lg4 nimmt eine schlechte Stellung ein.

| 15. | . . . . . | f7—f5 |

16.	f2—f3	Sh5—g3:
17.	h2—g3:	f5—e4:
18.	f3—e4:	c6—c5

Ein naheliegender Zug und doch
ein Fehlzug! Man sehe die Fortsetzung. — Der richtige Zug war
18. . . . . Dd7—g7.

Stellung nach dem 18. Zuge von Schwarz.

| 19. | Sc3—d5 | Dd7—g7 |
| 20. | e4—e5 | |

Derselbe Zug wäre gefolgt, wenn
Schwarz die Dame auf e6 gesetzt hätte.

| 20. | . . . . | d6—e5: |
| 21. | Sd5—b6: | |

Hierdurch sprengt und isolirt Weiß
die schwarzen Bauern. Ein anderer
Angriffszug war 21. De4; Schwarz
scheint sich jedoch darauf durch
21. . . . . Le6 22. e5: Tad8 23. Sf6†
Kh8 sicher zu stellen und hat
vielleicht Aussicht auf einen Gegenangriff.

| 21. | . . . . | a7—b6: |
| 22. | d4—c5: | Lg4—e6 |

Der Läufer war in Gefahr wegen Dd3—c4†. Vgl. die Note zum 14. Zuge.

23.	c5—b6:	c7—b6:
24.	Tf1—f8†	Ta8—f8:
25.	Dd3—d6	

Das schwarze Spiel ist jetzt wegen seiner schlechten Bauernstellung unhaltbar. Der Versuch, den bedrohten b-Bauern zu decken, gibt dem Anziehenden Gelegenheit zu einem sofort entscheidenden Figurenangriff.

25.	. . . .	Tf8—f6
26.	Sd2—e4	Tf6—g6
27.	Ta1—f1	b6—b5
28.	Dd6—d8†	Kg8—h7
29.	Se4—f6†	Tg6—f6:
30.	Tf1—f6:	Le6—a2:
31.	Dd8—d3†	Kh7—h8
32.	Dd3—f5	Dg7—h7
32.	Df5—e5:	Aufgegeben.

Nr. 15. Zweispringerspiel im Anzuge.

Joh. Metger.   W. Paulsen.

	Weiß.	Schwarz.
1.	e2—e4	e7—e5
2.	Sg1—f3	Sb8—c6
3.	Sb1—c3	Lf8—b4
4.	Lf1—b5	Sg8—e7
5.	d2—d4	e5—d4:
6.	Sf3—d4:	0—0
7.	0—0	Lb4—c5

Schwarz verliert hierdurch mehrere wichtige Tempi in der Entwicklung; der Läufer wäre besser auf c3 abgetauscht worden. 7. . . . . d5 war wol der richtige Zug.

8.	Sd4—e2	Se7—g6
9.	Dd1—d5	Dd8—e7

Besser jedenfalls d6 (10. Lc6: Se7).

10.	Sc3—a4!	

Mit 10. Lg5 Dd6 11. Sa4 Dd5: 12. d5: Sd4 erlangt Weiß keinen Vorteil.

10.	. . . .	La5—b6
11.	Sa4—b6:	

Weiß könnte sich diesen Abtausch, da der Springer die Punkte b2 und c5 deckt, noch vorbehalten und zunächst Lc1—g5 tun.

11.	. . . .	a7—b6:
12.	Lc1—g5	De7—b4
13.	Lg5—d2	Db4—e7

Schwarz darf den Bb2 nicht schlagen, weil Weiß mit 14. Lc3 Da3! 15. Lc6: bc6: oder dc6: 16. Dd4 f6 17. Lb4 die Qualität erobern und den Vorteil der Stellung behaupten würde. Kaum besser wäre der Rückzug der Dame nach c5 wegen des nach doppeltem Abtausch sich ergebenden Tripelbauern auf der c-Linie. — Weiß hat nun ein neues Entwicklungstempo gewonnen.

14.	f2—f4	Sc6—a5

15. Dd5—h5   f7—f5

Schwarz droht Dc5†, fällt aber in die dem Gegner gegrabene Grube selbst hinein.

16.   b2—b4!   d7—d5

Verhältnismäßig besser war Sc6, doch erlangt Weiß auch dann mit Lc4† nebst f5: einen überwiegenden Angriff.

17. e4—d5:   c7—c6
18. Lb5—d3!   c6—d5:
19. b4—a5:   De7—c5†
20. Kg1—h1   b6—a5:
21. Tf1—f3   Dc5—d6
22. Tf3—h3   h7—h6
23. Th3—g3   Kg8—h7
24. Ld2—c3   Lc8—d7
25. Ta1—b1   b7—b6
26. Lc3—d4

Weiß geht nicht energisch genug vor. 26. Sd4 war gewiss ein stärkerer Angriffszug. Auf 26. . . . . Sf4: würde nämlich folgen: 27. Tg7 ‡ Kg7: 28. Sf5†† (auch Se6†† würde zum Siege führen) Kh7 28. Sh6‡ Sd3: 29. Sf5† Kg8 30. Se7† und in 2 Zügen matt; oder: 27. . . . . . Kh8 28. Dh4 Sd3: 29. Se6, und Schwarz kann das Matt nur noch um wenige Züge aufhalten.

26. . . . .   Ta8—b8
27. Se2—g1   Tf8—f6

Schwarz opfert noch eine Qualität, weil sonst das Vordringen des Springers über f3 nach h4 oder g5 tödtlich werden würde.

28. Ld4—f6:   Dd6—f6:
29. Sg1—e2   b6—b5

Schwarz hat einen Turm weniger und keine Chancen mehr; doch kommen immerhin noch interessante Verwicklungen zu Tage.

30. Tg3—g5

Ein verlornes Tempo; sonst hat es weiter keinen Zweck! Auf 30. . . . . Sf4: würde Weiß mit 31. Tf5: Lf5: 32. Lf5 ‡ oder Df5‡ etc. oder mit 31. Lf5 ‡ die Qualität zurückgeben müssen und mit dem Uebergewicht eines Springers die Partie gewinnen.

30. . . . .   Sg6—e7
31. Tg5—g3   b5—b4
32. Dh5—f3   Tb8—e8
33. Df3—e3   Se7—c6
34. De3—c5   d5—d4
35. a2—a3   b4—a3:
36. Dc5—a3:   Sc6—b4
37. Se2—g1   Df6—b6

Es droht jetzt Sd3:!

38. Sg1—f3   Te8—e3
39. Da3—b2

Die Dame ist vom äußersten Rande des Königsflügels nach und nach an denjenigen des Damenflügels gegangen; Weiß hätte sie jetzt auch nach a1 ziehen können.

39. . . . .   Db6—c7
40. Db2—d4:   Sb4—c2:

Schwarz übersieht das Matt, kann indess auch ohnehin die Partie nicht halten.

41. Dd4—g7 ‡.

Nr. 16. Fianchetto di Donna.

E. Flechsig.   L. Paulsen.

	Weiß.	Schwarz.
1.	e2—e4	b7—b6
2.	d2—d4	Lc8—b7
3.	d4—d5	Sg8—f6
4.	Sb1—c3	

Natürlicher scheint 4. Ld3 nebst 5. c4.

4.	....	c7—c6
5.	Lc1—g5	d7—d6
6.	Lg5—f6:	g7—f6:
7.	Lf1—c4	Lf8—g7
8.	Dd1—h5	c6—d5:
9.	Sc3—d5:	e7—e6

Statt dessen musste Schwarz rochiren.

| 10. | Sd5—f4 | 0—0 |

Es drohte 11. Sf4—e6:; doch konnte diesem Zuge nur durch 10. .... Ke7 begegnet werden. Beide Spieler übersehen, dass auch nach 10. ..... 0—0 Weiß durch 11. Se6: Dc8 12. Dg4 oder 11. .... De7 12. Sf8: De4† 13. D oder Le2 in Vorteil kommen kann.

| 11. | f2—f3 | e6—e5? |
| 12. | Sf4—e2 | |

Auch hier stand dem Anziehenden noch immer der gewinnbringende Springerzug nach e6 zu Gebote. Schwarz hätte die Dame nach c8 ziehen sollen.

| 12. | .... | Sb8—c6 |
| 13. | c2—c3 | Sc6—e7 |

| 14. | Ta1—d1 | |

Vielleicht war hier die Rochade vorzuziehen; der König würde auf c1 nicht schlechter als auf e1 stehen.

| 14. | .... | Dd8—c8 |

Schwarz geht hiermit zum Gegenangriff über.

15.	Lc4—b3	Dc8—c5
16.	Sg1—h3	Ta8—d8
17.	Sh3—f2	Lb7—a6
18.	Td1—d2	Se7—g6
19.	Sf2—g4	

Weiß musste statt dessen unbedingt 19. g3 ziehen und konnte dann entweder durch die Rochade seinen König besser stellen oder durch h4 nebst Sg4 einen Angriff gegen die schwarze Rochade eröffnen. Auch bei 19. .... De3 würde Weiß mit 20. Sg4 Dg5 21. Dg5: g5: 22. c4 und später Se3 ein gutes Spiel erhalten. Der gewählte Zug opfert die Qualität, ohne einen entscheidenden Angriff zu erlangen.

19.	....	La6—e2:
20.	Td2—e2:	Sg6—f4
21.	Sg4—h6†	Lg7—h6:
22.	Dh5—h6:	Sf4—e2:
23.	Ke1—e2:	d6—d5
24.	h2—h4	

Auf e4—d5: würde Schwarz mit Td8—d6 antworten.

| 24. | .... | Dc5—e7 |

Die Dame konnte auch nach d6 gehen, da auf 25. Td1 dann d4, auf

25. h5 dagegen e4: 26. Td1 Dc6 folgen
könnte. Nicht so gut wäre 24. . . . .
Td6 wegen 25. h5 nebst eventuell
26. Th3, und falsch wäre 24. . . . . e4:
wegen 25. Th3!

25. Lb3—d5:

Auf e4—d5: folgt jetzt nicht
Td8—d6, sondern e5—e4!

25. . . . . f6—f5

Weshalb Schwarz den zweiten
Bauern opfert, ist unerfindlich, da
Td8—d6 zur Abwehr vollkommen
genügt. Die Anfrage, ob der Führer
der schwarzen Steine etwa einfach
übersehen haben sollte, dass der Bauer
geschlagen werden kann, ist uns von
ihm selber mit Ja beantwortet worden.

26. e4—f5: Td8—d6!
27. Dh6—d2 Tf8—d8
28. c3—c4 Kg8—h8

Weiß hat nun nachträglich zwei
Bauern für die geopferte Qualität erlangt; die Spiele sind demnach ungefähr ausgeglichen. Schwarz behält
indess den Angriff und beugt durch
den Königszug dem gelegentlich möglichen Schach auf g5 vor.

29. g2—g4 b6—b5
30. b2—b3 b5—c4:
31. b3—c4: Td6—b6
32. Dd2—c3

Versucht Weiß statt dessen 32. g5
Tb8 33. Tc1, so gewinnt Schwarz durch
33. . . . . Tb2 34. Tc2 Da3 35. Le4

Da2:. Weiß hätte vielleicht im 29.
Zuge besser g3 statt g4 getan.

32. . . . . Td8—b8
33. Th1—d1 De7—h4:
34. c4—c5

Hierdurch verliert Weiß den Läufer.
Besser war Ld5—f7:.

34. . . . . Tb6—b2†
35. Td1—d2 Dh4—h2†
36. Ke2—d3 Tb2—d2‡
37. Dc3—d2: Dh2—d2‡
38. Kd3—d2: Tb8—d8

Trotz Aufbietung seiner eigenen
Kräfte vermag der weiße König dem
Verhängnis nicht mehr zu entrinnen.

39. Kd2—d3 Td8—d5†
40. Kd3—c4 Td5—d1
41. c5—c6 Kh8—g7
42. Kc4—b5 Td1—c1
43. a2—a4 Kg7—f6
44. a4—a5 Kf6—g5
45. Kb5—a6

Der c-Bauer muss gegeben werden;
der a-Bauer ist jedoch nicht stärker
als jener.

45. . . . . Tc1—c6†
46. Ka6—a7: Kg5—f4
47. Ka7—b7 Tc6—c3
48. a5—a6 Tc3—f3:
49. a6—a7 Tf3—b3†
50. Kb7—a8 Tb3—a3

Schwarz konnte statt dessen Matt
in 5 Zügen ankündigen; indess Weiß
gibt auch so die Partie auf.

Nr. 17. Italienische Partie.

C. Leffmann. J. H. Zukertort.

	Weiß.	Schwarz.
1.	e2—e4	e7—e5
2.	Sg1—f3	Sb8—c6
3.	Lf1—c4	Lf8—c5
4.	d2—d3	Sg8—f6
5.	Sb1—c3	d7—d6
6.	0—0	Lc8—g4
7.	h2—h3	Lg4—h5
8.	g2—g4	

Diese Oeffnung der Rochade, bevor der Gegner nach derselben Seite rochirt hat, ist zum mindesten nicht unbedenklich. Weiß konnte einfach 8. Le3 spielen und auf 8. . . . . Sd4 mit 9. Ld4: d4: 10. Sb1 fortfahren.

8.	. . . .	Lh5—g6
9.	Sc3—e2	Dd8—d7
10.	Kg1—g2	0—0—0
11.	Sf3—h2	d6—d5

Schwarz expedirt zunächst den Sf6, der bei h7—h5 durch g4—g5 angegriffen werden konnte.

| 12. | e4—d5: | Sf6—d5: |
| 13. | Lc1—g5 | |

Dieser Zug des Läufers dient nur zu dessen Deplacirung. Besser erscheint Se2—g3 oder auch f2—f4.

13.	. . . .	f7—f6
14.	Lg5—h4	h7—h5
15.	g4—g5	Lg6—f5

Die Stellung wird nun sehr misslich für Weiß.

| 16. | Lc4—d5: | Dd7—d5† |

| 17. | f2—f3 | Dd5—e6 |

Schwarz könnte auch sehr gut sofort Le3 ziehen.

| 18. | Se2—g1 | Lc5—e3 |

Stärker als Lg1:

| 19. | Dd1—e1 | Le3—f4 |
| 20. | g5—f6: | g7—f6: |

Noch eine neue Angriffslinie.

| 21. | Kg2—h1 | Lf5—h3: |

Die Energie des Führers der schwarzen Steine lässt hier nach. Weit stärker wäre es jedenfalls, zunächst die g-Linie mit beiden Türmen zu besetzen.

| 22. | Sg1—h3: | De6—h3: |
| 23. | De1—f2 | Th8—f8 |

Auch hier verdiente noch immer Td8—g8 den Vorzug. Auf 24. Tf1—g1 wird alsdann Lh2:, auf 24. Lf6: dagegen Th6 25. Dh4 De6 oder 25. Lh4 Th6—g6 nebst Tg6—g2 sofort entscheidend.

24.	Tf1—g1	Lf4—h2:
25.	Df2—h2:	Dh3—f3†
26.	Dh2—g2	Sc6—d4
27.	Ta1—f1	Df3—g2†
28.	Tg1—g2:	Td8—d6
29.	Tg2—f2	

Weiß erobert jetzt einen Bauern zurück, und Schwarz gewinnt langsam durch den Mehrbesitz eines einzigen Bauern.

| 29. | . . . . | Kc8—d7 |
| 30. | Lh4—f6: | Kd7—e6 |

31.	c2—c3	Sd4—c6	46.	Te4—g4:	Te6—b6
32.	d3—d4	e5—d4:	47.	Tg4—g7†	Ke7—d6
33.	c3—d4:	Tf8—g8	48.	Tg7—g6†	Kd6—e5
34.	Tf1—e1†	Ke6—d7	49.	Tg6—b6:	a7—b6:
35.	Lf6—e5	Sc6—e5:	50.	Kg3—f3	Ke5—d4
36.	d4—e5:	Td6—d4	51.	Kf3—e2	b6—b5
37.	e5—e6†	Kd7—d6	52.	Ke2—d2	b5—b4
38.	Tf2—h2	Tg8—e8	53.	Kd2—c2	c7—c5
39.	Th2—e2	Kd6—e7	54.	Kc2—d2	b7—b5
40.	Te2—g2	Td4—h4†	55.	b2—b3	c5—c4
41.	Kh1—g1	Th4—g4	56.	Kd2—c2	c4—c3
42.	Tg2—g4:	h5—g4:	57.	Kc2—c1	Kd4—d3
43.	Kg1—g2	Te8—g8	58.	Kc1—d1	c3—c2†
44.	Kg2—g3	Tg8—g6	59.	Kd1—c1	
45.	Te1—e4	Tg6—e6:		Schwarz setzt in 4 Zügen matt.	

Nr. 18. Spanische Partie.

B. Englisch. Prof. Dr. Franke.

	Weiß.	Schwarz.
1.	e2—e4	e7—e5
2.	Sg1—f3	Sb8—c6
3.	Lf1—b5	Lf8—c5

Eine von der Theorie nicht als gut anerkannte Verteidigung.

4.	0—0	

Auf 4. c2—c3 kann recht gut der von Schliemann angegebene Zug f7—f5 folgen.

4.	. . . .	d7—d6
5.	c2—c3	a7—a6
6.	Lb5—a4	b7—b5
7.	La4—b3	Lc8—g4
8.	Lb3—d5	Dd8—d7
9.	d2—d4	e5—d4:

10.	c3—d4:	Lc5—b6
11.	Tf1—e1	

Hier war wol a2—a4 vorzuziehen.

11.	. . . .	Sg8—e7
12.	Ld5—c6:	

Weiß ist jetzt in die Defensive zurückgedrängt.

12.	. . . .	Se7—c6:
13.	Lc1—e3	0—0
14.	Sb1—c3	Lg4—f3:
15.	g2—f3:	Sc6—e7
16.	Kg1—h1	f7—f5
17.	Te1—g1	f5—f4
18.	Le3—c1	Dd7—h3
19.	Tg1—g4	h7—h5

Schwarz hält den einmal erlangten Angriff kräftig fest, ohne Rücksicht

auf die scheinbare Verstärkung des
weißen Bauernzentrums.

20. Tg4—f4:   Se7—g6
21. Tf4—f8†   Ta8—f8:
22. Lc1—g5

Weiß muss dem sofort entscheidenden Zuge Sh4 vorbeugen.

22. . . . .   Tf8—f3:
23. Dd1—d2   Tf3—d3
24. Dd2—e2   Lb6—d4:
25. Ta1—g1   Dh3—f3†

Schwarz vereinfacht das Spiel, um
sein Bauernübergewicht zur Geltung
zu bringen. In Betracht kam auch
folgende Fortsetzung: 25. . . . . Lf6
26. Lf6: Sf4 27. Tg7† Kf8 und Schwarz
erobert die Dame, da auf 28. De1 Matt
in spätestens fünf Zügen folgen würde.

26. De2—f3:   Td3—f3:
27. Lg5—e3   Ld4—c3:
28. b2—c3:   Sg6—e5
29. Tg1—g5   g7—g6
30. Kh1—g2   Kg8—f7
31. h2—h4

Auf Te5: antwortet Schwarz mit
Te3:, auf 31. Ld4 mit Kf6.

31. . . . .   c7—c5
32. a2—a3   a6—a5
33. c3—c4

Weiß will die schwarze Bauernmacht
sprengen, gibt jedoch dem Gegner
Gelegenheit, dieselbe durch das folgende entscheidende Qualitätsopfer
noch zu verstärken.

Stellung nach dem 33. Zuge von Weiß.

33. . . . .   Tf3—e3:
34. f2—e3:   Se5—c4:
35. Kg2—f3

Der a-Bauer ist nicht zu halten.

35. . . . .   Sc4—a3:
36. e4—e5   d6—e5:
37. Tg5—e5:   c5—c4
38. Kf3—e4   c4—c3
39. Ke4—d3   c3—c2
40. Te5—c5

Falls 40. Kd2, so Sc4†!

40. . . . . .   b5—b4
41. Kd3—d2   b4—b3
42. Kd2—c1   a5—a4
43. Tc5—c7†   Kf7—f6
44. Tc7—a7   Sa3—b1

Das entscheidende Schlussmanöver.

45. Ta7—a4:   Sb1—c3
46. Ta4—f4†   Kf6—e5
47. Tf4—f2   Sc3—a2†

Weiß gibt die Partie auf.

Vierte Runde.

Gespielt am 17. Juli, Nachmittags.

Nr. 19. Vierspringerspiel.

L. Paulsen.	Dr. C. Göring.
Weiß.	Schwarz.
1. e2—e4	. e7—e5
2. Sg1—f3	Sb8—c6
3. Sb1—c3	Sg8—f6
4. Lf1—b5	Lf8—b4
5. 0—0	0—0
6. Lb5—c6:	d7—c6:
7. d2—d3	Lc8—g4
8. h2—h3	Lg4—h5
9. Kg1—h1	

Weiß geht ohne Säumen zum Angriff auf die Rochade über. Paulsen spielt die Partie sehr kräftig.

9.	Dd8—e7
10. Tf1—g1	Ta8—d8
11. Dd1—e2	h7—h6
12. Sc3—d1	Lb4—c5
13. g2—g4	Lh5—g6
14. Sf3—h4	Kg8—h6
15. Lc1—e3	Sf6—d7
16. Sh4—f5	De7—e6

Schlägt der Läufer, so erhält Weiß einen starken Angriff auf Grundlage der offenen g-Line.

17. Tg1—g3	Tf8—h8
18. Le3—c5:	Sd7—c5:

Paulsen zeigt in dieser Partie, dass er auch die Springer gut zu führen versteht.

19. Sd1—e3	De6—f6
20. Ta1—g1	Sc5—e6
21. De2—d2 ·	Se6—g5

Besser war Sf4 (22. h4 Lf5: 23. Sf5: g6).

Stellung nach dem 21. Zuge von Schwarz.

22. Dd2—a5

Ein überraschender, aber sehr starker Damenzug. Weiß droht jetzt h4 nebst g5.

22.	Sg5—e6

Auf b7—b6 würde Weiß einfach

7*

den Ba7 schlagen; die Drohung auf
dem Königsflügel bleibt dieselbe.

23.   g4—g5

Ein sehr hübsches Bauernopfer.
Schlägt Schwarz mit dem Bauern, so
gewinnt Se3—g4 die Dame.

23. . . . .   Se6—g5:
24. h3—h4   Lg6—f5:

Auf Sg5—e6 würde wiederum
Se3—g4 mit Damengewinn folgen.

25. h4—g5:   Lf5—e4 ‡

26.	d3—e4:	h6—g5:
27.	Se3—g4	Kh7—g8 †
28.	Kh1—g2	Df6—g6
29.	Da5—e5:	f7—f6
30.	De5—e6†	Kg8—f8
31.	Tg1—e1	Td8—e8
32.	Sg4—e5	

Droht an zwei Stellen matt!

32.	. . . .	Dg6—e4 ‡
33.	Te1—e4:	Te8—e6:
34.	Se5—g6†	Aufgegeben.

Nr. 20. Läufergambit.

Prof. Dr. Franke.   W. Paulsen.
        Weiß.   Schwarz.

1.	e2—e4	7—e5
2.	f2—f4 .	e5—f4:
3.	Lf1—c4	b7—b5

Diese Verteidigung des Läufergambits, die sogenannte Kieseritzkysche,
gelangt in neuerer Zeit fast gar nicht
mehr zur Anwendung.

| 4. | Lc4—b5: | c7—c6 |
| 5. | Lb5—a4 | |

Ginge der Läufer nach c4, so könnte
Schwarz d5 6. d5: Dh4† 7. Kf1 f3
spielen.

5.	. . . .	Dd8—h4†
6.	Ke1—f1	Lf8—c5
7.	d2—d4	

7. De2 La6 8. d3 nebst Sf3 etc. scheint
eine bessere Fortsetzung zu sein.

| 7. | . . . . | Lc8—a6† |
| 8. | Sg1—e2 | Lc5—b6 |

| 9. | Dd1—e1 | Dh4—g4 |

Schwarz hätte besser getan, die
Damen zu tauschen, um dann durch
weiteren Abtausch auf e2 den Bd4 zu
gewinnen und Bf4 von e5 aus zu behaupten.

10.	Sb1—d2	Lb6—d4:
11.	Sd2—f3	Ld4—b6
12.	La4—b3	Sg8—h6

Es drohte Lf7 ‡!

| 13. | c2—c4 | 0—0 |
| 14. | Lc1—f4: | d7—d5 |

Schwarz laboriert nun an seinem
unentwickelten Damenflügel.

15.	h2—h3	Dg4—g6
16.	c4—d5:	Dg6—e4:
17.	Lf4—h6:	g7—h6:
18.	De1—g3†	De4—g6

Wir hätten Kh8 vorgezogen, da 19.
De5† an De5: 20. Se5: Te8! scheitert.

| 19. | Dg3—g6‡ | h7—g6: |

20.	Ta1—c1	Tf8—e8
21.	Tc1—c2	Sb8—d7
22.	d5—c6:	Te8—e2:
23.	Tc2—e2:	Ta8—e8
24.	Lb3—d1	Sd7—f6

Andere Züge des Springers ergeben kein besseres Resultat.

25.	g2—g4	Sf6—d5
26.	Th1—h2	Sd5—b4
27.	Kf1—e1	La6—e2:
28.	Th2—e2:	Te8—e2†
29.	Ke1—e2:	Sb4—c6:

30.	a2—a3	Sc6—d4
31.	Sf3—d4:	Lb6—d4:
32.	b2—b4	Ld4—b2
33.	a3—a4	Lb2—c3
34.	b4—b5	Kg8—f8
35.	Ke2—d3	Lc3—a5
36.	Kd3—e4	Kf8—e7
37.	Ld1—b3	f7—f6
38.	Ke4—d5	Ke7—d7
39.	Lb3—c2	g6—g5
40.	Lc2—f5†	Kd7—c7

Als remis abgebrochen.

Nr. 21. Vierspringerspiel.

	E. Flechsig. Weiß.	C. Leffmann. Schwarz.
1.	e2—e4	e7—e5
2.	Sg1—f3	Sb8—c6
3.	Sb1—c3	Sg8—f6
4.	Lf1—b5	a7—a6

Dieser Zug scheint zum Ausgleich völlig zu genügen.

| 5. | Lb5—c6: | d7—c6: |
| 6. | Sf3—e5: | Dd8—d4 |

Ein Fingerfehler, der einen Bauern kostet. Schwarz wollte zunächst den Be4 mit dem Springer schlagen und dann die Dame auf d4 setzen.

| 7. | Se5—f3 | Dd4—d8 |
| 8. | h2—h3 | |

Besser erscheint d2—d4.

8.	. . . .	Lf8—c5
9.	d2—d4	Lc5—a7
10.	0—0	0—0

| 11. | Lc1—g5 | h7—h6 |
| 12. | Lg5—h4 | |

Weiß täte besser, abzutauschen und alsdann e5 nebst Se2 zu ziehen.

| 12. | . . . . | g7—g5 |

Schwarz muss um jeden Preis den Angriff festzuhalten suchen.

13.	Lh4—g3	Sf6—h5
14.	Dd1—d2	Sh5—g3:
15.	f2—g3:	g5—g4
16.	h3—g4:	Lc8—g4:
17.	Sc3—e2	Kg8—g7
18.	c2—c3	Dd8—e7
19.	Dd2—f4	h6—h5
20.	Ta1—e1	Ta8—e8
21.	Se2—c1	f7—f6
22.	Sf3—h4	c6—c5

(S. Diagramm.)

Es ist nach dem letzten Zuge von Schwarz nicht leicht, die Fortsetzung

Stellung nach dem 22. Zuge von Schwarz.

zu finden, durch welche Weiß den
Mehrbesitz eines Bauern behauptet
resp. zur Geltung bringt. Durch die
in der Partie gewählten Züge geht der
ganze Vorteil verloren.

23. Df4—g4†

Vielleicht war 23. Sb3 stärker, z. B.
mit der Fortsetzung 23. . . . . c4
24. Sd2 c5 25. Sc4: d4: Sd6.

23. . . . .   h5—g4:
24. Sh4—f5†   Kg7—g6
25. Sf5—e7†   Te8—e7
26. d4—d5

Weiß übersieht, dass der König die
h-Linie nicht betreten darf. Hier
musste notwendig Sb3 geschehen.

26. . . . .   c5—c4†
27. Tf1—f2   Tf8—h8

28. Sc1—e2   La7—f2†

Ein schwacher Zug von Schwarz.
Weit stärker war Te4:, da 29. Sf4†
an Tf4: 30. f4: g3 scheitert.

29. Kg1—f2:   Kg6—f7
30. Se2—d4   Th8—e8
31. Sd4—e6   c7—c6
32. Kf2—e3   c6—d5:
33. e4—d5:   Te7—e6†

Schwarz kann, trotz der gleichen
Bauern, die Qualität zurückgeben, da
er im Besitz des für den Gewinn im
Bauernendspiel erforderlichen Tempos ist. Zudem drohte der weiße König
die Bauern des Damenflügels mit Aussicht auf Erfolg anzugreifen.

34. d5—e6†   Te8—e6†
35. Ke3—d2   Te6—e1:
36. Kd2—e1:   Kf7—e6
37. Ke1—e2   Ke6—e5
38. Ke2—e3   b7—b5
39. b2—b3   c4—b3:
40. a2—b3:   a6—a5
41. Ke3—e2   Ke5—e4
42. Ke2—d2   a5—a4
43. c3—c4   a4—a3
44. Kd2—c2   a3—a2
45. Kc2—b2   b5—c4:
46. b3—c4:   Ke4—d4
47. Kb2—a2:   Kd4—c4:

Weiß gibt die Partie auf.

Nr. 22. Wiener Partie.

J. H. Zukertort. Anderssen.

	Weiß.	Schwarz.
1.	e2—e4	e7—e5
2.	Sb1—c3	Sb8—c6
3.	Lf1—c4	Lf8—c5
4.	d2—d3	d7—d6

5.	Sc3—a4	Lc5—b6
6.	Sa4—b6:	a7—b6:
7.	c2—c3	Sg8—f6
8.	f2—f4	0—0
9.	Sg1—f3	e5—f4:
10.	Lc1—f4:	Lc8—e6
11.	Lc4—b3	Sf6—d7
12.	0—0	Le6—b3:
13.	Dd1—b3:	Sd7—c5
14.	Db3—c2	Sc5—e6

Schwarz hätte hier vielleicht besser getan, sofort, während der Sc5 noch die Bauern d3 und e4 bedroht, den d-Bauer vorzurücken, um alsdann auf 15. e4—e5 mit d5—d4 fortzufahren.

15.	Lf4—g3	d6—d5
16.	d3—d4	Dd8—d7
17.	a2—a3	Sc6—e7
18.	Ta1—e1	b6—b5
19.	Sf3—e5	Dd7—e8
20.	e4—d5:	

Weiß gewinnt jetzt einen Bauern.

20.	....	Se7—d5:
21.	Dc2—e4	c7—c6
22.	Se5—f7:	Tf8—f7:
23.	De4—e6:	De8—e6:.
24.	Te1—e6:	Tf8—f1†
25.	Kg1—f1:	Kg8—f7
26.	Te6—e5	h7—h6
27.	Kf2—e2	g7—g5
28.	Ke2—d3	Sd5—b6

Als remis abgebrochen.

Weiß hat trotz des Uebergewichts eines Bauern doch keine rechten Gewinnchancen; es könnte z. B. folgen: 29. Kc2 Sc4 30. Tf5† Kg6 31. Tf2 Te8 oder 30. Te2 Te8 31. Te8: Ke8: 32. Lf2 Kf7, und es scheint nicht, dass Weiß den Sieg erzwingen könnte.

Nr. 23. Spanische Partie.

	E. Schallopp.	S. Winawer.
	Weiß.	Schwarz.
1.	e2—e4	e7—e5
2.	Sg1—f3	Sb8—c6
3.	Lf1—b5	a7—a6
4.	Lb5—a4	Lf8—c5
5.	0—0	b7—b5
6.	La4—b3	Lc8—b7
7.	c2—c3	d7—d6
8.	d2—d4	Lc5—b6
9.	Lc1—g5	Sg8—e7
10.	Sb1—a3	h7—h6
11.	Lg5—e3	0—0

12.	Dd1—d2	Kg8—h7
13.	Sf3—h4	Se7—g8
14.	g2—g3	

Das Vorrücken des Springers nach f5 hat keinen Erfolg; das ganze Manöver erscheint verfrüht.

14.	....	Sc6—e7
15.	d4—d5	Lb6—e3:
16.	Dd2—e3:	g7—g5
17.	Sh4—g2	

Vielleicht wäre jetzt Sh4—f5 am Platze gewesen.

17.	....	Sg8—f6

18.   f2—f4

Dieser Zug entblößt die weiße
Königsstellung und gibt dem Nachziehenden Gelegenheit, durch Bauernopfer den Angriff zu erlangen.

18.   . . . .   g5—f4: .
19.   g3—f4:

Stellung nach dem 19. Zuge von Weiß.

19.   . . . .   Sf6—g4

Eine sehr hübsche Kombination:
Schwarz verliert zwei Tempi und
opfert einen Bauern, um zum Angriff
überzugehen.

20.   De3—e2   f7—f5
21.   e4—f5:

Weiß hätte besser getan, das Opfer
nicht anzunehmen und statt dessen
den Damenturm nach d1 zu entwickeln
(21. Td1 Sf6 22. Lc2 nebst eventuell
b3 und c4).

21.   . . . .   Sg4—f6
22.   f4—e5:   d6—e5:
23   De2—e5:   Se7—d5:
24.   Ta1—d1   Tf8—e8

25.   De5—g3

Vielleicht war hier 25. Dd4 Te4 26.
Dd3 vorzuziehen.

25.   . . . .   Te8—g8
26.   Dg3—f3   Dd8—d6
27.   Tf1—e1

Um auf Sg4 mit h3 fortfahren zu
können.

27.   . . . .   Tg8—g2†
28.   Df3—g2:   Ta8—g8
29.   Dg2—g8†   Kh7—g8:
30.   Sa3—c2

Der Springer hat zu lange untätig
gestanden und kommt jetzt zu spät.

30.   . . . .   Kg8—g7

Schwarz könnte wol viel stärker
c7—c5 ziehen.

31.   Td1—d2   h6—h5
32.   Sc2—d4   c7—c5
33.   Sd4—e6†   Kg7—h6
34.   c3—c4   b5—c4:
35.   Lb3—c4:   Dd6—b8
36.   b2—b3

36. Tg2 führt zu nichts wegen Se7.

36.   . . . .   Sf6—g4
37.   Te1—e2

Etwas besser scheint Te4 mit der
Fortsetzung 37. . . . . Sc3 38. Tf4!

37.   . . . .   Sd5—c3
38.   Te2—e1   Sc3—e4
39.   Td2—g2   Se4—g5
40.   Se6—g5:   Kh6—g5:
41.   Tg2—c2   Sg4—h2
42.   Te1—e3   Sh2—g4
43.   Te3—c3   Db8—e5

Weiß gibt die Partie auf.

Nr. 24. Abgelehntes Damengambit.

B. Englisch.	Joh. Metger.
Weiß.	Schwarz.
1. d2—d4	e7—e6
2. c2—c4	d7—d5
3. Sb1—c3	Sg8—f6
4. Lc1—g5	Lf8—e7
5. e2—e3	0—0
6. Sg1—f3	b7—b6
7. Lf1—d3	d5—c4:
8. Ld3—c4	Lc8—b7
9. 0—0	c7—c5
10. d4—c5:	Dd8—d1:
11. Tf1—d1:	b6—c5:

Schwarz täte besser, mit dem Läufer zu schlagen, um seine Bauern nicht zu isoliren.

| 12. Sf3—e5 | h7—h6 |
| 13. Lg5—h4 | g7—g5 |

Schwarz hat kein anderes Mittel, sein Spiel zu entwickeln.

14. Lh4—g3	Sb8—c6
15. Se5—c6:	Lb7—c6:
16. Lg3—d6	Le7—d6:

Auf Te8 kann Weiß den Angriff mit Sb5 fortsetzen.

17. Td1—d6:	Tf8—c8
18. f2—f3	Kg8—f8
19. Kg1—f2	Ta8—b8
20. b2—b3	Kf8—e7
21. Ta1—d1	Tc8—c7

Weiß hat mit der Verdoppelung der Türme schon etwas zu lange gezögert;

Schwarz konnte hier durch Sd5 die Qualität für einen Bauern erobern: 22. Sd5: d5:! 23. Tc6:! Tc6: 24. Ld5 Tc7, und hätte dann die Gewinnchancen auf seiner Seite gehabt.

22. Td6—d2	g5—g4
23. e3—e4	g4—f3:
24. g2—f3:	Tb8—g8

Schwarz vermag durch die offene g-Linie keinerlei Angriff zu erlangen.

| 25. Kf2—e3 | Tc7—c8 |
| 26. Lc4—b5 | Lc6—a8 |

Der entscheidende Fehlzug; La8 steht nun untätig, während der weiße Läufer den Angriff kräftig unterstützt. Schwarz hätte abtauschen müssen.

27. Sc3—a4	Tc8—b8
28. Lb5—a6	Tg8—g5
29. Td1—c1	Tb8—b4
30. Sa4—c5:	Tb4—b6
31. Lb5—d3	Tb6—c6 ·
32. Td2—c2	Ke7—d6
33. b3—b4	a7—a5
34. a2—a3	a5—b4:
35. a3—b4:	Tc6—b6
36. b4—b5	Sf6—d7

Schwarz konnte das Spiel durch andere Züge länger hinhalten, aber nicht mehr retten.

37. Sc5—d7:	Kd6—d7:
38. Tc2—c7†	Kd7—d6
39. f3—f4	Aufgegeben.

Fünfte Runde.

Gespielt am 18. Juli, Vormittags.

Nr. 25. Wiener Partie.

J. H. Zukertort. Dr. C. Göring.

	Weiß.	Schwarz.
1.	e2—e4	e7—e5
2.	Sb1—c3	Lf8—c5
3.	f2—f4	d7—d6
4.	Sg1—f3	Sb8—c6
5.	Lf1—b5	Lc8—g4
6.	Sc3—a4	Lc5—b6
7.	Sa4—b6:	a7—b6:
8.	0—0	Sg8—f6
9.	d2—d3	0—0
10.	c2—c3	e5—f4:

Schwarz stellt sich durch die hiermit eingeleitete Kombination günstig. Das weiße Bauernzentrum wird rechtzeitig gesprengt.

11.	Lc1—f4:	Sf6—h5
12.	Dd1—d2	Sc6—e7
13.	d3—d4	Se7—g6
14.	Lf4—e3	h7—h6
15.	Lb5—c4	Sh5—f6

Besser als Kh7, worauf Weiß mit 16. h3 fortfahren würde.

| 16. | Dd2—c2 | |

Vielleicht war Ld3 vorzuziehen.

| 16. | . . . . | d6—d5! |
| 17. | c4—d5: | Sf6—d5: |

| 18. | Le3—d2 | |

Da Weiß den Damenläufer doch nicht vor dem Abtausch schützen kann, so wäre es besser gewesen, ihn durch den Damenturm zu decken.

18.	. . . .	Dd8—d6
19.	h2—h3	Lg4—e6
20.	Lc4—d3	Sd5—f4
21.	Ld2—f4:	Sg6—f4:
22.	Ld3—h7†	

Der Läufer nimmt auf h7 eine missliche Stellung ein. Besser war sofort Se5.

22.	. . . .	Kg8—h8
23.	Sf3—e5	f7—f6!
24.	Tf1—f4:	

Nach diesem Zuge kommt Schwarz in Vorteil. Mit 24. Sg6† konnte Weiß die Spiele ausgleichen, da Schwarz nach 24. . . . . Sg6: 25. Lg6: den Ba2 nicht nehmen darf (Ta2: 26. Ta2: La2: 27. b3 Da3 28. Ta1 Ta8 29. Lf7 oder 28. . . . . Lb3: 29. Ta3: oder auch 29. Db1).

24.	. . . . . .	f6—e5:
25.	Tf4—f8†	Ta8—f8:
26.	d4—e5:	Dd6—e5:

Stellung nach dem 26. Zuge von Schwarz.

Die schwarzen Figuren sind jetzt trefflich zum Angriff postirt, während von Weiß der Turm und der Läufer in Untätigkeit verharren und die Dame mit der Deckung des letzteren vollauf beschäftigt ist.

27. Ta1—d1

Durch diesen Turmzug, welcher dem Angriff De3† nebst Tf2 vorbeugen soll, gibt Weiß dem Gegner Gelegenheit zu einer hübschen Opferkombination. Zöge Weiß 27. Dd3, so könnte Schwarz mit Dc5† 28. Kh1 Lc4 29. De4 La2: fortfahren; auf 27. Kh1 kann Ba2 sofort genommen werden.

27.	. . . . .	Le6—h3:
28.	g2—h3:	De5—g3†
29.	Kg1—h1	

Weiß scheint zu glauben, dass für Schwarz nicht mehr als Remis zu erzielen sei. Doch konnte auch 29. Dg2 die Partie nicht mehr retten: 29. . . . . De3† 30. Kh1 Tf3! 31. Lf5 Tf5: und Schwarz steht auf Gewinn.

29.	. . . .	Dg3—h3‡
30.	Kh1—g1	Dh3—g4†
31.	Kg1—h1	Dg4—h4†
32.	Kh1—g2	Dh4—g5†
33.	Kg2—h2	Tf8—f4

Durch dieses scheinbar verlorne Tempo verdrängt Schwarz den weißen Turm von der ersten Linie.

34.	Td1—d4	Tf4—f3
35.	Dc2—g2	Dg5—e5†
36.	Kh2—h1	De5—e1†
37.	Kh1—h2	Tf3—f2
38.	Lh7—e4	Tf2—g2‡
39.	Kh2—g2:	g7—g5
40.	Kg2—f3	Kh8—g7
41.	Td4—d7†	Kg7—f6
42.	Td7—h7	h6—h5

Weiß gibt die Partie auf.

Nr. 26. Spanische Partie.

E. Schallopp.	W. Paulsen.
Weiß.	Schwarz.
1. e2—e4	e7—e5
2. Sg1—f3	Sb8—c6
3. Lf1—b5	a7—a6

4.	Lb5—a4	Sg8—f6
5.	0—0	Lf8—e7

Das Schlagen des Be4 wird für besser gehalten.

6.	Sb1—c3	d7—d6

7.   d2—d4   b7—b5

Besser d4: nebst Ld7.

8.   d4—e5:   Sc6—e5:

Schwarz will seinem Damenläufer
die Diagonale b7—g2 möglichst frei
machen.

9.   Sf3—e5:   d6—e5:
10. La4—b3   Lc8—b7

Schwarz hätte doch besser getan,
die Damen zu tauschen.

11. Dd1—e2   0—0
12. Lc1—g5   c7—c5

Dieser allerdings sehr naheliegende
Zug schwächt die Punkte d5 und d6,
auf welche Weiß in der Folge den Angriff richtet. Besser war Se8 (13. Td1
Sd6).

13. Ta1—d1   Dd8—c7
14. Lg5—f6:   Le7—f6:
15. Lb3—d5   Ta8—d8
16. Ld5—b7:   Dc7—b7:
17. Sc3—d5   Lf6—e7

Auf Td6 folgt derselbe Zug wie im
Text. Gegen c5—c4 dürfte 18. Sf6 ‡,
19. Dg4†, 20. Df3 und 21. Td5 in Betracht kommen.

18. c2—c4

Schwarz darf diesen Bauern nicht
gut schlagen, weil dann seine eigenen
Bauern isolirt werden und neue Angriffspunkte für Weiß darbieten; nicht
geschlagen aber dient derselbe zur
wesentlichen Verstärkung der weißen
Position.

18. . . . .   Le7—d6
19. Td1—d2   Td8—d7

20. Tf1—d1   Tf8—d8
21. De2—g4

Durch diesen und den folgenden
Zug werden sämmtliche schwarze
Offiziere zum Stillstand gebracht.
Schwarz muss zunächst dem drohenden
Schach auf f6 begegnen.

21. . . . .   Kg8—h8
22. Sd5—e3   b5—b4
23. b2—b3

Um der Möglichkeit des Gegenan-
griffs b4—b3 vorzubeugen. Nicht
gut wäre Sf5 wegen Lf8!

23. . . . .   a6—a5

Schwarz ist zu abwartenden Zügen
genötigt. Auf g6 würde Dg5, auf Dc7
24. g3 g6 dagegen Se3—d5—f6 folgen.

24. Td2—d5   Db7—c7
25. Td1—d3   g7—g6
26. g2—g3

Hierdurch erhält Schwarz Gelegen-
heit, dem einen Turm eine veränderte
Tätigkeit anzuweisen. Besser war
Dd1, um dann durch Sc2 oder Sf1 das
Vorrücken des f-Bauern anzubahnen.

26. . . . .   Td7—e7
27. Dg4—d1   Te7—e6
28. Dd1—d2

Zum eventuellen Angriff auf g5
und h6.

28. . . . .   Dc7—c7
29. Td5—c5:

Der Angriff hat jetzt einen Bauern
eingebracht, und die Bahn ist den
weißen Steinen geöffnet.

29. . . . .   Ld6—c5:

30.	Td3—d8 ‡	Kh8—g7
31.	Se3—g4	g6—g5
32.	Td8—d7	Te6—d6
	Sonst 33. Dg5 ‡.	
33.	Td7—d6:	Lc5—d6:

Nimmt die Dame, so folgt widerum
34. Dg5 ‡ nebst 35. De5 ‡ resp. 35. Se5:

34.	Sg4—e3	Kg7—g6
35.	Se3—f5	De7—a7
36.	Dd2—d6 ‡	Aufgegeben.

Nr. 27. Läufergambit.

Prof. Dr. Franke. E. Flechsig.

	Weiß.	Schwarz.
1.	e2—e4	e7—e5
2.	f2—f4	e5—f4:
3.	Lf1—c4	f7—f5
4.	Dd1—e2	Dd8—h4 †
5.	Ke1—d1	f5—e4:
6.	De2—e4 ‡	Lf8—e7
7.	Lc4—g8:	Th8—g8:
8.	Sg1—f3	Dh4—h5
9.	d2—d4	Ke8—d8

Dieser Königszug kommt nur in dem Falle in Betracht, wenn Weiß im 6. Zuge den Springer nach c3 entwickelt hat, und lässt sich auch da vielleicht durch Sg8—f6 nebst Lf8—e7 resp. Dh4—d8 umgehen; in der gegenwärtigen Stellung ist er vollständig überflüssig, und musste statt seiner einfach d7—d5 geschehen.

10.	Th1—e1	Tg8—e8
11.	Lc1—f4:	d7—d6
12.	Sb1—c3	Lc8—d7
13.	Kd1—d2	

Sicherer erscheint 13. Dd3.

13.	. . . .	Le7—h4
14.	De4—b7:	Lh4—e1 ‡

15.	Ta1—e1:	Ld7—c6
16.	Te1—e8 ‡	Dh5—e8:
17.	Lf4—g5 †	Kd8—d7
18.	Db7—b3	Lc6—f3:
19.	g2—f3:	Sb8—c6
20.	d4—d5	Sc6—e7
21.	Db3—b5 †	Kd7—d8
22.	Db5—b7	Kd8—d7

Weiß kann jetzt remis halten, zieht es jedoch vor, noch einen Bauern zu erobern, um dann mit zwei Bauern gegen die Qualität Gewinnchancen zu haben.

23.	Lg5—e7:	Kd7—e7:
24.	Db7—c7 ‡	De8—d7
25.	Dc7—d7 ‡	

Weiß täte besser, die Damen auf dem Brett zu lassen und die seinige nach c4 zurückzuziehen oder wenigstens im nächsten Zuge den König auf e3 zu rücken, um denselben rechtzeitig zwischen die getrennten Bauern zu bringen.

25.	. . . .	Ke7—d7:
26.	Sc3—e4	Ta8—f8
27.	Se4—g3	

Wollte Weiß seinen f-Bauern

durch Ke3 decken, so würde Schwarz
mit Tf5 . 28. c4 Th5 den h-Bauern
erobern.

27.	. . . .	˙Tf8—f3:
28.	Kd2—e2	Tf3—f4
29.	c2—c3	Tf4—h4
30.	Sg3—f1	Kd7—e7
31.	Ke2—f3	Ke7—f6
32.	Kf3—g3	Th4—e4
33.	Kg3—f3	Kf6—e5
34.	Sf1—e3	Te4—f4†
35.	Kf3—g3	g7—g5
36.	c3—c4	h7—h5 ·
37.	b2—b3	Ke5—e4
38.	Se3—d1	Tf4—f3†
39.	Kg3—g2	g5—g4

40.	b3—b4	

Ein langsamer Todeskampf für Weiß!

40.	. . . .	Ke4—d4 ·
41.	c4—c5	Kd4—d5:
42.	c5—d6:	Kd5—d6:
43.	Sd1—f2	Tf3—a3
44.	h2—h3	Ta3—a2:
45.	h3—g4:	h5—g4:
46.	Kg2—g3	Ta2—f2:
47.	Kg3—f2:	Kd6—d5
48.	Kf2—g3	Kd5—c4
49.	Kg3—g4:	Kc4—b4:
50.	Kg4—f4	a7—a5
51.	Kf4—e3	Kb4—b3
52.	Ke3—d2	Kb3—b2

Weiß gibt die Partie auf.

Nr. 28. Vierspringerspiel.

Joh. Metger.	C. Leffmann.
Weiß.	Schwarz.
1. e2—e4	e7—e5
2. Sg1—f3	Sb8—c6
3. Sb1—c3	Sg8—f6
4. Lf1—b5	a7—a6
5. Lb5—c6:	d7—c6:
6. Sf3—e5:	Sf6—e4:
7. Sc3—e4:	Dd8—d4
8. 0—0	Dd4—e5:
9. d2—d4	De5—d5

Die Dame geht besser nach f5.

10. Tf1—e1	Lc8—e6
11. Se4—g5	0—0—0
12. Sg5—e6:	f7—e6:
13. Dd1—g4	

Besser wäre 13. c3, um auf c5 mit
14. Dg4, auf h5 dagegen mit 14. Lf4
etc. fortzufahren. Der Be6 würde dann
eine dauernde Schwäche des schwarzen
Spieles bilden, ein Uebelstand, den
9. . . . . Df5 (statt Dd5) vermeidet, da
alsdann der Bauer bald vorgerückt
werden kann.

13. . . . .   Td8—e8

Schwarz täte vielleicht besser, den
Bd4 zu schlagen und e6 dafür hinzugeben.

14. Te1—e5?

Weit besser ist 14. Lf4.

14. . . . .   Dd5—d7

15. Lc1—g5   Lf8—d6

16.	Te5—e4	e6—e5	21.	Lg5—c3	b7—b6
17.	Dg4—d7‡	Kc8—d7:	22.	g2—g3	c6—c5
18.	d4—e5:	Te8—e5:	23.	Ta1—e1	a6—a5
19.	Te4—e5:	Ld6—e5:	24.	Kg1—g2	a5—a4
20.	c2—c3	Th8—e8	Als remis abgebrochen.		

Nr. 29. Zweispringerspiel im Anzuge.

L. Paulsen.   S. Winawer.

Weiß.   Schwarz.

1.	e2—e4	e7—e5
2.	Sg1—f3	Sb8—c6
3.	Sb1—c3	Lf8—c5
4.	Sf3—e5:	Lc5—f2‡

Obgleich Weiß ein starkes Bauernzentrum erhält, so erscheint dieser
Zug doch besser als Se5: 5. d4 Ld6,
wodurch zu viele Tempi verloren gehen.

5.	Ke1—f2:	Sc6—e5:
6.	d2—d4	Se5—g6
7.	Lf1—c4	d7—d6
8.	Th1—f1	Lc8—e6
9.	d4—d5	

Nicht gut! Weiß beschränkt dadurch
die Wirksamkeit seines Läufers und
gibt dem Gegner den Angriffspunkt e5
preis.

9.	. . . .	Le6—d7
10.	Kf2—g1	Sg6—e5
11.	Lc4—b3	

Dadurch wird der Läufer ganz untätig gemacht; besser Le2 oder De2.

11.	. . . .	Sg8—e7
12.	Lc1—f4	Se7—g6
13.	Lf4—g3	Dd8—g5
14.	Dd1—d4	0—0

15.	Sc3—e2	h7—h5
16.	Lg3—f4	Sg6—f4:
17.	Se2—f4:	Dg5—h6
18.	Ta1—e1	a7—a6
19.	h2—h3	

Weiß sollte sich beeilen, durch
c2—c4 seinen Läufer wider ins Spiel
zu bringen.

19.	. . . .	Ta8—e8
20.	c2—c4	

Stellung nach dem 20. Zuge von Weiß.

Schwarz geht jetzt mit dem gut vor-
bereiteten Flügelangriff vor.

20.	. . . .	g7—g5
21.	Sf4—d3	g5—g4
22.	Te1—e3	Se5—d3:

23.	Te3—d3:	f7—f5
24.	e4—f5:	Ld7—f5:
25.	Td3—c3	Te8—e2
26.	Tf1—f2	

Auf 26. Tg3 würde Schwarz zunächst Te4 ziehen, nicht sofort h4 wegen 27. Tg4 ‡.

26.	. . . .	Te2—f2:
27.	Dd4—f2:	g4—h3:
28.	Df2—h4	Lf5—g4

Die Einleitung zu einem sehr hübschen Manöver (vergl. die beiden nächsten Züge), durch welches Schwarz seinem Läufer einen entscheidenden Angriffsposten verschafft.

29.	g2—h3:	Dh6—f4!
30.	Dh4—e1	Lg4—f3
31.	Tc3—c2	Tf8—f7

Kräftiger war Kh8; doch genügt auch der gewählte Zug.

32.	De1—e6	Kg8—h7

Hier bot sich dem Nachziehenden auch folgendes interessante Spiel: 32. . . . . . Dg3† 33. Kf1 Ld1† 34. Df7‡ Kf7: 35. Tf2† Lf3 36. Ld1 Df2‡ und gewinnt.

33.	Tc2—g2	Lf3—g2:
34.	Lb3—c2†	Kh7—g7
35.	De6—g6†	Kg7—f8

Weiß gibt die Partie auf.

Nr. 30. Abgelehntes Damengambit.

B. Englisch. Anderssen.

	Weiß.	Schwarz.
1.	d2—d4	d7—d5
2.	c2—c4	e7—e6
3.	Sb1—c3	h7—h6

Auf Sf6 folgt nicht ungünstig Lg5 nebst Abtausch auf f6.

4.	Sg1—f3	Sg8—f6
5.	a2—a3	a7—a6
6.	e2—e3	c7—c5
7.	d4—c5:	Lf8—c5:
8.	b2—b4	Lc5—d6
9.	Lc1—b2	Sb8—c6
10.	Lf1—e2	0—0
11.	0—0	d5—c4:
12.	Le2—c4:	b7—b5
13.	Lc4—e2	Lc8—b7

Der Zug h7—h6 ist jetzt für Schwarz gewonnenes Tempo, doch ist dies für den Wert der Stellung von keinem erheblichen Belang.

14.	Dd1—b3	Dd8—e7
15.	Tf1—d1	Tf8—d8
16.	Td1—d2	Sc6—e5

Schwarz sucht sich hiermit eine Basis der Operation zu verschaffen.

17.	Ta1—d1	Se5—f3‡
18.	Le2—f3:	Lb7—f3:
19.	g2—f3:	Td8—d7
20.	Sc3—e2	Ta8—d8

Es ist noch immer kein Unterschied in der Stärke der beiderseitigen Stellungen zu erblicken; die offene g-Linie gibt beiden Parteien zu Angriffen Gelegenheit.

21.	Kg1—h1	Sf6—h5

22.	Td1—g1	De7—h4		a3, c3 und c2 entscheidend geschwächt;
23.	Tg1—g2	Ld6—c7		es wäre z. B. gefolgt: 33. Lf6: Kf6:
24.	Td2—d7:	Td8—d7:		34. Tg8 Td2! 35. Tc8 Te2: 36. Tc7:Tf2:
25.	Db3—c3	f7—f5		37. Tc4: Ta2 38. Tc3 Ke5 etc.
26.	Dc3—b3			33. . ·. ٭ .	Sf6—g4

Durch 26. Dc6 kann Weiß einen
Bauern gewinnen, doch würde mit
26. . . . . De7 27. Da6: De8 seine
Dame unangenehm abgesperrt werden.

26.	. . . . .	Dh4—c4
27.	Db3—c4:	b5—c4:
28.	Lb2—c3	Td7—d3
29.	f3—f4	Kg8—f7
30.	Tg2—g1	g7—g5

Schwarz opfert einen Bauern, um
seinem Läufer freies Spiel zu verschaffen und den weißen Turm nicht
sofort nach c1 zu lassen. Der Bauer
wird übrigens bald zurückgewonnen.

Stellung nach dem 30. Zuge von Schwarz.

31.	f4—g5:	h6—g5:
32.	Tg1—g5:	Sh5—f6
33.	Tg5—g1	

Abtausch auf f6 hätte die Punkte

34.	Kh1—g2	Lc7—h2:
35.	Tg1—c1	Lh2—e5
36.	a3—a4	Le5—c3:
37.	Tc1—c3:	Td3—d2
38.	Kg2—f1	Sg4—h2†
39.	Kf1—g2	Sh2—g4
40.	Kg2—f1	Sg4—h2†
41.	Kf1—g2	Sh2—g4

Bei Td2—e2: kommt nichts heraus,
da Bc3 verloren geht. Das Spiel hat
Remischarakter; Schwarz macht noch
einen neuen Versuch, der indessen
gleichfalls nicht zu einer Entscheidung
führt.

42.	Kg2—f1	Sg4—e5
43.	f2—f4	Se5—g4
44.	Kf1—e1	Td2—b2
45.	Tc3—c4:	Sg4—e3:
46.	Tc4—c7†	Kf7—f6
47.	b4—b5	

Der Bauer ist unter allen Umständen verloren; auf Tb7 folgt sofort
Tb4:

47.	. . . .	a6—b5:
48.	a4—b5:	Tb2—b5:
49.	Ke1—d2	Se3—d5
50.	Tc7—c1	Tb5—b2†
51.	Kd2—d3	Tb2—b3†
52.	Kd3—d2	Tb3—f3
53.	Tc1—c4	Kf6—e7
54.	Tc4—a4	Tf3—f2

55.	Ta4—a7†	Ke7—f6
56.	Kd2—e1	Tf2—f3 .
57.	Ta7—a4	Kf6—g6

Schwarz versucht es auf alle Arten, vermag aber doch den Sieg nicht zu erringen. Auch das Qualitätsopfer auf f2 führt nicht zum Ziele, wie

später angestellte Versuche darlegten.

58.	Ta4—a6	Tf3—e3
59.	Ke1—f2	Te3—e4
60.	Kf2—f3	Kg6—f6
61.	Ta6—a3	

Als remis abgebrochen.

Sechste Runde.

Gespielt am 19. Juli, Vormittags.

Nr. 31. Spanische Partie.

	B. Englisch.	Dr. C. Göring.
	Weiß.	Schwarz.
1.	e2—e4	e7—e5
2.	Sg1—f3	Sb8—c6
3.	Lf1—b5	Sc6—d4
4.	Sf3—d4:	e5—d4:
5.	d2—d3	Lf8—c5
6.	0—0	Dd8—h4
7.	c2—c3	Sg8—f6
8.	Sb1—d2	0—0

Schwarz gibt hierdurch einen Bauern auf; er gewinnt denselben aber auf eine hübsche Art bald zurück.

9.	Sd2—f3	

Weiß unterließe besser diesen Zug und täte sofort die beiden folgenden.

9.	. . . .	Dh4—h5
10.	c3—d4:	Lc5—b6
11.	e4—e5	d7—d6

12.	Lb5—a4	

Bei 12. f6: Db5: 13. g7: Kg7: erhält Schwarz gleichfalls den Angriff, und die weißen Bauern stehen schlecht. Besser wäre jedoch der Rückzug des Läufers nach c4, um das folgende Springermanöver von Schwarz zu verhindern.

12.	. . . .	Sf6—d5
13.	La4—b3	Sd5—b4
14.	a2—a3	

Notwendig, weil sonst Lf5 einen Bauern gewinnt.

14.	. . . .	Sb4—c6
15.	e5—d6:	Lc8—g4!

Derselbe Zug wäre auf 15. Le3 gefolgt.

16.	h2—h3	

Auf 16. Le3 könnte jetzt Ld4: folgen.

16.	. . . .	Lg4—f3:	31. Kg2—f1	d4—c3:
17.	Dd1—f3:	Dh5—f3:	32. Tb1—b3	

Besser ist Te1—e3; die Fortsetzung
Sd5 33. Tf3 f4 34. Lb3 Se7 35. d4 La5
36. Td1 ergibt eine freiere Stellung
für Weiß. Der gewählte Turmzug
kostet mehrere wichtige Tempi.

18.	g2—f3:	Sc6—d4:	
19.	Lb3—d1	c7—d6:	
20.	Lc1—e3	Ta8—c8	
21.	f3—f4		

Weiß täte besser, alsbald auf d4
abzutauschen, um verschiedenfarbige
Läufer übrig zu lassen.

21.	. . . .	d6—d5	
22.	Ta1—b1	Tc8—c6	
23.	Kg1—h2	f7—f5	
24.	a3—a4	Sd4—e6	
25.	Kh2—g2		

Weiß verliert viel Zeit; der König
konnte dieses Feld schon im 23. Zuge
einnehmen.

25.	. . . .	d5—d4
26.	Le3—d2	Tf8—f6

Schwarz beabsichtigt 27. . . . . Sc5
28. Lc2 Se4 29. e4: Tc2:, was gegenwärtig noch resultatlos wäre, weil der
Läufer d2 sich mit Angriff auf den
Turm nach b4 begeben würde.

27.	Tf1—e1	Kg8—f8

Um der Fesselung des Springers
durch Ld1—b3 zu entgehen.

28.	b2—b4	Lb6—c7

Durch diesen Zug, der dem Turm
den Rückweg nach c8 abschneidet,
opfert Schwarz die Qualität gegen
einen Bauern; das Opfer erscheint indess nicht geradezu inkorrekt, da Bd4
zu einem Freibauern wird.

29.	b4—b5	Tc6—c3
30.	Ld2—c3:	Se6—f4†

32.	. . . .	Lc7—a5
33.	Ld1—c2	Sf4—e6

Stärker, als den Bh3 zu schlagen.

34.	Tb3—b1	Se6—d4
35.	Tb1—c1	

Nicht besser wäre Te1—c1, worauf
Schwarz mit 35. . . . . Sf3 36. Kg2
Sd2 (auf 36. Ke2 folgt derselbe Zug
nebst 37. . . . . Te6† 38. Kd1 Sf3
39. Lb3! Te1† 40. Kb1 Tc1‡)
38. Ta1 Tg6† 38. Kh1 Lb6 sich
günstig stellt.

35.	. . . .	f5—f4
36.	Te1—e5	Sd4—f3
37.	Te5—d5	Tf6—g6
38.	Kf1—e2	

Nicht Td1 wegen Sd2†!

38.	. . . .	Sf3—g1†
39.	Ke2—f1	Sg1—h3:
40.	Tc1—e1	

Ein Fehlzug, der den Turm kostet.
Ke2 musste geschehen.

40.	. . . .	Tg6—g1†
41.	Kf1—e2	f4—f3†
42.	Ke2—f3:	Tg1—e1:
43.	Td5—d7	Te1—c1
44.	Lc2—b3	Tc1—b1
45.	Lb3—c2	Tb1—b2
46.	Lc2—d1	c3—c2

8*

47.	Ld1—c2:	Tb2—c2:	
48.	Td7—b7:	La5—b6	

Weiß konnte die Partie getrost aufgeben, zieht es jedoch vor, bis auf den
„letzten Mann" zu spielen.

49.	a4—a5	Lb6—f2:
50.	b5—b6	a7—b6:
51.	a5—b6:	Tc2—b2
52.	Tb7—b8†	Kf8—e7

53.	b6—b7	Lf2—a7
54.	Tb8—g8	Sh3—g5†
55.	Kf3—g4	Sg6—e6
56.	d3—d4	Tb2—b7:
57.	d4—d5	Ke7—f7
58.	Tg8—a8	Se6—c7
59.	d5—d6	Sc7—a8:
60.	d6—d7	Tb7—d7:

Weiß gibt die Partie auf.

Nr. 32. Spanische Partie.

Anderssen. Prof. Dr. Franke.

	Weiß.	Schwarz.
1.	e2—e4	e7—e5
2.	Sg1—f3	Sb8—c6
3.	Lf1—b5	Lf8—c5

Der Führer der schwarzen Steine
wählte diese Verteidigung, weil er mit
derselben gegen Englisch gewonnen
hatte; er hatte mit Anderssen noch
nie gespielt.

4.	c2—c3	Dd8—f6
5.	0—0	Sg8—e7
6.	d2—d4	e5—d4:
7.	Lb5—c6:	

Auch mit 7. Lg5 Dg6 8. Le7: und
9. d4: erhält Weiß ein treffliches Spiel.

7.	. . . .	Se7—c6:

Nicht gut! — dc6: war entschieden
vorzuziehen.

8.	e4—e5	Df6—f5
9.	c3—d4:	Lc5—b6
10.	d4—d5	Sc6—e7
11.	d5—d6	Se7—g6
12.	Sb1—c3	0—0

Schwarz sucht zunächst seinen
König in Sicherheit zu bringen. Auf c6
könnte etwa folgen: 13. Se2 Se5:
14. Sg3 Sf3† 15. f3: Dh3 16. Te1† Kf8
17. Le3 mit ausgezeichnetem Spiel für
Weiß.

13.	Sc3—d5	f7—f6

Das Qualitätsopfer schafft keine
Befreiung; der geeignete Zug war
wol Te8 (14. Lg5 h6). Auf c6 konnte
Weiß mit 14. Sb6: b6: 15. Te1 nebst
Sd4 und f4 fortfahren.

14.	e5—f6:	Tf8—f6:
15.	Sd5—f6 †	Df5—f6:
16.	Tf1—e1	h7—h6
17.	Te1—e8†	Sg6—f8

Natürlich nicht Kh7 wegen 18. Sg5 †
und 19. Dh5 †!

18.	Dd1—d5†	Df6—f7
19.	Dd5—e4	Lb6—c5
20.	Te8—e7	Df7—h5

Hier übersahen beide Spieler den
Zug 21. Te5, der Schwarz zum
sofortigen Aufgeben der Partie be-

wegen musste, die freilich auch so längst unhaltbar geworden war.

21.	Lc1—f4	c7—d6:
22	Ta1—d1	Dh5—g6

Auf d5 folgt natürlich 23. Td5:

23.	De4—c4†	Sf8—e6
24.	b2—b4	d6—d5
25.	Te7—e6:	Lc5—f2‡
26.	Kg1—f2:	d7—e6:
27.	Dc4—c7	Dg6—f7
28.	Td1—c1	g7—g5
29.	Lf4—e5	b7—b6
30.	Dc7—d8†	Df7—f8
31.	Dd8—f8‡	Kg8—f8:
32.	Tc1—c7	Kf8—e8
33.	Le5—f6	e6—e5
34.	Sf3—e5:	Lc8—f5
35.	g2—g4	Ta8—c8
36.	Tc7—e7†	Ke8—f8
37.	g4—f5:	Aufgegeben.

Nr. 33. Französische Partie.

E. Schallopp. Joh. Metger.

	Weiß.	Schwarz.
1.	e2—e4	e7—e6
2.	d2—d4	d7—d5
3.	Sb1—c3	Sg8—f6
4.	Lf1—d3	Lf8—e7
5.	Sg1—f3	0—0
6.	Lc1—g5	

Weiß könnte gleichfalls rochiren, zieht es jedoch vor, dem Gegner einen Bauern anzubieten; das Opfer wird allerdings verschmäht.

6.	. . . .	d5—e4:
7.	Sc3—e4:	Sf6—e4:
8.	Lg5—e7:	De8—e7:
9.	Ld3—e4:	Sb8—d7

Nimmt Schwarz statt dessen durch Db4† den offerirten Bauern an, so dürfte nach 10. Dd2 Db2: 11. 0—0 der Positionsvorteil des weißen Spieles das Opfer mehr als aufwiegen.

10.	0—0	Sd7—f6
11.	Le4—d3	c7—c5
12.	d4—c5:	De7—c5:
13.	Tf1—e1	b7—b6
14.	Te1—e5	

Die hierdurch eingeleitete Vereinigung der beiden Türme und der Dame in der e-Linie ist vielleicht verfehlt. Se5 nebst c4, Dc2, Te3 etc. dürfte den Vorzug verdienen.

14.	. . . .	Dc5—c7
15.	Dd1—e2	Lc8—b7
16.	Ta1—e1	Tf8—d8
17.	Sf3—d2	Td8—d4

Schwarz provozirt den Zug c2—c3, um die Wirkung seiner Türme zu steigern.

18.	c2—c3	Td4—d7
19.	Ld3—b1	

Der Läufer wäre weit besser nach c2 gegangen; vgl. Zug 23.

19.	. . . .	Ta8—d8
20.	Sd2—f1	Td7—d5
21.	f2—f4	Dc7—c5†
22.	Kg1—h1	Dc5—d6

23.	Lb1—c2	g7—g6
24.	h2—h3	Dd6—c5
25.	Sf1—g3	Dc5—e7
26.	Te5—d5:	Sf6—d5:
27.	De2—f2	De7—h4
28.	Te1—d1	

Besser wäre die Fesselung durch
28. Le4, da bei Sf4: 29. Sb7: Sd3
30. De3 Weiß im Vorteil bleibt.

28.	. . . .	Td8—c8
29.	Td1—d4	

Jetzt wäre 29. Le4 wegen Tc4
nicht gut.

29.	. . . .	Sd5—f6
30.	Sg3—e4	

Nicht gut wäre 30. f5, worauf der
Nachziehende mit Dh3† 31. Kg1 Dg2†
bedeutende Aussichten auf Gewinn
erlangt. Doch kam statt des Zuges
im Text 30. Kg1 in Betracht; man erwäge die Fortsetzung: Dh6 31. f5 ef5:
32. Lf5: f5: 33. Sf5: Df8 34. Dg3† Kh8
35. De5 Tc6 36. Td6 oder auch 36. Sd6.

30.	. . . .	Dh4—f2:
31.	Se4—f2:	Kg8—f8
32.	Kh1—g1	Kf8—e7
33.	g2—g4	Tc8—d8
34.	Td4—d8:	Ke7—d8:
35.	Sf2—d3?	

Ein Fehlzug, durch den ein Bauer
verloren geht. Kf1 musste geschehen.

35.	. . . .	Lb7—e4
36.	Kg1—f2	Sf6—d5
37.	c3—c4	

Auf 37. Kg3 würde Se3· 38. Lb1
Sd1 folgen.

37.	. . . .	Le4—d3:
38.	Lc2—d3:	Sd5—f4:
39.	Ld3—f1	g6—g5
40.	Kf2—e3	Kd8—e7

Nicht so gut scheint f5, z. B.: 41. f5:
f5: 42. Kd4 Sg6 43. Kd5 Kd7 44. b4 f4
45. c5.

41.	Ke3—e4	Ke7—d6
42.	b2—b4	Sf4—g6
43.	Ke4—d4	Sg6—f4

Weiß hätte sonst durch c5† eine
kleine Chance zur Ausgleichung der
Spiele erhalten.

44.	Kd4—e4	h7—h6
45.	h3—h4	f7—f6
46.	a2—a3	

Ginge der Bauer zwei Schritt, so
würde a7—a5 für Schwarz entscheiden.

46.	. . . .	Kd6—c6
47.	h4—g5:	h6—g5:
48.	Ke4—d4	Kc6—d6
48.	Kd4—e4	Kd6—e7

Schwarz hätte in den letzten Zügen
wiederholt stärker spielen können, indess auch jetzt noch war der Sieg
zu erzwingen. Mit a7—a5 wäre das
nötige Tempo gewonnen worden.

50.	c4—c5!	

Ein guter Zug, durch welchen Weiß
bedeutende Remischancen erhält.

50.	. . . .	b6—c5:
51.	b4—c5:	Sf4—d5
52.	Lf1—c4	Sd5—f4
53.	a3—a4	Sf4—g2
54.	a4—a5	f6—f5 †?

Hiernach ist das Remis ausgesprochen. Schwarz gewinnt allerdings, wenn Weiß den Bauern schlägt.

55. Ke4—e5!   f5—g4:

56. Lc4—e6:   g4—g3??

Nach diesem neuen Fehlzug gewinnt Weiß die Partie, die bei Sf4 unentschieden bleiben musste.

Stellung nach dem 56. Zuge von Schwarz.

57. c5—c6   Sg2—f4

58. c6—c7   Sf4—g6†

Gibt der Springer das Schach auf d3, so geschieht am stärksten Kf5; auch mit Ke4 würde Weiß gewinnen, aber nicht mit Kd4 wegen der Entgegnung g3—g2!

59. Ke5—e4

Der einzige Zug, der zum Siege führt! Auf 59. Kf5 würde Schwarz mit Kd6, auf 59. Kd5 mit Kf6 (in beiden Fällen folgt Se7†) auf 59. Kd4 dagegen mit g3—g2 Remis erreichen.

59. . . . . Ke7—e6:

g3—g2 nützt nichts, weil die weiße Dame gleich in zwei Zügen mattsetzt.

60. c7—c8D†   Ke6—f6

61. Dc8—f5†   Kf6—g7

62. Df5—g5: Aufgegeben.

Nr. 34. Vierspringerspiel.

	E. Flechsig. Weiß.	W. Paulsen. Schwarz.
1.	e2—e4	e7—e5
2.	Sg1—f3	Sb8—c6
3.	Sb1—c3	Sg8—f6
4.	Lf1—b5	a7—a6
5.	Lb5—c6:	d7—c6:
6.	Sf3—e5:	Sf6—e4:
7.	Sc3—e4:	Dd8—d4
8.	0—0	Dd4—e5:
9.	d2—d4	De5—f5
10.	Lc1—g5	

Hier verdiente wohl f2—f4 den Vorzug; der gewählte Zug überlässt dem Nachziehenden den Angriff.

10. . . . . I.c8—e6

11. Tf1—e1   h7—h6

12. Lg5—h4

Statt dessen kam 12. Dd3 (Kd7! 13. Lh4 etc.) in Betracht.

12. . . . . g7—g5

13. Lh4—g3   0—0—0

14. c2—c3

Wir hätten 14. Le5 vorgezogen; es konnte dann folgen: 14. . . . . Tg8 15. Sf6 Tg7 (nicht nach g6 wegen

16. g4!!) 16. Sh5 Tg8 17. h3 nebst 18. Te3; oder 16. . . . . Tg6 17. Sg3 Dg4 18. f3 Dh4 19. Te4 g4 20. g4: Nimmt nun der Läufer, so stellt sich Weiß mit Dd2, nimmt der Turm, so mit Df3 günstig.

14. . . . . Lf8—e7
15. b2—b4 h6—h5

Beide Teile spielen auf Rochadeangriff; Weiß ist jedoch schon jetzt genötigt, den Angriff aufzugeben und sich auf die Defensive zu beschränken.

16. h2—h3 g5—g4

Die richtige Fortsetzung des Angriffs war hier Tdg8; es konnte dann etwa folgen: 17. Le5 Th6 (nicht f6, was die Tätigkeit des eigenen Läufers beschränkt) 18. Sg3 (falls nach c5, so rückt der g-Bauer sofort weiter) Dh7 nebst g4 etc.

17. h3—h4 Th8—e8

Hier verdiente noch immer Tdg8 den Vorzug; es konnte dann die Dame über d5 nach d8 gespielt werden.

18. Dd1—b1 Df5—d5
19. Se4—c5 Le6—f5
20. Db1—b2 Le7—d6
21. a2—a4

Weiß nimmt jetzt den Angriff wider auf. In Betracht kam hier auch Te2.

21. . . . . Dd5—c4
22. Db2—d2 b7—b6

Nicht gut! Schwarz sollte mit Lc5: auf Remis spielen.

23. Lg3—d6: c7—d6:
24. Dd2—f4 Te8—e1 ‡

Etwas besser erscheint der sofortige Rückzug des Läufers nach e6. Gefährlich aber wäre Lg6 wegen 25. Te8: Te8: 26. Dd6: Uebrigens hätte Weiß die letztere Variante dadurch herbeiführen können, dass er im 23. oder 24. Zuge zunächst die Türme tauschte.

25. Ta1—e1: Lf5—e6

Jetzt ginge der Läufer besser nach g6.

26. Sc5—e6: f7—e6:
27. Df4—f7 Dc4—c3:
28. Te1—e6:

Dies ist entschieden besser, als mit der Dame zu schlagen.

28. . . . . Dc3—c4
29. Df7—f5 Kc8—b8
30. Te6—e7

Stellung nach dem 30. Zuge von Weiß.

Schwarz steht sehr bedrängt. Die Dame muss auf c4 stehen bleiben, um der weißen Dame das Feld f7 zu verwehren und um, falls letztere nach h7 geht, durch ewiges Schach die Partie remis machen zu können; zieht der

Turm, so nötigt ihn Weiß durch Df6 zur Rückkehr nach d8, und deckt dann durch Tf7 das drohende Remis, um seine Dame anderweitig postiren zu können. Alle Bauernzüge von Schwarz schließlich eröffnen Angriffslinien für Weiß.

30.	. . . .	a6—a5
31.	· b4—b5?	

Weiß musste den Bauern einfach schlagen und hätte dann mittels der offenen b-Linie sicher gewonnen.

31.	. . . .	c6—b5:
32.	a4—b5:	

Nach 32. Th7 a4: 33. De4 Dc8 34. De7, was Weiß wol ursprünglich beabsichtigte, hätte Schwarz den Turm auf d7 geopfert und durch die Bauern gewonnen.

32.	. . . .	a5—a4
33.	Te7—h7	a4—a3
34.	Df5—e4	Dc4—c8
35.	De4—e3	

Hier konnte Weiß mit 35. De7 Td7 36. Dd7: Dd7: 37. Td7: a2 38. Td8† Kb7 39. Td7† sofort remis machen, respektive dem Nachziehenden das ewige Schach durch 35. . . . . Dc1† 36. Kh2 Df4† überlassen.

35.	. . . .	Dc8—c2
36.	De3—e7	Dc2—h7:

Ein hübscher Zug, der indess kein anderes Resultat hat, als Dc2—c1† —f4† etc.

37. De7—d8‡

Weiß darf natürlich die Dame wegen a3—a2 nicht schlagen.

37.	. . . .	Kb8—a7
38.	Dd8—d6:	Dh7—b1†
39.	Kg1—h2	Db1—c1
40.	Dd6—d7†	Ka7—b8
41.	Dd7—d8†	Kb8—b7
42.	Dd8—d5†	Kb7—c8
43.	Dd5—e6†	Kc8—b7
44.	De6—d5†	

Remis.

Nr. 35. Unregelmäßige Eröffnung.

	L. Paulsen.	C. Leffmann.
	Weiß.	Schwarz.
1.	c2—c4	e7—e6
2.	d2—d4	f7—f5
3.	a2—a3	Sg8—f6
4.	Sb1—c3	d7—d6
5.	Sg1—f3	g7—g6

Schwarz behandelt die geschlossene Partie nicht gut. Der Läufer muss nach e7 entwickelt werden.

6.	e2—e3	Lf8—g7

7.	Lf1—e2	b7—b6

Diese zweite Flankenentwicklung ist wegen der Schwäche des Punktes e6 durchaus verfehlt.

8.	0—0	Lc8—b7
9.	Sf3—g5	

Weiß geht sofort zum Angriff auf den schwachen Punkt des Gegners vor.

9.	. . . .	Dd8—e7
10.	Le2—f3	Lb7—f3:

Die beste Verteidigung gewährte

hier noch d6—d5. Der Angriff von
Weiß scheint jetzt unwiderstehlich
und wird von Paulsen auf das kräftigste
durchgeführt.

11.	Ddl—f3:	c7—c6
12.	d4—d5	e6—d5:
13.	c4—d5:	c6—c5

Zog Schwarz 12. . . . . c6—d5:
13. c4—d5: e6—e5, so wären die
nächsten Züge dieselben geblieben,
und Weiß hätte schließlich ebenfalls
den f-Bauern zum entscheidenden Angriff verwendet.

14.	Sg5—e6	a7—a6

Dies ist notwendig, um Sb5 zu verhindern.

15.	e3—e4	f5—e4:
16.	Sc3—e4:	Sf6—e4:
17.	Df3—e4:	Lg7—e5

Auf 17. . . . . Kf7 könnte Weiß mit
18. Lg5 ~ 19. f4, auf 17. . . . . Kd7
mit 18. Da4† b5 19. Da5 Tc8 20. Db6
fortfahren.

18.	Lc1—g5	Aufgegeben.

(Offiziersverlust durch f2—f4 ist
nicht zu vermeiden.)

Nr. 36. Vierspringerspiel.

S. Winawer. J. H. Zukertort.

	Weiß.	Schwarz.
1.	e2—e4	e7—e5
2.	Sg1—f3	Sb8—c6
3.	Sb1—c3	Sg8—f6
4.	Lf1—b5	a7—a6
5.	Lb5—a4	

Dies scheint mindestens ebenso
stark als die in den anderen Partien
dieser Art meist gewählte Fortsetzung
5. Lc6: dc6: 6. Se5:

5.	. . . .	Lf8—c5
6.	0—0	

Hier verdiente Se5: den Vorzug.
Schwarz konnte dem vorbeugen, indem
er zuvörderst den Läufer weiter zu-
rücktrieb, doch fesselte dann Weiß
sofort den Damenbauern durch Ld5.

6.	. . . .	b7—b5
7.	La4—b3	d7—d6

8.	d2—d3	Lc8—g4
9.	Lc1—e3	Sc6—d4
10.	Le3—d4:	Lc5—d4:
11.	h2—h3	Lg4—f3:
12.	Ddl—f3:	c7—c6
13.	Sc3—d1	0—0
14.	c2—c3	Ld4—b6
15.	Sd1—e3	Lb6—e3:
16.	f2—e3:	

Nicht gut! Ein Angriff auf Grund
der offenen f-Linie steht nicht mehr
in Aussicht, und der Doppelbauer ist
für das Endspiel von Nachteil. Nach
16. De3: erlangte Schwarz durch Sh5
17. g3 Kh8 18. f4 f5 einen kleinen Angriff, der sich aber leicht pariren ließ.

16.	. . . .	Ta8—a7
17.	Tf1—f2	Ta7—e7
18.	Ta1—d1	Sf6—d7
19.	Td1—f1	Sd7—c5

20. Lb3—c2 Te7—e6

Das Spiel von Schwarz ist konsequent darauf gerichtet, seine Steine in Tätigkeit zu bringen, ohne den weißen Doppelbauern aufzulösen.

21. d3—d4 Te6—f6
22. Df3—d1 Tf6—f2:
23. Tf1—f2: Sc5—d7
24. Dd1—g4 Dd8—e7
25. Dg4—f3

Weiß hätte vielleicht, da auf dem Königsflügel doch nichts auszurichten ist, schon vom 22. Zuge an besser getan, durch De2 nebst a4 und d5 den schwarzen Damenflügel anzugreifen.

25. . . . . Sd7—f6
26. Df3—f5 Tf8—e8
27. g2—g4 h7—h6

Es ist ersichtlich, dass Schwarz nach e5—d4: 28. e3—d4: den Be4 nicht schlagen darf.

Stellung nach dem 27. Zuge von Schwarz.

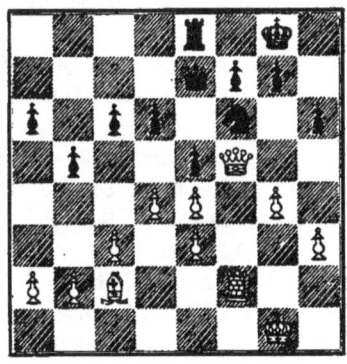

28. g4—g5

Ein Fehler; Schwarz gewinnt jetzt einen Bauern. Es musste Te2 zur Deckung des Be4 geschehen; nicht só gut war h4 wegen De6 29. De6: Te6: 30. Lb3 Te7 oder 30. g5 g5: 31. g5: Sg4 32. Tf3 Tg6 33. Lb3 Sf6!

28. . . . . . h6—g5:
29. Df5—g5: e5—d4:
30. c3—d4: Sf6—e4:
31. Dg5—e7: Te8—e7:
32. Lc2—e4: Te7—e4:
33. Tf2—c2 c6—c5!

Hierdurch gewinnt Schwarz ein Tempo und behauptet seinen Bauern, der bei 33. . . . . Te3: durch 34. Tc6: Th3: 35. Ta6: Th6 36. Tb6 wider verloren gegangen wäre.

34. d4—c5: d6—c5:
35. Tc2—c5: Te4—e3:
36. Tc5—c6 Te3—h3:
37. Tc6—a6: Th3—d3
38. b2—b3 Td3—d2
39. a2—a4 b5—a4:
40. Ta6—a8† Kg8—h7
41. Ta8—a4: g7—g5
42. Ta4—g4 Kh7—g6
43. Tg4—g3 f7—f5
44. Kg1—f1 f5—f4
45. Tg3—c3 g5—g4
46. Kf1—e1 Td2—b2
47. Ke1—f1 g4—g3
48. Tc4—c8 Kg6—f5

Weiß gibt die Partie auf.

Siebente Runde.

Gespielt am 19. Juli, Nachmittags.

Nr. 37. Sizilianische Partie.

Dr. C. Göring.	Anderssen.
Weiß.	Schwarz.
1. e2—e4	c7—c5
2. Sg1—f3	e7—e6
3. Sb1—c3	Sb8—c6
4. d2—d4	c5—d4:
5. Sf3—d4:	a7—a6

Das Handbuch empfiehlt hier Sf6 und auf 6. Sdb5 dann Lb4.

| 6. Lc1—e3 | Sg8—f6 |
| 7. Lf1—d3 | d7—d5 |

Schwarz bekommt hierdurch einen isolirten Bauern, verteidigt denselben aber in geistreichster Weise gegen den stark geführten Angriff von Weiß.

8. e4—d5:	e6—d5:
9. 0—0	Lf8—d6
10. Ld3—f5	0—0
11. Le3—g5	Ld6—e5

Abtausch auf f5 oder d4 würde den Bd5 bedenklich schwächen.

| 12. Sc3—e2 | |

Auf 12. Lc8: Tc8: 13. Sde2 folgt ebenfalls Lh2‡ und auf 14. Kh1 alsdann d4.

(S. Diagramm.)

| 12. . . . . | Le5—h2‡ |

Ein schöner und gewiss un-

erwarteter Zug! Der Läufer wird auch weiter in meisterhafter Weise geführt.

| 13. Kg1—h1 | |

Schlägt der König, so geschieht natürlich 13. . . . . Lf5: (14. Sf5: Sg4†).

13.	Lh2—c7
14. Dd1—d3	Sc6—e5
15. Dd3—h3	Se5—g6
16. Lf5—c8:	

Durch den Abtausch wird die Entwicklung von Schwarz gefördert, und sein Turm greift sofort tätig ein. Besser war jedenfalls 16. Ta1—d1.

| 16. . . . . | Ta8—c8: |

17. Sd4—f5	Lc7—b8
18. Se2—d4	

Auf 18. c2—c3 könnte Schwarz mit Tfe8 19. Tae1 (nicht Tfe1 wegen Se4!) Db6 fortfahren.

18.	Lb8—f4
19. Lg5—f4:	Sg6—f4:
20. Dh3—g3	Sf4—g6
21. f2—f4	Sf6—e4
22. Dg3—g4	Dd8—f6
23. Ta1—d1	Tf8—e8
24. Td1—d3	a6—a5 '

Schwarz eröffnet der Dame eine neue Wirkungslinie.

25. Kh1—h2

Weiß will seinen Königsturm, der jetzt nur f2 zu decken hat, für andere Verwendung disponibel machen.

25.	Df6—a6
26. Tf1—f3	

Schwarz drohte den Bc2 zu schlagen.

26.	Se4—f6
27. Dg4—h3	h7—h5
28. Tf3—g3	

Auf 28. c3 könnte Schwarz den Angriff mit Te4 fortsetzen.

28.	Sf6—g4†
29. Tg3—g4:	h5—g4:
30. Dh3—g4:	Tc8—c2:
31. Td3—h3	Tc2—f2
32. Kh2—g3	

Nicht 32. Dh5 wegen Tg2†!

32. .... | Da6—f1

Auf Tf4: gewinnt Weiß durch 33. Dh5!!

33. Th3—h2	Tf2—f4:

Schwarz hat jetzt die Qualität und zwei Bauern erobert, und die Partie ist für ihn, wie Anderssen sich ausdrückte, „unrettbar gewonnen". Durch die folgende hübsche Kombination vermag Weiß nicht mehr als die Qualität zurückzuerobern und würde gegen das Bauernübergewicht verlieren müssen; indess ein wenig Kühnheit, dazu etwas Glück, — und die Sache kommt anders!

Stellung nach dem 33. Zuge von Schwarz.

34. Sf5—e7†

Schwarz konnte nun einfach mit dem Springer schlagen und die Qualität zurückgeben, um nach dem Damentausch durch die Bauern zu gewinnen. Doch musste auch der in der Partie geschehene Zug

34. .... | Te8—e7:

Schwarz zum Siege führen. Weiß sagte indess Matt in drei Zügen an und führte es auch glücklich aus.

35. Dg4—c8†

— „Was? mich mattsetzen?" —
Sprach's, und mit nerviger Faust ergriff er den schützenden Springer.

  35. . . . .   Sg6—f8
— „Allerdings, Herr Professor!"
  36. Dc8—f8✝ Kg8—f8:

  37. Th2—h8 ✝.
  Sofort stellte sich natürlich heraus, dass Schwarz durch 35. . . . . Te8! 36. De8✝ Sf8 immer noch die Partie „rettungslos gewonnen" haben würde. — Tableau!

Nr. 38. Mittelgambit gegen Königsgambit.

Prof. Dr. Franke. E. Schallopp.

	Weiß.	Schwarz.
1.	e2—e4	e7—e5
2.	f2—f4	d7—d5
3.	e4—d5:	e5—e4
4.	Lf1—c4	

Die übliche Fortsetzung ist Lb5✝.

4.	. . . .	Sg8—f6
5.	d2—d3	Lc8—g4
6.	Sg1—e2	e4—d3:

Diese ganze Kombination, durch welche Schwarz allerdings die kurze Rochade, aber auch nur diese, des Anziehenden hindert, erscheint verfehlt. Besser ist sofortige Entwicklung des Königsläufers im 5. Zuge nach d6 oder auch nach c5.

7.	Dd1—d3:	Lf8—c5
8.	Lc1—e3	Dd8—e7
9.	Le3—c5:	De7—c5:
10.	Sb1—c3	0—0
11.	0—0—0	Tf8—e8
12.	h2—h3	Te8—e3
13.	Dd3—d4	Dc5—d4:
14.	Td1—d4:	Lg4—e2:
15.	Sc3—e2:	

Weiß schlüge besser mit dem Läufer; das Bauernübergewicht ließe sich dann behaupten.

15.	. . . .	Sb8—d7
16.	g2—g4	

Weiß schiebt den Bauern vor, um ihn nicht, nachdem der Springer das Feld e2 verlassen, durch Tg3 rückständig werden zu lassen.

16.	. . . .	Sd7—b6
17.	Se2—c3	Ta8—d8
18.	g4—g5	

Auch andere Züge vermögen den Bd5 nicht mehr zu retten.

18.	. . . .	c7—c5!
19.	Td4—d3	Te3—d3:
20.	c2—d3:	Sf6—d5:
21.	Sc3—d5:	Sb6—d5:
22.	Lc4—d5:	Td8—d5:
23.	Th1—e1	Kg8—f8
24.	Kc1—c2	Td5—d4?
25.	Te1—e4!	Td4—e4:

Schwarz verbessert die Bauernstellung des Gegners, um nicht ein Tempo verloren zu haben.

26.	d3—e4:	b7—b5
27.	a2—a3	a7—a5?

Ein Fehlzug, nach welchem Schwarz,

wie es scheint, in jedem Falle verliert.
Der Bauer durfte das Feld a6 nicht
überschreiten.

28.	Kc2—c3	Kf8—e7
29.	a3—a4	

Der entscheidende Zug!

29.	. . . .	b5—b4 †

Bei a4: erobert Weiß zunächst die
Bauern a5 und a4 und drängt sodann
den schwarzen König von d6 ab.

30.	Kc3—c4	Ke7—d6
31.	Kc4—b5	h7—h6
32.	h3—h4	

Auch mit 32. Ka5: Kc6 33. b3 gewinnt Weiß, da er im Besitze des
Tempos ist, um den schwarzen König
zum Verlassen des Feldes c6 zu
nötigen.

32.	. . . .	h6—h5
33.	b2—b3	g7—g6
34.	Kb5—c4	

Ebenso schnell entscheidet auch
hier 34. Ka5: Kc6 35. e5 oder
35. f5.

34.	. . . .	Kd6—c6
35.	e4—e5	Aufgegeben.

Nr. 39. Abgelehntes Damengambit.

	Joh. Metger.	E. Flechsig.
	Weiß.	Schwarz.
1.	d2—d4	d7—d5
2.	c2—c4	e7—e6
3.	Sb1—c3	Sg8—f6
4.	Lc1—g5	Lf8—e7
5.	e2—e3	Sb8—c6
6.	Sg1—f3	0—0
7.	a2—a3	b7—b6
8.	Lf1—d3	d5—c4:
9.	Ld3—c4:	Lc8—b7

10.	0—0	Sf6—d5
11.	Lg5—e7:	Sc6—e7:
12.	Sc3—d5:	Se7—d5:
13.	Ta1—c1	Sd5—f6
14.	Lc4—d3	

Als remis abgebrochen.

Zu erwähnen ist, dass beide Spieler
sich einen freien Nachmittag zu verschaffen wünschten, weil nach dem bisherigen Verlauf des Turniers keiner von
beiden Aussicht auf einen Preis hatte.

Nr. 40. Doppel-Fianchetto.

	W. Paulsen.	L. Paulsen.
	Weiß.	Schwarz.
1.	e2—e4	b7—b6
2.	d2—d4	e7—e6
3.	a2—a3	Lc8—b7
4.	d4—d5	g7—g6
5.	c2—c4	Lf8—g7

6.	Sg1—f3	Sg8—e7
7.	Sb1—c3	Sb8—a6
8.	Dd1—c2	

Weiß täte vielleicht besser, den
Läufer sofort nach d3 zu ziehen und
demselben das Feld c2, welches ihm
später doch eingeräumt wird, von vorn-

herein zu reserviren. Den Abtausch
auf c3 brauchte W. Paulsen bei der
bekannten Vorliebe seines Bruders
für die Läufer nicht zu fürchten;
dieser Abtausch war übrigens schon
im vorigen Zuge möglich.

8. . . . .   d7—d6

d7—d6 und e6—e5 sind in der geschlossenen Partie zuweilen sehr zu
empfehlen, obgleich es den Anschein
hat, als würden beide Läufer des Nachziehenden abgesperrt.

9. b2—b4

Weiß will den Läufer nach d3 entwickeln, ohne ihn sofort dem Angriff
des Springers auszusetzen.

9. . . . .   Sa6—b8

In Vorbereitung des nächsten Zuges.

10. Ta1—b1   a7—a5

11. b4—b5

Dieses Vorbeiziehen des Bauern ist
nicht gut, weil nun dem schwarzen
Springer das Feld c5, von welchem er
durch 9. b2—b4 hatte abgehalten
werden sollen, erst recht preisgegeben
wird. Besser war Ld3.

11. . . . .   e6—e5

12. Lf1—d3   b8—d7

13. Dc2—e2   Sd7—c5

14. Ld3—c2   Lb7—c8

Der Läufer hat auf b7 seine Schuldig-
keit getan; er hat die Bauern so weit
vorgelockt, dass dem Springer ein sehr
günstiger Standpunkt verschafft ist.

15. h2—h3   f7—f5

16. e4—f5:   Se7—f5:

17. g2—g4

Wenn Weiß diesen Zug, der allerdings den Punkt h4 schwächt und f2
rückständig macht, unterlässt, so
rochirt Schwarz und kann dann den
Springer nach d4 ziehen.

17. . . . .   Sf5—h4

18. Sf3—h4:   Dd8—h4:

19. Lc1—e3   0—0

Die Rochade kommt etwas sehr spät,
verstärkt aber den Angriff bedeutend.
Hätte Schwarz früher rochirt, so konnte
Weiß mit g2—g4 der Expedirung des
f-Bauern zuvorkommen.

20. Ke1—d2

Zur Entwicklung des Damenturms.
Vielleicht war Abtausch auf c5 nebst
Entwicklung des Turmes über b3 vor-
zuziehen.

Stellung nach dem 20. Zuge von Weiß.

20. . . . .   Lg7—h6

21. Tb1—f1   Lc8—d7

22. Le3—h6:

Weiß will den Springer nach e2

spielen, täte aber besser, durch 22. Se4
(es droht 23. g5 nebst später f4) den
unangenehmen Sc5 zu beseitigen.

<table>
<tr><td>22.</td><td>. . . .</td><td>Dh4—h6†</td></tr>
<tr><td>23.</td><td>De2—e3</td><td>Dh6—h4</td></tr>
<tr><td>24.</td><td>Sc3—e2</td><td>Tf8—f7</td></tr>
<tr><td>25.</td><td>Th1—g1</td><td>Ta8—f8</td></tr>
<tr><td>26.</td><td>Tg1—g3</td><td></td></tr>
</table>

Besser Tg2 oder schon im vorigen
Zuge Th2; wenigstens war dann der
jetzt folgende starke Angriffszug nicht
tunlich.

26.	. . . .	Tf7—f4!
27.	Kd2—c3	

Deckt Weiß durch Ld3, so folgt Df6
28. g5 Dg7 mit gutem Angriff.

27.	. . . .	Dh4—f6
28.	g4—g5	Df6—f7

Die Dame konnte auch sehr gut
nach g7 gehen.

29.	f2—f3	Tf4—h4
30.	Tf1—h1	Ld7—f5
31.	De3—d2	

Bei Abtausch auf f5 nebst 32. Tg4
gewinnt Df3: zwei Bauern.

31.	. . . .	Df7—g7
32.	Lc2—f5:	Tf8—f5:

Stellung nach dem 32. Zuge von Schwarz.

Weiß vermag entscheidenden Nachteil nicht mehr abzuwenden. Auf
33. Tf1 folgt sofort Se4†.

33.	Th1—e1	e5—e4 †
34.	Dd2—d4	e4—f3:
35.	Dd4—g7†	Kg8—g7:
36.	Se2—d4	f3—f2
37.	Sd4—f5 †	g6—f5:
38.	Te1—f1	Sc5—e4 †
39.	Kc3—d3	Se4—g3:
40.	Tf1—f2:	Kg7—g6
41.	Tf2—f3	Sg3—e4
42.	Tf3—e3	Th4—h3:

Weiß gibt die Partie auf.

Nr. 41. Gambit in der Rückhand.

C. Leffmann.   S. Winawer.
Weiß.   Schwarz.

1.	e3—e4	e7—e5
2.	Sg1—f3	Sb8—c6
3.	Sb1—c3	f7—f5

Das Gambit ist in dieser Position
vielleicht nicht so schlecht, als man
anzunehmen geneigt ist.

4.	d2—d4

Hiernach verschafft sich Schwarz
kein ganz übles Spiel. Am besten erscheint Lb5, z. B. mit der Fortsetzung

4. . . . . e4: 5. Lc6: dc6: 6. Se4:
(nicht 6. Se5: wegen Dg5!).

    4. . . . .   f5—e4:
    5. Sf3—e5:   Sg8—f6
    6. Lf1—e2

6. Se4: scheitert an De7 7. Sf6† f6:
8. Dh5† Kd8 9. Lf4 d6! Besser wäre
6. Lg5, ohne jedoch unter allen Umständen entscheidenden Vorteil für
Weiß herbeizuführen: 6. . . . . Lb4
7. Lc4 Tf8 8. 0—0 Lc3: 9. c3:
Dd6 etc.

    6. . . . .   Lf8—b4
    7. a2—a3

Warum nicht einfach Rochade?

    7. . . . .   Lb4—c3†
    8. b2—c3:   Sc6—e7
    9. Lc1—g5   0—0
   10. 0—0   h7—h6
   11. Lg5—f6:   g7—f6:

Hierdurch erhält Schwarz starke
Bauern; das Schlagen mit dem Turm
war weniger gut.

   12. Se5—c4   d7—d5
   13. Sc4—e3   f6—f5
   14. f2—f4   Kg8—h7
   15. Kg1—h1   Tf8—g8
   16. Dd1—e1   Dd8—d6
   17. g2—g3   Lc8—e6
   18. Le2—h5

Ein zweckloser Zug! Weiß täte
besser, die Dame über b1 und b4 zu
entwickeln, um dann nach Tad1 mit
c4 die Mitte aufzulösen.

   18. . . . .   c7—c5

   19. De1—d2   Ta8—c8
   20. Tf1—g1

Auch dieser Zug ist schwach. Der
Turm sollte lieber nach b1 gehen;
auf dem Damenflügel gibt es mehr
zu tun.

   20. . . . .   Tg8—g7
   21. Ta1—b1   Se7—g8
   22. Tb1—f1   Sg8—f6

Nicht d4: wegen 23. Dd4:; denn
wenn Schwarz nun den Ba3 schlüge,
so würde sich Weiß mit Sd5: günstig
stellen. Die weißen Türme sind freilich bei dieser Kombination indifferent
und hätten sicherlich besser postirt
werden können.

   23. Lh5—e2   Dd6—c7
   24. c3—c4

Es drohte d4: nebst Dc3!

   24. . . . .   d5—c4:
   25. Le2—c4:   Le6—c4:
   26. Se3—c4:   Tg7—d7

Schwarz gewinnt jetzt einen Bauern.
Der Angriff ist sehr schön geführt;
die Verteidigung von Weiß hätte allerdings stärker sein können.

   27. Sc4—e3   c5—d4:
   28. Se3—f5:   Dc7—c2:
   29. Dd2—e1   e4—e3
   30. Sf5—e3:

Rettet sich der Springer, so avan-
ciren die Bauern.

   30. . . . .   d4—e3:
   31. De1—e3:   Sf6—g4

Weiß gibt die Partie auf.

Nr. 42. Vierspringerspiel.

J. H. Zukertort.	B. Englisch.
Weiß.	Schwarz.
1. e2—e4	e7—e5
2. Sb1—c3	Sb8—c6
3. Sg1—f3	Sg8—f6
4. Lf1—b5	Lf8—b4

Wir ziehen Lf8—c5 vor.

5. Sc3—d5	Lb4—c5
6. d2—d3	a7—a6
7. Lb5—c4	h7—h6
8. c2—c3	d7—d6
9. Lc4—b3	0—0
10. h2—h3	Lc8—e6
11. Sd5—e3	d6—d5
12. e4—d5:	Sf6—d5:
13. Se3—d5:	Le6—d5:
14. 0—0	Ld5—b3:
15. Dd1—b3:	Ta8—b8

Hier kam Dd3: 16. Db7: Db5 in Betracht.

16. Db3—c2	Dd8—f6

Schwarz sollte lieber zunächst den f-Bauern zwei Schritt voranschicken.

17. Lc1—e3	Lc5—d6
18. Sf3—d2	Sc6—e7

Besser Dg6, um den Läufer, falls derselbe angegriffen wird, nach e7 zurückzuziehen.

19. Sd2—e4	Df6—e6
20. d3—d4	Se7—f5
21. Se4—d6:	c7—d6:

Auf Sd6: stellt 22. e5: De5: 23. Ld4 den Läufer günstig.

22. Dc2—d2	Tf8—e8
23. Tf1—e1	Tb8—c8
24. f2—f3	Df6—g6
25. Le3—f2	e5—d4:

Dieser Abtausch isolirt den Bd6, und man beachte, wie energisch Weiß diese Schwäche der schwarzen Stellung im Endspiel bis zum Gewinn ausbeutet. Schwarz sollte mit Sg3 auf Vereinfachung spielen.

26. Lf2—d4:	Sf5—d4:
27. Dd2—d4:	Te8—e6
28. Te1—e6:	Dg6—e6:
29. a2—a3	De6—e5
30. Ta1—d1	De5—d4†
31. Td1—d4:	Tc8—c6
32. Td4—b4	b7—b6
33. Kg1—f2	Kg8—f8
34. Kf2—e3	Kf8—e7
35. Tb4—a4	

Der Turm hat eine vollkommen freie Operationslinie, die meisterhaft benutzt wird.

35.	b6—b5
36. Ta4—g4	Ke7—f8
37. a3—a4	

Derselbe Zug wäre auf g7—g6 oder g5 gefolgt.

37.	Tc6—c5
38. Ke3—d3	f7—f6
39. a4—b5:	a6—b5:
40. b2—b4	Tc5—e5
41. Tg4—e4	

9*

Nachdem Weiß auch den Bb5 isolirt hat, kann er ruhig die Türme
zum Tausch stellen.

41. . . . .   Te5—f5
42. ·f3—f4   g7—g5
43.   g2—g4 ·

Der Abtausch der Türme wird jetzt
erzwungen.

Stellung nach dem 43. Zuge von Weiß.

43. . . . . .   Tf5—d5
44. Te4—d4   Td5—d4†

Der weiße Turm hat die vierte

Linie, auf der es ihm so gut gefiel,
nicht mehr verlassen.

45. Kd3—d4:   g5—f4:

Schwarz kann die Isolirung seiner
sämmtlichen Bauern nicht umgehen.
Auf Ke7 entscheidet 46. f5 Kd8 47. c4
sofort.

46. Kd4—e4   Kf8--f7
47. Ke4—f4:   Kf7—e6
48. Kf4—e4   d6—d5†
49. Ke4—f4!   d5—d4
50. c3—d4:   Ke6—d5
51. Kf4—f5   Kd5—c4

Schlagen auf d4 ergibt dieselbe
Stellung, nur um einen Zug früher.

52. d4—d5   Kc4—d5:
53. Kf5—f6:   Kd5—c4
54. h3—h4   Kc4—b4:
55. g4—g5   h6—g5:
56. h4—g5:   Kb4—c3
57. g5—g6   b5—b4
58. g6—g7   b4—b3
59. ˙g7—g8D   b3—b2
60. Dg8—g6   Aufgegeben.

Achte Runde.

Gespielt am 20. Juli, Vormittags.

Nr. 43. Springerspiel mit Philidors Verteidigung.

Dr. C. Göring. E. Schallopp.
    Weiß.   Schwarz.
1.   e2—e4   e7—e5

2.   Sg1—f3   d7—d6
3.   d2—d4   f7—f5
4.   d4—e5:

Auf 4. Lc4 ergibt c6 kein ganz un-
günstiges Spiel für Schwarz.

4. . . . .   f5—e4:
5. Sf3—g5   d6—d5
6. e5—e6   Lf8—c5

Das Handbuch erklärt Sh6 für notwendig, weil auf Lc5 Weiß mit
7. Se4: fortfahre. Dabei bleibt jedoch
der nächste Zug des Läufers außer
Betracht.

7. Sg5—e4:

7. Sf7 wird durch die bekannte
Partie Barnes-Morphy widerlegt. Es
könnte folgen: 7. . . . . Df6 8. Le3 d4
9. Lg5 Df5 10. Sh8: Dg5: 11. Lc4 Sc6
(nicht gut Dg2: wegen 12. Dh5† g6
13. Dh7:) 12. 0—0 (statt des in jener
Partie gewählten Zuges Sf7) g6, und
Schwarz erobert mit der Zeit noch Be6
und Sh8.

7. . . . . .   Lc5—e7

Auf Lb6 kommt Weiß mit 8. Lg5!
sehr schnell in Vorteil.

8. Dd1—h5†   g7—g6
9. Dh5—e5   Sg8—f6

Etwas stärker scheint noch Lf6
10. Sf6‡ Sf6: zu sein.

10. Se4—g5   0—0
11. Sb1—c3   Le7—d6

Sc6 dürfte den Vorzug verdienen.

12. De5—e2   Dd8—e7
13. Lc1—d2   Tf8—e8
14. 0—0—0   Lc8—e6:
15. Tf1—e1   Le6—g4

Schwarz sollte den Läufer nach f7
ziehen, worauf die Spiele gleich stan-

den. Gegen den Läuferzug nach g4
gab es eine, allerdings nicht ganz naheliegende und von Dr. Göring auch
glücklicherweise übersehene Fortsetzung, durch welche Weiß im Vorteil blieb. — Der Stand der Partie ist
jetzt der folgende:

Stellung nach dem 15. Zuge von Schwarz.

Tauscht jetzt Weiß die Damen, so
bleiben die Spiele ausgeglichen. Auf
16. f3 tauscht Schwarz die Damen
und eventuell auch noch die Türme
und zieht dann den Läufer nach d7
zurück, ebenfalls mit gleichem Spiel.
Zieht Weiß die Dame nach d3, so
führt dieselbe Fortsetzung, die in der
Partie folgte, zwar nicht zum Matt,
aber doch mindestens zur Eroberung
von Läufer und Springer, was dasselbe
sagen will. Der richtige Zug in gegen-
wärtiger Position wäre Sd5:, wonach
Weiß im Mehrbesitz eines Bauern
verbleibt. — In der Partie geschah:

16. De2—b5,

worauf Schwarz **Matt in vier Zügen** | 17. Ld2—e1:   Ld6—f4†
ankündigte: | 18.   ⬂   Te8—e1†
16. . . . .   De7—e1‡ | 19. Sc3—d1   Te1—d1:‡.

Nr. 44. Französische Partie.

Anderssen.   E. Flechsig.

Weiß.	Schwarz.
1. e2—e4	e7—e6
2. d2—d4	d7—d5
3. Sb1—c3	Sg8—f6
4. e4—e5	

Das Vorschieben des Königsbauern ist auch in diesem Stadium nicht korrekt, obgleich Anderssen in der gegenwärtigen Partie damit reüssirt.

. 4.	Sf6—d7
5. Sc3—e2	c7—c5
6. c2—c3	Sb8—c6
7. f2—f4	Dd8—b6
8. Sg1—f3	Lf8—e7

Besser ist zunächst f7—f6, wie in Partie 52. Nach Le7 könnte Weiß den Zug 9. a3 unterlassen und sofort 9. Sg3 ziehen, da 9. . . . . d4: 10. d4: Lb4† 11. Kf2 f6 12. Le3 Weiß nicht ungünstig stellen würde.

9. a2—a3	0—0
10. Se2—g3	f7—f6
11. Lf1—d3	c5—d4:

12. c3—d4:	f6—e5:
13. f4—e5	Sd7—e5: '

Das Springeropfer ist fehlerhaft, dagegen kann Schwarz sehr wol, wie es in Parte 52 mit Erfolg geschieht, die Qualität auf f3 opfern.

14. d4—e5:	Sc6—e5:
15. Dd1—e2	Se5—g4

Etwas besser wäre Abtausch auf d3, um dann die Läufer auf d6 und c6 zu postiren und mit den Bauern in der Mitte vorzurücken.

16. h2—h3	Le7—d6

Hiernach gewinnt Weiß einen Bauern; auf Sf6 könnte 17. Se5 folgen.

17. Ld3—h7‡	Kg8—h7:
18. h3—g4†	Kh7—g8
19. Sg3—f1	Db6—b3
20. Th1—h3	e6—e5

Ein Versehen, welches noch einen Bauern kostet; doch war die Partie ohnehin nicht zu halten.

21. Sf3—e5:	Db3—a4
22. b2—b3	Aufgegeben.

Nr. 45. Läufergambit.

Prof. Dr. Franke. L. Paulsen.

Weiß.	Schwarz.
1. e2—e4	e7—e5

2. f2—f4	e5—f4:
3. Lf1—c4	Sg8—f6

Diese Verteidigung des Läufergambits ist, wenngleich etwas aus der Mode gekommen, doch mindestens ebenso gut wie jede andere.

4. Dd1—e2

Für den besten Zug erklärt das Handbuch 4. Sc3.

4. . . . . . Sb8—c6
5. Sg1—f3 Lf8—e7
6. d2—d4

Hier war immer noch Sc3 vorzuziehen. Schwarz behauptet jetzt den Gambitbauern.

6. . . . . d7—d5!
7. e4—d5: Sf6—d5:
8. Lc4—d5: Dd8—d5:
9. Sb1—c3 Dd5—f5
10. 0—0 0—0
11. Kg1—h1 Le7—d6

Es drohte Offizierverlust durch d4—d5.

12. Sc3—e4 Lc8—d7
13. c2—c3 Ta8—e8
14. Se4—d6: c7—d6:

Auf 14. Te2: 15. Sf5: Lf5: 16. Lf4: Tb2: 17. Lc7: stände Remisschluss in ziemlich sicherer Aussicht.

15. De2—f2 g7—g5
16. g2—g4

Ein hübscher Zug, der aber leider nichts einbringt. Nehmen freilich darf Schwarz den Bauern auf keine Weise.

16. . . . . Df5—d5
17. Df2—g2 f7—f6

Schwarz deckt den Bg5 anderweitig, um mit der Dame weiter operiren zu können. Bei 17. . . . . f5 18. Sg5: kommt für Schwarz nichts heraus.

18. b2—b3 b7—b5
19. Lc1—a3 b5—b4

Ein starker Zug! Nimmt Weiß mit dem Läufer, so folgt 20. . . . . Sb4: 21. b4: Te3 nebst Lc6; nimmt Weiß sogleich mit dem Bauern, so bemächtigt sich Schwarz durch 20. . . . . Sd4: 21. Sd4: Dd4: nebst 22. . . . . Db6 23. Tac1 Lc8 gleichfalls der offenen Diagonale.

20. c3—c4 Dd5—e4
21. Ta1—e1 De4—d3
22. Te1—d1

Hier musste natürlich Lb2 geschehen, worauf Schwarz noch Mühe gehabt hätte, sein Bauernübergewicht zur Geltung zu bringen. Schwarz gewinnt nunmehr einen zweiten Bauern.

22. . . . . Dd3—e2
23. La3—c1 De2—g2†
24. Kh1—g2: Te8—e2†
25. Tf1—f2

Natürlich nicht 25. Kh3 wegen h5.

25. . . . . Te2—f2‡
26. Kg2—f2: Ld7—g4:
27. a2—a3 a7—a5
28. Td1—d2 Tf8—b8
29. a3—a4 Tb8—e8
30. d4—d5 Sc6—e5
31. Sf3—d4 Lg4—h3
32. Sd4—c6?

Schwarz setzt in zwei Zügen matt.

Nr. 46.*) Vierspringerspiel.

S. Winawer.   Joh. Metger.

Weiß.   Schwarz.

1.	e2—e4	e7—e5
2.	Sg1—f3	Sb8—c6
3.	Sb1—c3	Sg8—f6
4.	Lf1—c4	

Dies war sonst in diesem Turnier nicht üblich.

4.	. . . .	Lf8—c5
5.	d2—d3	d7—d6

Schwarz täte vielleicht besser, durch h7—h6 dem folgenden Zuge von Weiß vorzubeugen.

6.	Lc1—g5	h7—h6
7.	Lg5—h4	Lc8—e6
8.	Lc4—b5	g7—g5

Hätte Weiß bereits rochirt, so wäre dieser Zug geeignet, einen Angriff einzuleiten; da das nicht der Fall, so führt er nur eine bedenkliche Oeffnung des eigenen Königsflügels herbei. Schwarz hätte Lg4 ziehen sollen, um später mit a6 den Läufer zum Abtausch zu drängen und dann mit Dd8—e7—e6 der Fesselung zu entgehen.

9.	Lh4—g3	Le6—d7

Schwarz hätte nun das einmal begonnene fortsetzen sollen: 9 . . . . h5 10. h4 Lg4 11. g5: Sh7 etc.

10.	Lb5—c6:	b7—c6:

Wir hätten Lc6: vorgezogen, um nicht auch noch den Damenflügel zu öffnen. Eine Rochade musste dem König erhalten bleiben.

11.	d3—d4	e5—d4:
12.	Sf3—d4:	Lc5—d4:

Der Abtausch ist nicht gut. Statt dessen kam Db8 in Betracht, um, wenn Weiß b2 deckt, durch Db4 Springer und Bauer anzugreifen.

13.	Dd1—d4:	c6—c5
14.	Dd4—e3	Sf6—g4
15.	De3—d2	Ld7—e6
16.	h2—h4	

Weiß geht sofort zum energischen Angriff auf die Schwächen des schwarzen Spiels über.

16.	. . . .	Dd8—f6

Auf f7—f6 würde mit Vorteil 17. f2—f3 folgen.

17.	h4—g5:	h6—g5:
18.	Th1—h8✝	Df6—h8:
19.	0—0—0	Dh8—g7
20.	Sc3—b5	f7—f6
21.	Dd2—a5	Ta8—c8

Auf Kd8 geschieht natürlich 22. Td6✝.

22.	Da5—a7:	Dg7—d7

Es drohte Sd6✝.

23.	Da7—a6	Sg4—e5
24.	Lg3—e5:	f6—e5:
25.	b2—b3	Dd7—h7

Schwarz hat einen Bauern weniger und das schlechtere Spiel.

---

*) In Folge eines Irrtums beider Spieler erhielt in dieser Partie Winawer den Anzug, während nach dem Ergebnis der Verloosung Metger ihn haben musste.

26. Da6—c6† Le6—d7
Die Dame musste nach d7 zurück.
Jetzt ist die Partie sofort verloren.
27. Sb5—c7‡ Tc8—c7:

Man beachte, dass nach 27.....Kd8
28. Dd6: der Turm den Springer wegen
29. Df8 ✝ nicht schlagen darf.
28. Dc6—c7: Aufgegeben.

Nr. 47. Evansgambit.

W. Paulsen. J. H. Zukertort.

Weiß.	Schwarz.
1.	e2—e4	e7—e5
2.	Sg1—f3	Sb8—c6
3.	Lf1—c4	Lf8—c5
4.	b2—b4	Lc5—b4:
5.	c2—c3	Lb4—a5
6.	d2—d4	e5—d4:
7.	0—0	d4—c3:
8.	Dd1—b3	Dd8—f6
9.	e4—e5	Df6—g6
10.	Sb1—c3:	Sg8—e7
11.	Lc1—a3	

Die Theorie erklärt diesen Zug für nicht besonders stark und zieht Se2 vor.

11. . . . . 0—0
12. Ta1—d1

Weiß könnte auch recht gut den Königsturm nach d1 ziehen, um später den Damenturm auf c1 zu setzen.

12. . . . . b7—b5
13. Sc3—b5: Ta8—b8
14. La3—e7:

Statt dieses Abtausches kommt 14. Sf3—d4 in Betracht. Geschieht alsdann Sd4: 15. Td4: Lb7, so stellt sich Weiß mit 16. Dh3 nicht ungünstig; auf 14. . . . . a6 dagegen könnte 15. Sc6: Sc6: 16. Lf8: Kf8: (falls b5:, so Ld3 und der Lf8 rettet sich) 17. Ld3

Dh5 18. Tc1 b5: 19. Tc6: c6: 20. Da3†
Kg8 21. Da5: die Folge sein, da nun
De5: an 22. Te1 scheitert.

14. . . . . Sc6—e7:
15. Db3—a3 Se7—c6
16. Sb5—d4

Weiß hätte hier einfach den Ba7 nehmen sollen; wir sehen nicht, wie dann Schwarz wider in Vorteil kommen will. Auf 16. Sa7: Lb4 17. Da4 Sa7: 18. Da7: Lb7 würde 19. Sh4 nebst 20. Dd4 folgen.

16. . . . . La5—b4

Schwarz hat jetzt einen Bauern behauptet und den Angriff erlangt.

17. Da3—c1 Lc8—b7

Es droht jetzt Se5:!

Stellung nach dem 17. Zuge von Schwarz.

18. Lc4—d3

Ein Fehler, durch welchen ein Offizier verloren geht. Mit Df4 konnte Weiß das Spiel noch recht gut halten.

18. . . . .   Sc6—d4:!
19. Sf3—h4

Auf 17. Lg6: folgt natürlich Se2†, auf 19. Kh1 dagegen Dg4 (20. h3 Dh5).

19. . . . .   Dg6—d3:

Auch Dg4 hätte, und zwar vielleicht noch schneller, zum Siege geführt.

20. Td1—d3:   Sd4—e2†
21. Kg1—h1   Se2—c1:
22. Tf1—c1:   Lb7—c6
23. h2—h3   Tf8—e8
24. f2—f4   g7—g6

25. Sh4—f3   Lb4—a5
26. Sf3—d4   Lc6—e4
27. Td3—g3   Tb8—b2
28. Sd4—b3   Tb2—a2:
29. Sb3—a5:   Ta2—a5:
30. Tc1—c7:   Le4—c6
31. Kh1—h2   Ta5—a2
32. h3—h4   Ta2—f2
33. h4—h5   Tf2—f4:
34. h5—h6   Tf4—h4†
35. Tg3—h3   Th4—h3†
36. Kh2—h3:   a7—a5
37. g2—g4   a5—a4
38. Kh3—g3   a4—a3
39. Tc7—a7   Te8—a8

Weiß gibt die Partie auf.

Nr. 48. Spanische Partie.

| C. Leffmann. | B. Englisch. |
Weiß.	Schwarz.
1. e2—e4	e7—e5
2. Sg1—f3	Sb8—c6
3. Lf1—b5	a7—a6
4. Lb5—a4	Sg8—f6
5. 0—0	Sf6—e4:
6. d2—d4	b7—b5
7. La4—b3	

Auf 7. Se5:, welches Dr. Schmid lebhaft empfiehlt, wäre allerdings das Nehmen des Läufers nicht gut (7. . . . . a4: 8. Sc6: c6: 9. Te1 oder 7. . . . . Se5: 8. e5: a4: 9. Dd5); durch Abtausch auf e5 und 8. . . . . Sc5 aber würde Schwarz einen kleinen Positionsvorteil erlangen.

7. . . . .   d7—d5

8. d4—e5:   Lc8—e6

Anderssen empfiehlt Se7, um den c-Bauern baldigst zu expediren.

9. Sb1—d2   Se4—c5
10. c2—c3   Sc5—d3
11. Dd1—e2   Sd3—f4
12. De2—e3   g7—g5
13. Kg1—h1

In Vorbereitung des folgenden Zuges.

13. . . . .   h7—h6
14. g2—g3   Sf4—g6

Der Springer erfreut sich seines endlich erlangten Ruhepostens nicht lange.

15. Lb3—c2   Th8—g8

Auf Sge7 könnte 16. Dc5 folgen.

16. Lc2—g6:   Tg8—g6:
17. Sf3—d4   Sc6—d4:

18.   c3—d4:   c7—c5

Weiß darf den Bc5 nicht schlagen, ohne sich dem Angriff der beiden Läufer auszusetzen. Schwarz würde natürlich zunächst d5—d4 ziehen.

19.   Sd2—f3   c5—c4
20.   Sf3—g1   Le6—f5
21.   f2—f3   g5—g4
22.   Lc1—d2   g4—f3:
23.   Sg1—f3:   Lf5—e4 ·
24.   Kh1—g1   Lf8—e7
25.   De3—f2   Dd8—d7
26.   Ta1—e1

Statt dieses Zuges, der sich schließlich als verlornes Tempo herausstellt oder aber die Qualität kostet, hätte Weiß 26. La5 ziehen sollen; auf Ld8 27. Lb4 Le7 würde dann 28. Le7: De7: 29. Sh4 folgen können.

26.   . . . .   0—0—0

Eine anscheinend kühne, aber in Anbetracht der guten Angriffsstellung wol zulässige Rochade. Falsch wäre Ld3 wegen 27. e6 nebst 28. Se5!

(S. Diagramm.)

27.   Ld2—f4

Weiß kann nichts erfolgreiches unternehmen. Auf 27. La5 Tdg8 28. Sd2 folgt einfach Ld3 mit Qualitätsgewinn; auf 27. e6 De6: 28. Se5 dagegen bietet sich dem Turm das Feld f6 dar. Am besten wäre wol Te3, vielleicht mit vorhergehendem La5.

Stellung nach dem 26. Zuge von Schwarz.

27.   . . . .   Dd7—g4

Jetzt kann Weiß die Qualität nicht mehr retten und opfert sie deshalb sofort.

28.   Te1—e4:   d5—e4:
29.   Sf3—d2   Dg4—d7
30.   Lf4—e3   Le7—g5
31.   Sd2—e4:   Lg5—e3:
32.   Df2—e3:   Dd7—d4:
33.   De3—d4:   Td8—d4:
34.   Se4—d6†   Kc8—d7
35.   Tf1—f7‡   Kd7—c6

Einfacher wäre Ke6.

36.   Tf7—f2   Tg6—e6
37.   Kg1—g2   Te6—e5:
38.   Sd6—f5   Td4—e4
39.   Sf5—h6:   Te4—e2
40.   Sh6—g4   Te2—f2†
41.   Kg2—f2:

und Schwarz gewann.

Neunte Runde.

Gespielt am 20. Juli, Nachmittags.

Nr. 49. Französische Partie.

Dr. C. Göring.	E. Flechsig.
Weiß.	Schwarz.
1. e2—e4	e7—e6
2. d2—d4	d7—d5
3. e4—d5:	e6—d5:
4. Sg1—f3	Lf8—d6
5. Lf1—d3	Sg8—f6
6. Lc1—g5	Lc8—e6
7. Sb1—c3	0—0
8. 0—0	Sb8—d7
9. Sc3—e2	c7—c6
10. Dd1—c1	Dd8—c7
11. Lg5—f4	Ld6—f4:
12. Se2—f4:	Tf8—e8
13. Sf3—g5	Sd7—f8
14. Dc1—e3	Dc7—d7
15. Ta1—e1	Le6—f5
16. De3—g3	

Es ist noch immer vollkommen gleiches Spiel, wie fast immer in dieser Variante der französischen Eröffnung. Weiß bewegt sich allerdings freier.

| 16. . . . . | Sf8—g6 |

Hierdurch gibt sich Schwarz eine kleine, allerdings noch nicht entscheidende Blöße. Wir hätten h6 vorgezogen.

| 17. Sf4—g6: | Lf5—g6: |
| 18. Ld3—g6: | f7—g6: |

| 19. f2—f3 | |

Nicht Sf3; der Springer kann auf Umwegen doch nach e5 gelangen.

19.	Te8—e1:
20. Tf1—e1:	Ta8—e8
21. Te1—e5	h7—h6
22. Sg5—h3	Dd7—f7
23. Dg3—e1	g6—g5
24. Sh3—f2	Kg8—f8
25. Sf2—d3	Te8—e7

Die Absicht des Nachziehenden, mit Sd7 den Abtausch zu erzwingen wird durch den folgenden starken Angriffszug des Gegners vereitelt.

| 26. De1—b4 | |

Stellung nach dem 26. Zuge von Weiß.

Jetzt würde Sd7 an 27. Te7: De7:
28. Db7: scheitern. Auf Sg8 setzt
Weiß den Angriff zunächst mit 27.Dd6
fort. Am besten für Schwarz wäre
wol noch 26. .... De8 27. Dd6 Sd7.
In der Partie geschah:

| 26. | .... | Kf8—e8? |
| 27. | Db4—d6? | |

Weiß übersieht, dass er den Bb7,
auf dessen Eroberung er ausgeht (cf.
Zug 30), hier unmittelbar und zwar
mit sofort entscheidendem Angriff
schlagen kann.

27.	....	Sf6—d7
28.	Dd6—c7	Te7—e5:
29.	d4—e5:	Df7—e7
30.	Dc7—b7:	c6—c5

Weiß gewinnt in jedem Falle noch
mindestens einen Bauern.

31.	Db7—d5:	g5—g4
32.	e5—e6	Sd7—b6
33.	Dd5—c6†	Ke8—f8
34.	Dc6—c5:	De7—c5‡
35.	Sd3—c5:	Kf8—e7
36.	f3—g4:	Ke7—d6
37.	b2—b4	Aufgegeben.

Nr. 50. Spanische Partie.

C. Leffmann. Anderssen.

	Weiß.	Schwarz.
1.	e2—e4	e7—e5
2.	Sg1—f3	Sb8—c6
3.	Lf1—b5	Sg8—f6
4.	0—0	Sf6—e4:
5.	d2—d4	Lf8—e7
6.	Dd1—e2	Se4—d6
7.	Lb5—c6:	b7—c6:

Der d-Bauer darf bekanntlich nicht
nehmen, wegen 8. e5: Sf5 9. Td1 Ld1
10. e6 e6: 11. Se5 Ld6 12. Dh5† etc.,
wobei Weiß mit mindestens einem
Bauern im Vorteil bleibt.

8. d4—e5: Sd6—f5
Die Theorie erwähnt hier merkwürdigerweise nur den Rückzug des
Springer nach b7, während doch der
Zug im Text ganz natürlich und plausibel erscheint.

9. g2—g4
Besser ist 9. De4, worauf Schwarz
zunächst mit g7—g6 decken müsste,
oder die schleunige Entwicklung durch
9. Lf4 d5 10. d6: d6: 11. Sc3 0—0
12. Tad1.

9.	....	Sf5—h4
10.	Sf3—h4:	Le7—h4:
11.	f2—f4	Lh4—e7
12.	Lc1—e3	d7—d5
13.	Sb1—c3	

Weiß sollte den Bauern lieber *en
passant* schlagen; es war dann eher
Aussicht auf Verwendung des Läufers,
der jetzt bis zum Schluss der Partie
unbeweglich auf seinem Posten verharrt.

| 13. | .... | a7—a5 |
| 14. | Tf1—d1 | |

Der Turm ginge weit besser nach f2.

14. . . . .   h7—h5

Damit eröffnet Schwarz einen starken Angriff auf die entblößte Königsstellung.

Stellung nach dem 14. Zuge von Schwarz.

15.   g4—h5:

Weiß hat nichts besseres, wenn er
nicht die Turmlinie sofort öffnen will.
Auf 15. f5 folgt am einfachsten g4:
16. Dg4: g6.

15. . . . .   Lc8—f5
16. De2—f3

Ein überflüssiger Zug, da die Dame
doch bald wider von f3 vertrieben
wird. Der Versuch, durch 16. Kh1
Dc8 17. Tg1 den Bh5 noch zu halten,
scheitert an 17. . . . . c5! — Am
besten erscheint 16. Td2. Hätte dagegen Weiß im 14. Zuge den Turm
nach f2 gezogen, so würde ihm jetzt,
wenn Schwarz den Angriff in gleicher
Weise fortgesetzt hätte, Tg2 genü-
gende Deckung gewähren.

16. . . . .   Dd8—c8
17. Td1—d2   Lf5—g4
18. Df3—g2   Th8—h5:
19. Sc3—e2   Lg4—e2:
20. Td2—e2:   Th5—h4
21. Kg1—f1   Dc8—f5
22. Te2—f2

Das Schlagen des Bg7 wäre augen-
scheinlich zu gewagt.

22. . . . .   0—0—0
23. Ta1—d1   Td8—h8
24. Dg2—h1

Auf 24. Dg1 könnte De4 nebst c5
resp. d4 folgen.

24. . . . .   Th4—h3
25. Td1—d3 .   Th3—g3

Das Netz wird immer enger gezogen,
bis ein Bauer darin hängen bleibt.

26. Kf1—e2   Df5—g4†
27. Ke2—d2   Tg3—g1
28. Dh1—f3   Dg4—f3:
29. Tf2—f3:   Th8—h2†
30. Tf3—f2   Th2—h1

Schwarz hat nun einen Bauern erobert, ohne den Angriff aus der Hand
zu geben; doch hätte immerhin noch
ein langes Endspiel folgen können.
Weiß macht indessen sofort den nötigen Fehlzug, der die schleunigste
Entscheidung herbeiführt.

31.   a2—a3?

c2—c3 musste geschehen.

31. . . . . .   c6—c5!
32.   c2—c3   c5—c4

Weiß gibt die Partie auf.

Nr. 51. Evansgambit.

S. Winawer. Prof. Dr. Franke.

Weiß.	Schwarz.
1.	e2—e4	e7—e5
2.	Sg1—f3	Sb8—c6
3.	Lf1—c4	Lf8—c5
4.	b2—b4	Lc5—b4:
5.	c2—c3 ·	Lb4—d6

Dieser Zug wird nicht für gut gehalten; Schwarz tat ihn, weil er nicht üblich ist.

6. d2—d4 e5—d4:

Hier pflegt De7 oder Df6 oder Sf6 zu geschehen.

7. c3—d4: Sc6—a5

In diesem oder im nächsten Zuge wäre Ld6—b4† angebracht.

8.	Lc4—d3	c7—c6
9.	0—0	Ld6—c7
10.	e4—e5·	d7—d5
11.	Sf3—g5	Dd8—e7

Falsch wäre h6 wegen 12. Dh5 De7 13. Sf7:! Dagegen ist 11. . . . . g6 ein geeigneter Deckungszug.

12.	f2—f4	Lc7—b6
13.	Ld3—h7:	Th8—h7:

Das Qualitätsopfer verschafft dem Nachziehenden einen recht hübschen Gegenangriff.

14.	Sg5—h7:	De7—h4
15.	Sh7—g5	Sg8—h6
16.	Sb1—c3	Sa5—c4
17.	Sg5—f3	

Stärker scheint 17. Sa4 Ld8 18. g3 oder 17. . . . . Lg4 18. Sf3.

17.	. . . .	Dh4—h5
18.	Sc3—a4	Lb6—d8
19.	Sa4—b2	Lc8—e6
20.	Sb2—c4:	d5—c4:
21.	Ta1—b1	Ld8—b6
22.	a2—a4	0—0—0
23.	Dd1—d2	Le6—f5
24.	Tb1—b6:	

Durch Tb2 würde Lc1 zu sehr bedrängt werden, und auf Ta1 könnte Schwarz dem Angriff mit a7—a5 begegnen; Weiß opfert daher die Qualität um so lieber zurück, als der Angriff auf die schlechte Bauernstellung von Schwarz mindestens einen Bauern einbringen muss.

24.	. . . .	a7—b6:
25.	Dd2—b4	Lf5—d3

Auf Kc7 kann sehr gut 26. Tf2 (später nach b2) folgen.

26. Tf1—e1

Auch hier konnte Tf2 geschehen.

26.	. . . .	Dh5—g6
27.	Db4—b6:	Ld3—e4
28.	Sf3—g5	Le4—d5
29.	a4—a5	

Damit wird der Damentausch erzwungen.

29.	. . . .	Dg6—c2
30.	Db6—b2	Dc2—b2:
31.	Lc1—b2:	g7—g6
32.	h2—h3	Sh6—f5
33.	g2—g4	Sf5—g7
34.	Kg1—f2	Sg7—e6?

35. Sg5—f7:   Td8—f8

Auch 35. . . . . Sf4: erweist sich schließlich als günstig für Weiß: 36. Sd8: Sd3† 37. Ke2 Sb2: 38. Sb7: Kb7: 39. e6; nun entweder Le6: 40. Kd2 L ∽ 41. Tb1, oder Kc7 40. Kd2 Kd8 41. a6 etc. ·

36. Sf7—d6†   Kc8—c7
37. f4—f5   Se6—g7·
38. Lb2—a3   g6—f5:

Schwarz übersieht den drohenden Qualitätsverlust; doch wären auch bei anderen Fortsetzungen die weißen Bauern stets übermächtig geworden.

39. Sd6—b5†   c6—b5:
40. La3—f8:   Sg7—e6
41. Lf8—d6†   Kc7—c6
42. g4—f5:   Se6—d4:
43. · f5—f6   Ld5—e6

Bei c4—c3 gewinnt Weiß mit 44. Lb4 Sc2 45. Lc3: Se1: 46. Le1: durch die Bauernübermacht, trotz der verschiedenfarbigen Läufer. Oder: 44. . . . . c2 45. Tc1 etc.

44. h3—h4   Sd4—f5
45. h4—h5   Sf5—d6:
46. e5—d6:   Kc6—d6:
47. h5—h6   Aufgegeben.

Nr. 52. Französische Partie.

E. Schallopp. L. Paulsen.

	Weiß.	Schwarz.
1.	e2—e4	e7—e6
2.	d2—d4	d7—d5
3.	Sb1—c3	Sg8—f6
4.	e4—e5	

Der Führer der weißen Steine wählte diese Fortsetzung, die er in Partie 33 nicht anzuwenden gewagt hatte, gerade mit Rücksicht auf die kurz zuvor gespielte Partie Anderssen - Flechsig (Nr. 44). Das Vorbeigehen des Bauern gibt nun L. Paulsen zu einer glänzenden, aber vielleicht nicht ganz korrekten Opferkombination Gelegenheit.

4.	. . . .	Sf6—d7
5.	Sc3—e2	c7—c5
6.	c2—c3	Sb8—c6
7.	f2—f4	Dd8—b6

| 8. | Sg1—f3 | f7—f6 |
| 9. | a2—a3 | |

In dieser Stellung (nachdem f7—f6 bereits geschehen) ist 9. a3 zur Sicherung von 10. Sg3 notwendig, da, wenn letzterer Zug sofort geschieht, Schwarz mit 9. . . . . d4: 10. d4: Lb4† in Vorteil kommt. Weiß könnte aber 9. g3 nebst Lg2 etc. versuchen.

9.	. . . .	Lf8—e7
10.	Se2—g3	0—0
11.	Lf1—d3	

Auch 11. Le2 würde das Qualitätsopfer, wie es in der Partie geschieht, nach sich ziehen. Es ist nur zu beachten, dass Schwarz jedenfalls d4 mit der Dame schlägt.

| 11. | . . . . | c5—d4: |
| 12. | c3—d4: | f6—e5: |

13. f4—e5: Tf8—f3:

14. Dd1—f3:

Besser wäre 14. g2—f3:, um nach
14. . . . . Dd4: mit 15. f4 fortzufahren. Geschieht dann 15. . . . . Sc5
16. Lc2 Ld7, so darf Weiß allerdings
die Damen nicht tauschen, wegen
17. Dd4: Sd4: 18. Ld1 Sd3†; dagegen dürfte 17. De2 (es droht Le3,
ohne dass b2 preisgegeben wird) geeignet sein, den Angriff des Nachziehenden zu brechen.

14. . . . . Db6—d4:

15. Sg3—e2 Dd4—h4†

16. g2—g3 Sd7—e5:

17. Df3—e3 Se5—d3†

18. De3—d3: Dh4—f6

Schwarz hat jetzt zwei verbundene
Freibauern für die Qualität, und der
weiße König steht schlecht.

19. Th1—f1 Df6—e5

20. Lc1—d2 Lc8—d7

21. Ld2—d3 De5—d6

22. 0—0—0

Weiß will e6—e5 hindern, zöge
aber zu diesem Zwecke besser den
Turm allein nach d1 und später vielleicht den König über f2 nach g2.
Schwarz erhält jetzt Gelegenheit zu
einem Angriff mit den vereinigten
Läufern.

22. . . . . Ld7—e8

23. h2—h4

23. Sf4 wäre schlecht wegen Lg5
24. h4 Lb6 25. Ld2 (um e5 zu ver-
bieten) Tc8!

23. . . . . Ta8—c8

24. Se2—d4

Jetzt darf Sf4 natürlich wegen d5—d4
nicht geschehen.

24. . . . . Le8—g6

Stellung nach dem 24. Zuge von Schwarz.

Die weiße Position ist aussichtslos.
Auf 25. Sb5 entscheidet Dd7 nebst
Sa5 und d4. Geht die Dame nach e2,
so führt Sd4: nebst e5, — geht
sie nach d2, so Sa5 nebst e5 zu
baldigem Gewinn; geht sie nach f3,
so führt am einfachsten Lf6 (nebst
Dc5 auf Sb5) zum Ziel. In der Partie
geschah:

25. Dd3—e3 e6—e5

26. Sd4—c6:

Auch Sb5 vermag den Offizier nicht
zu retten.

26. . . . . Tc8—c6:

27. De3—a7: d5—d4

28. Da7—b7: Dd6—c6

29. a3—a4

Die Partie ist verloren und wurde

vom Führer der weißen Steine nur
scherzweise weiter gespielt.

	Weiß	Schwarz
29.	. . . .	d4—c3:
30.	b2—b4	h7—h5
31.	Db7—d7	

Sonst folgte Db3!

31.	. . . .	Le7—b4:
32.	Dd7—e6†	Tc6—e6:
33.	Td1—d8†	Kg8—h7
34.	a4—a5	Lb4—a3†
35.	Kc1—d1	c3—c2†
36.	Kd1—d2	c2—c1D†
37.	Tf1—c1:	La3—c1†
38.	Kd2—c1:	e5—e4
39.	Td8—a8	a4—e3
40.	a5—a6	e3—e2
41.	Kc1—d2	

Um ein Ende zu machen: — ein
„Selbstmatt ohne Zwang"!

41.	. . . .	e2—e1D †.

Nr. 53. Schottisches Gambit.

Joh. Metger.   J. H. Zukertort.

	Weiß.	Schwarz.
1.	e2—e4	e7—e5
2.	Sg1—f3	Sb8—c6
3.	d2—d4	e5—d4:
4.	c2—c3	d4—c3:
5.	Lf1—c4	Sg8—f6

Anderssen zieht Lb4 vor, mit der
Fortsetzung 6. 0—0 d6; ob mit Recht,
mag dahingestellt bleiben.

6.	Sf3—g5	

Dieser Angriff erscheint vorzeitig;
die Rochade dürfte besser sein.

6.	. . . .	Sc6—e5
7.	Lc4—b3	d7—d5

Schwarz kann hier recht gut h6
spielen, da er nach 8. f4 g5: 9. e5:
mit c2! ein wichtiges Tempo gewinnt.
Geschieht dann 10. Dc2:, so folgt Sg4;
geschieht dagegen 10. Df3, so folgt
b1:D 11. Tb1: Le7, und Schwarz ist
in beiden Fällen im Vorteil.

8.	e4—d5:	Lf8—b4
9.	0—0	0—0
10.	Sb1—c3:	h7—h6
11.	Sg5—e4	Sf6—e4:
12.	Sc3—e4:	Dd8—h4
13.	Dd1—d4	Lb4—d6
14.	f2—f4	Se5—g4
15.	h2—h3	Sg4—f6
16.	Se4—f6†	

Vorsichtiger wäre es, den Ld6 zu
schlagen; doch erscheint der Abtausch
auf f6 nicht gerade fehlerhaft. Der
Fehler liegt erst im nächsten Zuge
von Weiß.

16.	. . . .	g7—f6:
17.	Lb3—c2?	

Weiß übersieht den folgenden Zug
von Schwarz. Der richtige Zug ist
hier 17. Dc3 und auf 17. . . . . b6
dann 18. Le3 nebst Tf3.

17.	. . . .	Lc8—h3:

Das Opfer ist vollkommen korrekt,
da es von Weiß nicht einmal angenommen werden darf.

Stellung nach dem 17. Zuge von Schwarz.

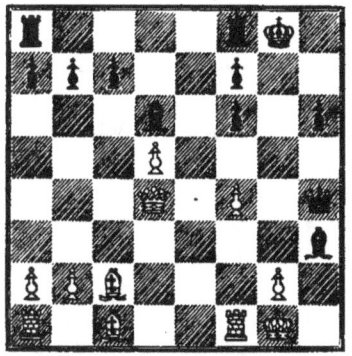

Nimmt Weiß den Läufer, so folgt
18. . . . . Dg3† 19. Kh1 Dh3‡ 20. Kg1

Lc5 21. Dc5: Dg3† 22. Kh1 Kh8
23. De2 Dh4† 24. Kg2 Tg8† 25. Kf3
Tae8 (27. De8: Dh3† etc.).

18.	Dd4—d3??	

Dies kostet einen Offizier. Die
Dame musste nach c3 gehen.

18.	. . . .	Ld6—c5†
19.	Lc1—e3	Lh3—f5!
20.	Dd3—d2	Lc5—e3‡
21.	Dd2—e3:	Lf5—c2:
22.	Tf1—f3	Lc2—f5
23.	Ta1—f1	Lf5—g4
24.	Tf3—g3	f7—f5
25.	Tf1—f3	Dh4—f6

Weiß gibt die Partie auf.

Nr. 54. Abgelehntes Evansgambit.

W. Paulsen.	B. Englisch.
Weiß.	Schwarz.
1. e2—e4	e7—e5
2. Sg1—f3	Sb8—c6
3. Lf1—c4	Lf8—c5
4. b2—b4	Lc5—b6
5. 0—0	d7—d6
6. b4—b5	

Jetzt hat dieser Zug keinen rechten
Zweck; a2—a4 pflegt hier zu geschehen.

| 6. . . . . | Sc6—e7 |

Auf a5 würde der Springer weniger
gut stehen.

7. d2—d4	e5—d4:
8. Sf3—d4:	Sg8—f6
9. Sb1—c3	Se7—g6
10. Sc3—d5	

Dies erweist sich nicht als günstig

für Weiß. Besser erscheint 10. Kh1
und später f4 (oder umgekehrt); auch
10. Sf5 kommt in Betracht.

10.	Sf6—d5:
11. e4—d5:	

Verhältnismäßig besser war noch
immer das Schlagen mit dem Läufer,
der jetzt in seiner Tätigkeit beschränkt
wird.

11.	0—0
12. f2—f4	

12..Le3 musste geschehen.

12.	Dd8—f6!
13. c2—c3	Tf8—e8
14. Kg1—h1	Lb6—d4:
15. c3—d4:	

Schwarz hat nun die bessere Bauernstellung.

10 *

15. . . . .   Lc8—g4

Ein starker Zug, durch den Schwarz den Angriff erlangt.

16. Dd1—c2   Lg4—f5

Nicht Dd4: wegen 17. Lb2!

17. Dc2—f2   Lf5—e4
18. a2—a4 .   Sg6—h4
19. Tf1—g1   Sh4—f5
20. Ta1—a3

Weiß hofft mittels der beiden Läufer den Angriff zu erhalten, täte aber doch besser, den Bauern durch Lb2 zu verteidigen. Schwarz könnte dann mit Se7 oder noch stärker Se3 auf Bauerngewinn spielen.

20. . . . .   Df6—d4:
21. Df2—d4:   Sf5—d4:
22. Ta3—e3   Sd4—f5
23. Te3—e2   Sf5—h4
24. Lc1—d2   f7—f5
25. h2—h3   Kg8—f7
26. Kh1—h2   Le4—c2
27. Tg1—a1   Te8—e2:
28. Lc4—e2:   Ta8—e8
29. Le2—f1   Lc2—e4
30. Kh2—g3   Sh4—g6
31. Ta1—c1   Te8—c8
32. Ld2—e3   b7—b6
33. Lf1—c4   Sg6—e7
34. Tc1—d1   Se7—g8
35. Lc4—b3   Sg8—f6
36. Kg3—f2   Kf7—e7
37. Kf2—g3   Tc8—g8

38. Kg3—f2   h7—h6
39. Le3—c1   g7—g5
40. f4—g5:   h6—g5:
41. g2—g3   Sf6—d7
42. Lc1—e3   Sd7—e5
43. Td1—a1   Se5—f7

Um den Turm nach h8 (resp. über g6 nach h6) spielen zu können.

44. a4—a5   Tg8—g7!
45. a5—b6:   a7—b6:
46. Ta1—a7   Ke7—d8!
47. Ta7—a8†   Kd8—d7
48. Le3—d4

Diesen Zug, der den schwarzen Turm gerade dorthin treibt, wohin er freiwillig gehen wollte, hätte Weiß unterlassen sollen.

48. . . . .   Tg7—h7
49. Ta8—a7   Kd7—c8
50. Lb3—c4   Kc8—b8

Natürlich nicht Th3: wegen 51. Lb6:

51. Ta7—a6   Th7—h3:
52. Ld4—b6:

Verzweiflung! Weiß hätte die Partie recht gut aufgeben können.

52. . . . .   c7—b6:
53. Ta6—b6‡   Kb8—c7
54. Tb6—c6†   Kc7—b7
55. b5—b6   Sf7—e5
56. Tc6—d6:   Se5—c4:
57. Td6—d7†   Kb7—b6:

Weiß gibt die Partie auf.

Zehnte Runde.

Gespielt am 21. Juli, Vormittags.

Nr. 55. Französische Partie.

Dr. C. Göring.	Joh. Metger.
Weiß.	Schwarz.
1. e2—e4	e7—e6
2. d2—d4	d7—d5
3. e4—d5:	e6—d5:
4. Sg1—f3	Sg8—f6
5. Lf1—d3	Lf8—d6
6. Sb1—c3	Sb8—c6
7. 0—0	0—0
8. Lc1—g5	Lc8—e6

Schwarz könnte Lg4 ziehen und würde dann auf 9. Lf6: Df6: 10. Sd5: durch Dh6! (11. h3 Sd4:), auf 9. Sd5: durch Lh2† 10. Kh2: Dd5: 11. Lf6: f6: 12. c3 Dh5† 13. Kg1 Kh8 14. Le2 Tg8 etc. sich günstig stellen. Weiß würde aber mit 9. Kh1 antworten, worauf nun Schwarz nicht auf Eroberung des Bd4 spielen darf, seinen Bd5 aber jetzt zu decken genötigt ist.

| 9. Dd1—d2 | Kg8—h8 |

Falls h6, so würde das Opfer des Läufers auf h6 dem Anziehenden einen starken Angriff verschaffen.

10. Ta1—e1	Tf8—g8
11. Kg1—h1	Sc6—e7
12. Lg5—f6:	g7—f6:
13. Dd2—h6	Se7—g6

| 14. Sf3—h4 | f6—f5 |

Schwarz hat durch die offene g-Linie keinen Angriff erlangt, Weiß hat denselben festgehalten, und Schwarz ist zu dem Bauernopfer genötigt, um wenigstens einen kleinen Gegenangriff zu erhalten.

15. Sh4—f5:	Ld6—f4
16. Dh6—h5	Lf4—d2
17. Sf5—h6	

Weiß könnte einfach mit 17. Td1 Lc3: 18. c3: Sf4 19. Df3 seinen Bauern behaupten, opfert aber lieber die Qualität, um den schwarzen König in seiner bedrängten Stellung festzuhalten.

| 17. . . . . | Tg8—g7 |

Besser war jedenfalls 17. . . . . Le1:

| 18. Te1: Tg7, | |

worauf Weiß wol keine stärkere Fortsetzung hatte als 19. g3 nebst 20. f4 u. s. w.

| 18. Ld3—g6: | Ld2—e1: |

Ein zweiter Fehler! f7—g6: musste geschehen.

19. Lg6—f7:	Le6—f7:
20. Sh6—f7†	Tg7—f7:
21. Dh5—f7:	Le1—c3:
22. b2—c3:	Aufgegeben.

Nr. 56. Spanische Partie.

	Anderssen.	W. Paulsen.
	Weiß.	Schwarz.
1.	e2—e4	e7—e5
2.	Sg1—f3	Sb8—c6
3.	Lf1—b5	Sc6—d4
4.	Sf3—d4:	e5—d4:
5.	0—0	Sg8—e7
6.	d2—d3	c7—c6
7.	Lb5—a4	d7—d5
8.	Sb1—d2	g7—g6
9.	Tf1—e1	Lf8—g7
10.	e4—d5:	Dd8—d5:
11.	Dd1—e2	Lc8—e6
12.	La4—b3	Dd5—d7
13.	Sd2—f3	

Weiß verschmäht den Bauerngewinn wol mit Recht, da nach 13. Le6: e6:
14. De6: De6: 15. Te6: Kd7 die bessere Entwicklung des schwarzen Spieles den verlornen Bauern doch aufwiegen dürfte. — Statt Sf3 käme auch Se4 in Betracht, wodurch Weiß wegen der Drohung Lh6 einerseits und Sc5 andererseits ein vorzügliches Spiel erhält.

| 13. | . . . . | Se7—d5 |
| 14. | Sf3—e5 | |

Hier hätte Sg5 den Bauern mit gutem Spiel gewonnen, oder (falls Ke7) einen starken Angriff eingeleitet.

| 14. | . . . . | Dd7—d6 |
| 15. | Lb3—d5: | Dd6—d5: |

Auf Le5: würde mit 16. Le6: Lh2†
17. Kh1 e6: 18. g3 oder 17. . . . . De6:

18. De6† e6: 19. g3 ein Offizier verloren gehen.

| 16. | Lc1—f4 | 0—0 |
| 17. | De2—d2 | Tf8—e8 |

Hier wie im vorigen Zuge konnte Schwarz durch Abtausch auf e5 sich das Remis sichern.

| 18. | Te1—e2 | Te8—e7 |

Diese Gegenverdoppelung der Türme gereicht dem Nachziehenden zum Verderben. Man vergleiche Partie 26.

| 19. | Ta1—e1 | Ta8—e8 |

Der Abtausch auf e5 würde dem Nachziehenden jetzt nichts mehr nützen, vielmehr Weiß bald in Vorteil bringen: 19. . . . . Le5: 20. Le5: Ld7 (falls Tae8, so Lf6 nebst Dh6) 21. Dh6 f5 22. Ld4:! oder 20. . . . . f5 21. Lf6 Te,8 22. Dh6 Dd7 23. Te6: Te6: 24. Te6: etc.

| 20. | Se5—g4 | Dd5—d7? |

Ein grober Fehler, der sich durch die eben ablaufende Bedenkzeit erklärt. Allerdings hätte die Dame auf f5 oder h5, wo sie nach 21. h3 allerhand Angriffen ausgesetzt ist, auch nicht sehr schön gestanden.

| 21. | Lf4—g5 | f7—f6 |

Schwarz bemüht sich vergeblich, die Qualität zu retten, und täte deshalb besser h7—h5.

22.	Lg5—f6:	Te7—f7
23.	Lf6—g7:	Le6—g4:
24.	Te2—e8†	Kg8—g7:

25.	h2—h3	Lg4—f5		38.	Kd2—e3	Lf3—c6

25. h2—h3 Lg4—f5
Die schwarze Partie ist jetzt vollkommen aussichtslos.

25.	h2—h3	Lg4—f5	38.	Kd2—e3	Lf3—c6
26.	Dd2—b4	Dd7—d5	39.	Tb4—b7‡	Lc6—b7:
27.	Te1—e5	c6—c5	40.	Ta7—b7‡	Kg7—h6
28.	Te5—d5:	c5—b4:	41.	a2—a4	Kh6—g5
29.	Td5—d4:	a7—a5	42.	a4—a5	Kg5—g4:
30.	g2—g4	Lf5—d7	43.	Tb7—b4†	Kg4—g5
31.	Te8—a8	Ld7—c6	44.	Tb4—a4	Td1—e1†
32.	Ta8—a5:	Tf7—f3	45.	Ke3—f3	h7—h5
33.	Td4—b4:	Tf3—h3:	46.	a5—a6	Te1—e8
34.	Kg1—f1	Lc6—f3	47.	a6—a7	Te8—a8
35.	Kf1—e1	Th3—h4	48.	b2—b4	h5—h4
36.	Ta5—a7	Th4—h1†	49.	b4—b5	h4—h3
37.	Ke1—d2	Th1—d1†	50.	b5—b6	h3—h2
			51.	Kf3—g2	Ta8—h8
			52.	Kg2—h1	Aufgegeben.

Nr. 57. Französische Partie.

Prof. Dr. Franke.   C. Leffmann.

	Weiß.	Schwarz.
1.	e2—e4	e7—e6
2.	d2—d4	d7—d5
3.	e4—e5?	c7—c5
4.	c2—c3	Sb8—c6
5.	f2—f4	Dd8—b6
6.	Sg1—f3	Sg8—h6
7.	b2—b3	c5—d4:
8.	c3—d4:	Lf8—b4†
9.	Ke1—f2	Sh6—f5
10.	Lc1—b2	h7—h5
11.	a2—a3	Lb4—e7
12.	b2—b4	Lc8—d7
13.	Lb2—c3	

Um dem Vorrücken des b-Bauern mehr Nachdruck zu geben; gleichzeitig um den Turm zur Deckung von d4 heranzuholen.

| 13. | . . . . | f7—f6 |
| 14. | Ta1—a2 | |

Auf 14. b5 könnte Scd4: 15. Ld4: Sd4: 16. Sd4: Lc5 17. Ke3 e5: 18. e5: Dc7 die Folge sein.

| 14. | . . . . | f6—e5: |
| 15. | b4—b5 | |

Weiß verschwendet seine Bauern und geht daran zu Grunde. Mit 15. fe5: g5 16. h3 0—0—0 17. b5 oder 15. . . . . 0—0 16. Td2 hätte sich das Spiel besser verteidigen lassen.

15.	. . . .	e5—d4:
16.	Lc3—a1	d4—d3†
17.	Kf2—e1	Db6—e3†
18.	Lf1—e2	d3—e2:
19.	Ta2—e2:	De3—f4:
20.	b5—c6:	b7—c6:

Weiß gibt die Partie auf.

Nr. 58. Schottische Partie.

J. H. Zukertort.	E. Schallopp.
Weiß.	Schwarz.
1. e2—e4	e7—e5
2. Sg1—f3	Sb8—c6
3. d2—d4	e5—d4:
4. Sf3—d4:	Lf8—c5
5. Sd4—b3	

Eine Neuerung, die jedoch bei richtigem Spiel dem Nachziehenden den Angriff überlässt.

| 5. . . . . . | Lc5—b6 |
| 6. Sb1—c3 | Sg8—e7 |

Schwarz trifft nicht den richtigen Zug. Mit 6. . . . . Df6 7. f4 Sge7, worauf 8. Lc4 wegen Se5 nicht gut wäre, scheint Schwarz das bessere Spiel zu erlangen.

7. Lc1—g5	f7—f6
8. Lg5—f4	Se7—g6
9. Lf4—g3	d7—d6
10. f2—f4	f6—f5

Rochirt Schwarz, so attakirt Weiß mit dem h-Bauern.

| 11. Lf1—c4 | h7—h5 |

Um Dh5 zu verhindern. Besser erscheint jedoch Sa5 12. Sa5: La5: (13. Dh5 Df6).

| 12. Dd1—d5 | Dd8—f6 |
| 13. 0—0—0 | h5—h4 |

Schwarz strebt zu eilig nach Angriff; Ld7 verdiente den Vorzug.

14. e4—e5	d6—e5:
15. f4—e5:	Df6—g5†
16. Kc1—b1	Th8—f8

| 17. Lc4—b5 | Sg6—e7 |

Besser war 17. . . . . . Ke7 (18. Lc6: Le6!).

18. Dd5—d8†	Ke8—f7
19. Lb5—c4†	Lc8—e6
20. Lc4—e6†	Kf7—e6:

Eine merkwürdige Stellung der weißen Dame!

21. Dd8—d7†	Ke6—f7
22. e5—e6†	Kf7—g6.
23. Lg3—c7:	

Diesen Zug hatte Schwarz übersehen, als er im 17. Zuge den Springer nach e7 zog.

| 23. . . . . . | Ta8—d8 |

Schwarz opfert die Qualität, um seine Bauern auf dem Königsflügel besser verwerten zu können; dieselben kommen aber nicht mehr zur Geltung.

24. Lc7—d8:	Tf8—d8:
25. Dd7—b7:	Dg5—g2:
26. Td1—d8:	Dg2—h1†
27. Td8—d1	Dh1—h2:
28. Db7—d7	Dh2—b8

Dc7 hat wegen 29. De8† und 30. Td7 keinen anderen Erfolg.

29. Sc3—d5	Se7—d5:
30. Td1—d5:	Sc6—e5
31. Dd7—b5	

Einfacher 31. Te5: De5: 32. e7.

31.	a7—a6
32. Db5—e2	Se5—g4
33. e6—e7	Sg4—f6
34. De2—e6	Aufgegeben.

Nr. 59. Zweispringerspiel im Anzuge.

	E. Flechsig.	S. Winawer.
	Weiß.	Schwarz.
1.	e2—e4	e7—e5
2.	Sg1—f3	Sb8—c6
3.	Sb1—c3	Lf8—c5
4.	Sf3—e5:	Sc6—e5:

Besser ist doch Lf2†, wie in Partie 29.

5.	d2—d4	Lc5—d6
6.	d4—e5:	Ld6—e5:
7.	Dd1—f3	

Entschieden vorzuziehen ist 7. f4.

7.	. . . .	Dd8—h4
8.	Lf1—c4	Sg8—f6
9.	Lc1—d2	d7—d6
10.	h2—h3	Le5—c3:
11.	Ld2—c3:	Dh4—e4†
12.	Df3—e4:	Sf6—e4:
13.	Lc3—g7:	Th8—g8
14.	Lg7—d4	Lc8—f5

Falsch wäre natürlich Tg2: wegen 15. Ld5.

15.	g2—g4	Lf5—e6
16.	Lc4—d3	f7—f5
17.	Ld3—e4:	

Statt dieses Abtausches, nach welchem das Remis kaum noch zweifelhaft ist, hätte Weiß durch 17. f3 Sg5 18. Kf2 ein gutes Angriffsspiel erlangen können.

17.	. . . .	f5—e4:
18.	0—0—0	Ke8—d7
19.	Ld4—e3	Ta8—f8
20.	g4—g5	b7—b6
21.	a2—a3	c7—c5
22.	c2—c3	Kd7—c6

Lb3 führt nur zur Verbesserung des weißen Spieles: 23. Tdg1 Lf7 24. Tg4 Lh5 25. Th4 Lg6 26. Tf4.

23.	Kc1—c2	a7—a5
24.	a3—a4	Le6—c4
25.	h3—h4	Lc4—e2
26.	Td1—e1	Le2—h5
27.	c3—c4	Tf8—f5
28.	Te1—c1	Tg8—d8
29.	b2—b3	d6—d5
30.	c4—d5†	Tf5—d5:
31.	Kc2—b2	Td5—d3
32.	Tc1—c3	Td3—c3:
33.	Kb2—c3:	Lh5—d1
34.	h4—h5	Td8—d3†
35.	Kc3—b2	Ld1—b3:
36.	g5—g6	Lb3—g8
37.	g6—h7:	Lg8—h7:
38.	Th1—g1	Td3—d5
39.	h5—h6	Td5—d7
40.	Tg1—g5	

Hier, wie in vielen späteren Stellungen, konnte Weiß durch Tg7 sehr schnell das Remis herbeiführen.

40.	. . . .	Td7—f7
41.	Kb2—c3	Lh7—f5
42.	Tg5—h5	

Einfacher war auch hier Tg7; Weiß zieht den Turm nach h5, um Schwarz zu Fehlern zu verleiten. Ein solcher wäre z. B. Lg4 wegen 43. h7!

| 42. | . . . . | Kc6—d6 |
| 43. | Kc3—c4 | Kd6—c6 |

44.	Kc4—c3	Lf5—h7
45.	Th5—g5	Kc6—b7
46.	Kc3—c4	Tf7—d7
47.	Kc4—c3	Kb7—a6
48.	Kc3—b3	Td7—f7
49.	Kb3—c3	Ka6—a7
50.	Kc3—c4	Tf7—d7
51.	Kc4—c3	Ka7—b8
52.	Kc3—b3	Kb8—c7
53.	Kb3—c3	Kc7—d6
54.	Kc3—c4	Td7—f7
55.	Kc4—b5	Kd6—c7
56.	Kb5—c4	

Auch 56. Ka6 (Td7 57. Tg7) führte
zum Remis.

56.	. . . .	Kc7—c6
57.	Kc4—c3	Lh7—f5
58.	Tg5—h5?	Kc6—d7
59.	Kc3—c4	Kd7—d6
60.	Kc4—b5	Kd6—c7
61.	Kb5—c4	Kc7—c6
62.	Kc4—c3	Lf5—g6
63.	Th5—g5	Lg6—h7
64.	Kc3—c4	Tf7—b7
65.	Kc4—c3	Tb7—d7
66.	Kc3—b3	Td7—d1
67.	Kb3—b2	Td1—d8
68.	Tg5—g7	Td8—d7
69.	Tg7—g5	Kc6—d6
70.	Kb2—c3	. Td7—f7
71.	Kc3—c4	Lh7—f5

72.	Tg5—h5?	Lf5—g6
73.	Th5—g5	Lg6—h7
74.	Kc4—b5	Kd6—c7
75.	Kb5—c4	Kc7—c6
76.	Kc4—c3	Lh7—f5
77.	Tg5—h5?	Lf5—h7
78.	Th5—g5	Tf7—d7
79.	Kc3—c4	Td7—e7
80.	Kc4—c3	Te7—f7
81.	Kc3—b3	Lh7—f5
82.	Tg5—h5?	Lf5—e6 †
83.	Kb3—c3	Tf7—h7

Das Aufgeben des Bauern e4, welches
dem Läufer freieren Spielraum verschaffen soll, erscheint doch bedenklich.

84.	Th5—e5	Le6—g4
85.	Te5—e4:	Lg4—f5
86.	Te4—f4	Lf5—b1
87.	Kc3—b2	Lb1—d3
88.	Kb2—c3	Th7—d7
89.	Tf4—g4	

Viel besser erscheint 89. Tf6† Kb7
90. f4 Lh7 (falls Te7, so zunächst 91.
Ld2) 91. f5 nebst Tg6 etc.

89.	. . . .	Ld3—h7
90.	Kc3—b2	Td7—f7
91.	Kb2—c3	Tf7—d7
92.	Kc3—b2	

Die Partie wurde auf Vorschlag des
Anziehenden jetzt endlich als remis
abgebrochen.

Nr. 60. Unregelmäßige Eröffnung.

L. Paulsen. B. Englisch.

Weiß. Schwarz.

1.	c2—c4	e7—e5
2.	e2—e3	Sg8—f6
3.	Sb1—c3	Sb8—c6
4.	Sg1—f3	Lf8—e7

5.	d2—d4	e5—d4:
6.	e3—d4:	d7—d5
7.	c4—d5:	Sf6—d5:

Weiß hat einen vereinzelten Bauern, ist jedoch deshalb noch nicht im Nachteil.

8.	Dd1—b3	Sd5—f6
9.	Lc1—e3	0—0
10.	Lf1—e2	Sc6—b4
11.	0—0	Sb4—d5
12.	Ta1—d1	c7—c6
13.	Le3—c1	Le7—d6
14.	Tf1—e1	

Wir hätten hier oder im vorigen Zuge Se5 vorgezogen; auch kam statt des 13. Zuges h3 nebst Lc4 in Betracht. Das Spiel wird jetzt schnell vereinfacht.

14.	. . . .	Dd8—c7
15.	a2—a3	Ld6—f4
16.	Sc3—d5:	Sf6—d5:
17.	Lc1—f4:	Sd5—f4:
18.	Sf3—e5	Sf4—e2†
19.	Te1—e2:	Lc8—e6
20.	Db3—c3	Le6—d5
21.	Td1—e1	Tf8—e8
22.	h2—h3	f7—f6
23.	Se5—d3	Te8—e2:
24.	Te1—e2:	Dc7—d6?

Hier war a7—a5 geeignet, den Wirkungskreis des Springers zu beschränken.

25.	Te2—e3	Ta8—d8
26.	Dc3—a5!	Td8—a8
27.	Da5—c5	Dd6—c5:
28.	d4—c5:	Kg8—f7

Hiernach erhält Schwarz einen vereinzelten Bauern. Der König musste nach f8 gezogen, das Feld f7 dem Läufer überlassen werden.

29.	Sd3—f4	Ta8—d8
30.	Te3—d3	Kf7—e7
31.	f2—f3	

Der Abtausch wäre jetzt noch verfrüht und würde zum Nachteil von Weiß ausschlagen, da der König um ein Tempo zurückbleibt.

31.	. . . .	g7—g5
32.	Sf4—d5†	Td8—d5:
33.	Td3—d5:	c6—d5:
34.	Kg1—f2	Ke7—d7
35.	Kf2—e3	Kd7—c6
36.	Ke3—d4	

Stellung nach dem 36. Zuge von Weiß.

Ein interessantes Bauernendspiel! Weiß gewinnt trotz des schwarzen Freibauern in jedem Falle das zum Sieg erforderliche Tempo, wie Versuche leicht dartun werden.

| 36. | . . . . | a7—a6 |

37.	b2—b3	f6—f5	41.	b3—a4:	h7—h5
38.	g2—g3	a6—a5	42.	a4—a5	Kc6—b5
39.	f3—f4	g5—g4	43.	Kd4—d5:	Kb5—a5:
40.	h3—h4	a5—a4	44.	c5—c6	Aufgegeben.

Elfte Runde.

Gespielt am 21. Juli, Nachmittags.

Nr. 61. Italienische Partie.

	C. Leffmann.	Dr. C. Göring.			
	Weiß.	Schwarz.	22.	h3—g4:	Tg6—h6
1.	e2—e4	e7—e5	23.	Th1—h6:	Lf8—h6:
2.	Sg1—f3	Sb8—c6	24.	Le1—g3	Dd7—d8
3.	Lf1—c4	Lf8—c5	25.	Sd2—c4	Le6—c4:
4.	Sb1—c3	Sg8—f6	26.	b3—c4:	Tg8—h8
5.	d2—d3	d7—d6	27.	De2—f1	Lh6—g7
6.	h2—h3	Lc8—e6	28.	Tc2—h2	Th8—h2:
7.	Lc4—b3	d6—d5	29.	Lg3—h2:	Dd8—h8
8.	Lc1—g5	d5—d4	30.	Lh2—g3	Dh8—e8
9.	Sc3—d5	h7—h6	31.	b2—b3	De8—f8
10.	Sd5—f6†	g7—f6:	32.	Df1—g2	Df8—e8?
11.	Lg5—h4	Dd8—e7	33.	Kb1—b2	Lg7—f8
12.	Dd1—e2	0—0—0	34.	Kb2—c2	Lf8—a3
13.	Sf3—d2	Th8—g8	35.	g4—g5	De8—e7
14.	f2—f3	Tg8—g6	36.	g5—f6:	De7—b4
15.	0—0—0	Td8—g8			
16.	g2—g4	Sc6—a5			
17.	Kc1—b1	Sa5—b3†			
18.	c2—b3:	De7—d7			
19.	Lh4—e1	h6—h5			
20.	Td1—c1	Lc5—f8			
21.	Tc1—c2	h5—g4:			

Schwarz hat in den letzten Zügen, wenn anders die Aufzeichnung richtig ist, recht schwach gespielt, was sich allerdings dadurch erklären ließe, dass auf diese Partie nichts mehr ankam. Die weiteren Züge sind nicht notirt worden; S c h w a r z v e r l o r durch den Minderbesitz eines Bauern.

Nr. 62. Unregelmäßige Eröffnung.

Anderssen. L. Paulsen.

Weiß.   Schwarz.

1.   a2—a3

Anderssen bemerkt hierzu, dass er diese „verrückte" Eröffnung wählte, weil er in der Lage war, um jeden Preis einem Remis durch 1. e4 e6 oder durch Damengambit ausweichen zu müssen.

1.   . . . .   d7—d5
2.   e2—e3   c7—c5
3.   Lf1—b5†

Um Luft zu schaffen und dem geschlossenen Spiel zu entgehen. Schwarz entwickelt sich nun allerdings etwas schneller.

3.   . . . .   Lc8—d7
4.   Lb5—d7‡   Sb8—d7:
5.   Sg1—f3   Sg8—f6
6.   c2—c4   e7—e6
7.   c4—d5:   e6—d5:
8.   0—0   Lf8—d6
9.   Sb1—c3   0—0

Weiß hat ein sehr beengtes Spiel bekommen. Er muss den Zug d2—d4 umgehen, weil die Entgegnung c5—c4 den Läufer c1 ganz untätig stellen würde.

10.   Sc3—e2   Ta8—c8
11.   Sf3—e1   Ld6—b8
12.   f2—f4   Sd7—b6
13.   b2—b3   d5—d4
14.   Dd1—c2

Die Dame hat kein anderes Feld, und den Damentausch will Weiß nicht zulassen.

14.   . . . .   Tf8—e8
15.   Tf1—f3   h7—h6
16.   Se1—d3   c5—c4

Auch auf 16. Sg3 wäre dieser Zug mit gutem Spiel gefolgt.

17.   b3—c4:   Sb6—c4:
18.   Dc2—b3   d4—e3:
19.   d2—e3:   Sf6—g4
20.   Sd3—f2   Sg4—f2:
21.   Kg1—f2:   Dd8—h4†
22.   Kf2—f1

Stellung nach dem 22. Zuge von Weiß.

L. Paulsen hat seinen Positionsvorteil sehr gut benutzt, um zu einer Angriffsstellung zu gelangen. Er hätte jetzt vielleicht am besten Te6 (Tb6 und dergleichen drohend) gezogen, um z. B. auf 23. Db7: mit Td8 24. Sc3 Ted6 (auf 24. Db3 derselbe Zug) 25. Db3 (falls 25. Kd2. so Matt in spätestens

5 Zügen) Td2 schnell zu gewinnen.
Statt dessen tut er den ganz unglaub-
lichen Fehlzug, der die Dame kostet.

22.	. . . .	Dh4—h2:??
23.	Tf3—h3	Dh2—h3:
24.	g2—h3:	b7—b6
25.	Ta1—a2	Lb8—d6
26.	Kf1—f2	Ld6—c5
27.	Ta2—c2	Sc4—d6
28.	Se2—g3	Te8—e7
29.	Db3—d3	Te7—c7

30.	Kf2—f3	b6—b5
31.	Sg3—f5	Sd6—f5:
32.	Dd3—f5:	a7—a5
33.	Lc1—b2	b5—b4
34.	a3—b4:	a5—b4:
35.	Lb2—d4	g7—g6
36.	Df5—d5	b4—b3
37.	Dd5—b3:	

Schwarz hat den Läufer noch vorläufig gerettet, gibt aber doch die
Partie auf.

Nr. 63. Vierspringerspiel.

E. Flechsig. J. H. Zukertort.

	Weiß.	Schwarz.
1.	e2—e4	e7—e5
2.	Sg1—f3	Sb8—c6
3.	Sb1—c3	Sg8—f6
4.	Lf1—b5	Lf8—c5
5.	Sf3—e5:	Sc6—e5:

Opfert Schwarz jetzt zunächst den
Läufer auf f2, so hat Weiß nach 6.
Kf2: Se5: 7. d4 gegen die sonstigen
Fälle dieser Art den Vorteil, dass der
König, wenn er durch Sf6—g4† nach
g1 getrieben wird, dort nicht durch
den Lf1 beengt ist.

6.   d2—d4   Lc5—d6

Geschieht statt dessen Lb4, so ist
nach 7. e5: Se4: 8. Dd4 Lc3† 9. c3:
f5 oder Sg5 10. La3 das weiße Spiel
entschieden überlegen.

7.   f2—f4

Die Bauern werden bei richtigem
Spiel des Nachziehenden nicht sehr

stark; besser erscheint deshalb der
übliche Zug 7. d4—e5: nebst 8. f2—f4.

7.   . . . .   Se5—g6

Hier scheint Lb4 den Vorzug zu
verdienen; auf 8. de5: Se4: 9. Dd4
würde Schwarz mit 9. . . . . Lc3†
10. c3: Dh4† in Vorteil kommen, da
auch das Qualitätsopfer mit 11. Ke2
Sg3† 12. g3: Dh1: 13. La3 sich wegen
Dg2† 14. Kd1 Dg3: 15. Dc5 Dh4 kaum
als günstig für Weiß herausstellen
dürfte.

8.   e4—e5   Ld6—e7

Wir hätten auch jetzt noch Lb4
vorgezogen.

9.   e5—f6:

Statt dessen sollte f4—f5 geschehen;
bei 9. . . . . Sg8 10. g6: hg6: 11. 0—0
würde die offene f-Linie für Weiß eher
zur Geltung gelangen als die offene
h-Linie für Schwarz; und ebenso würde
nach 9. . . . . Sf8 oder Sh4 10. f6:

Lf6: Weiß mit 11. 0—0 das bessere
Spiel erhalten.

9. . . . .   Le7—f6:
10. 0—0   0—0
11. Sc3—e4   d7—d5
12. Se4—f6†   Dd8—f6:

Der Abtausch hat die Entwicklung
von Schwarz gefördert; Weiß hätte
deshalb im vorigen Zuge besser den
Läufer nach e3 entwickelt.

13. c2—c3   Lc8—f5

Schwarz greift nun den Punkt e4
an und stellt sich dadurch etwas besser

14. Lb5—d3   Tf8—e8
15. Dd1—c2   Lf5—d3:
16. Dc2—d3:   Te8—e4
17. g2—g3   Ta8—e8
18. Lc1—d2   h7—h5
19. Ta1—e1   Df6—f5
20. Kg1—g2   h5—h4

Solider als Dg4, worauf 21. h3 folgen
könnte.

21. Dd3—f3

Um Dg4 zu verhindern, was jetzt
droht. Schwarz kann jedoch nun einen
Bauern gewinnen.

(S. Diagramm.)

21. . . . .   h4—h3†

Der Bauer ist auf h3 später nicht
zu halten; besser wäre h4—g3:, um
nach 22. h2—g3: auf dieselbe Weise
wie in der Partie, nach 22. Dg3: dagegen durch Te1: 23. Te1: Te1: oder
23. Le1: Te2† einen Bauern zu erobern.

22. Kg2—g1   Te4—e1:

23. Tf1—e1:   Te8—e1†
24. Ld2—e1:   Df5—b1
25. Df3—e2   Db1—a2:
26. f4—f5   Sg6—f8
27. g3—g4   a7—a5
28. Kg1—f2

Weiß sollte zunächst seinen Läufer
nach g3 entwickeln (28. Lg3 a4 29.
Kf2!).

28. . . . .   a5—a4
29. De2—d2

Auf 29.Kg3 entscheidet natürlich a3!

29. . . . .   Sf8—d7
30. Kf2—g3

30. g5 scheitert an Db1!

30. . . . .   Sd7—f6
31. Kg3—h3:   Sf6—e4

Der Springer steht hier sehr gut;
e4 ist von vornherein der schwache
Punkt des weißen Spieles gewesen.

32. Dd2—g2   Da2—b1
33. Dg2—e2   Db1—c1
34. Kh3—g2   c7—c6

35.   h2—h3   Kg8—f8

Schwarz darf Züge verlieren (vgl. Zug 37), Weiß kann sich doch nicht bewegen.

36.   Kg2—f3   b7—b5
37.   Kf3—g2   Kf8—g8
38.   Kg2—f3   f7—f6
39.   Kf3—g2   a4—a3
40.   b2—a3:   Dc1—a3:
41.   De2—c2

Die Dame verbessert ihre Stellung nicht; sie musste auf e2 stehen bleiben. um Remis auf b8 und h5 zu drohen. Um diese Drohung zu verwirklichen, wäre vielleicht 41. h4 nebst g5 und gelegentlich Dh5 die geeignete Fortsetzung gewesen.

41.   . . . .   Da3—a1
42.   Kg2—f1   b5—b4
43.   c3—b4:   Da1—d4:
44.   Kf1—g2

Dies kostet die Partie, weil nun Schwarz die e-Linie mit der Dame besetzt und dadurch den Bauern d5 der Pflicht, den Springer zu decken, entbindet. Auf 44 De2 wäre es dem Nachziehenden schwerlich gelungen, den Freibauern siegreich zu verwerten;

jedenfalls waren die Chancen für Weiß weit besser.

44.   . . . .   Dd4—e3!
45.   Dc2—b1   d5—d4
46.   Db1—a2†   Kg8—h7
47.   Le1—f2

Auf 47. Df7 folgt Sg5 48. Dh5† Kg8 49. Lf2 De4† und der Bauer rückt vor.

47.   . . . .   Se4—f2:
48.   Da2—f2:   De3—e4†.
49.   Df2—f3   De4—c2†
50.   Kg2—g3   Dc2—c3

Nicht d4—d3 wegen 51. De4!

51.   Kg3—f2   Dc3—b4:
52.   Df3—c6:   Db4—d2†
53.   Kf2—g3   Dd2—e1†
54.   Kg3—g2   d4—d3
55.   g4—g5

Ein letzter Versuch, um vielleicht nach 55. . . . . g5: durch 56. Dg6† nebst 57. f6 Remis zu erreichen.

55.   . . . .   De1—e2†
56.   Kg2—g3   De2—e3†
57.   Kg3—g2   De3—g5‡
58.   Kg2—f2   Dg5—f4†
59.   Kf2—g2   Df4—d2†
60.   Kg2—g3   Dd2—e1†

Weiß gibt die Partie auf.

Nr. 64. Läufergambit.

| Prof. Dr. Franke. | Joh. Metger. |
Weiß.	Schwarz.
1. e2—e4	e7—e5
2. f2—f4	e5—f4:
3. Lf1—c4	f7—f5
4. Sb1—c3	

Der gebräuchlichere Zug ist 4. De2. Sc3 wird indess namentlich von dänischen Schachfreunden besonders empfohlen.

4.   . . . .   Dd8—h4†
5.   Ke1—f1   f5—e4:

6. Sc3—e4:   Sg8—f6

Dies ist wol besser als c7—c6, wonach sich leicht ein Angriff auf den Punkt d6 ergibt.

7. Sg1—f3   Dh4—h5

Wir ziehen Dh6 vor, um den Bauer f4 zu behaupten; auf 8. De2 Le7 9. d4 folgt Se4: 10. De4: g5 und später c6 mit gutem Spiel.

8. Dd1—e2

Besser De1, um den Königsspringer bewegen zu können.

8.	. . . .	Lf8—e7
9.	d2—d4	d7—d5
10.	Se4—f6†	g7—f6:
11.	Lc4—b3	Sb8—c6
12.	Lc1—f4:	Lc8—g4
13.	Lb3—a4	Ke8—f7
14.	La4—c6:	b7—c6:
15.	c2—c3	

Ein überflüssiger Zug, statt dessen sofort Kf2 geschehen sollte.

15.	. . . .	Ta8—e8
16.	Kf1—f2	Th8—g8
17.	De2—d2	

Falsch wäre 17. h3 wegen Ld6 (18. Dd2 Lf3: 19. f3: Dh4† oder 18. Dd1[d3] Lf4: 19. g4: Dg4:).

17.	. . . .	Lg4—f3:
18.	g2—f3:	Le7—d6
19.	Th1—g1	

Ein Fehlzug, der die Partie sofort verloren macht. Der Damenturm musste nach g1 gezogen werden. Nicht gut wäre 19. Ld6: d6: 20. Df4 wegen Dg6!

19.	. . . .	Dh4—h4†
20.	Lf4—g3	Tg8—g3:
21.	Tg1—g3:	

21. h2—g3: ändert an den folgenden Zügen nichts.

21.	. . . .	Dh4—h2†
22.	Tg3—g2	Ld6—g3†

Weiß gibt die Partie auf.

Nr. 65. Evansgambit.

	W. Paulsen.	S. Winawer.
	Weiß.	Schwarz.
1.	e2—e4	e7—e5
2.	Sg1—f3	Sb8—c6
3.	Lf1—c4	Lf8—c5
4.	b2—b4	Lc5—b4:
5.	c2—c3	Lb4—a5
6.	d2—d4	e5—d4:
7.	0—0	La5—b6
8.	c3—d4:	d7—d6
9.	Lc1—b2	Lc8—g4

Bei Sge7 kann Weiß mit 10. d5 in den Normalangriff einlenken.

10. d4—d5

Besser ist Lb5, wodurch entweder der Läufer zum Rückzug nach d7 oder der König zum Ausweichen nach f8 genötigt wird.

10.	. . . .	Sc6—e5
11.	Dd1—a4†	Lg4—d7
12.	Da4—b3	Se5—f3†
13.	Db3—f3:	f7—f6

Weiß hat nun keinen ersichtlichen Vorteil für den Gambitbauern erlangt.

14.	a2—a4	Sg8—h6
15.	Df3—h5†	Sh6—f7
16.	Sb1—d2	0—0
17.	Kg1—h1	Sf7—e5

Hiermit nimmt Schwarz den Angriff auf.

18.	Lc4—e2	Dd8—e8
19.	Dh5—e8:	Ta8—e8:
20.	h2—h3	f6—f5
21.	f2—f4	Se5—g6

Es droht jetzt Le3. Schwarz gewinnt einen zweiten Bauern.

22.	e4—e5	d6—e5:
23.	f4—e5:	Sg6—e5:
24.	a4—a5	Lb6—c5
25.	Sd2—b3	Lc5—d6
26.	Sb3—d4	Kg8—h8
27.	Lb2—c3	Se5—g6
28.	Le2—c4	Te8—e4
29.	Ta1—e1	Tf8—e8
30.	Te1—e4:	Te8—e4:
31.	Lc4—b3	Te4—e3
32.	Lc3—a1	Ld6—e5
33.	Lb3—a2	Te3—a3

Schwarz manövrirt sehr geschickt; sein Bauernübergewicht verwandelt sich in den Mehrbesitz eines Offiziers.

34.	Sd4—e6	Ta3—a2:
35.	La1—e5:	Sg6—e5:
36.	Tf1—f5:	Se5—g6
37.	Tf5—f7	Ld7—c6:
38.	d5—e6:	Ta2—e2!

Obgleich Weiß noch sämmtliche drei Bauern des Damenflügels verspeist, ist sein Spiel doch hoffnungslos.

39.	Tf7—c7:	Kh8—g8
40.	Tc7—b7:	Te2—e6:
41.	Tb7—a7:	h7—h5
42.	a5—a6	Te6—e1†
43.	Kh1—h2	h5—h4
44.	Ta7—a8†	Kg8—f7
45.	a6—a7	Te1—a1
46	Ta8—b8	Ta1—a7:

Die folgenden Züge hätte Weiß sich und seinem Gegner wol ersparen können.

47.	Tb8—b4	Ta7—a2
48.	Tb4—g4	Kf7—f6
49.	Kh2—g1	Kf6—f5
50.	Kg1—h1	Ta2—e2
51.	Tg4—a4	Sg6—f4
52.	Ta4—a5†	Te2—e5
53.	Ta5—a4	g7—g5
54.	Kh1—g1	Te5—e2
55.	Ta4—a5†	Kf5—g6
56.	Ta5—a6†	Kg6—h5
57.	Kg1—h1	Sf4—g2:
58.	Ta6—a8	Sg2—f4
59.	Ta8—a6	Te2—e3
60.	Ta6—a8	Te3—h3‡

Mit dem Springer darf Schwarz wegen der Pattstellung nicht schlagen.

61.	Kh1—g1	Th3—f3
62.	Ta8—a5	Kh5—g4
63.	Kg1—h2	h4—h3
64.	Kh2—g1	Sf4—e2†

Weiß gibt die Partie auf.

Nr. 66. Wiener Partie.

B. Englisch.	E. Schallopp.
Weiß.	Schwarz.
1.	e2—e4	e7—e5
2.	Sb1—c3	Lf8—c5
3.	f2—f4	d7—d6
4.	Sg1—f3	Lc8—g4
5.	h2—h3	Lg4—f3:
6.	Dd1—f3:	e5—f4:
7.	Df3—f4:	Sg8—e7
8.	Lf1—c4	0—0
9.	Th1—f1	Dd8—e8
10.	d2—d3	

Besser 10. Se2 und später d2—d4!

| 10. | . . . . | Se7—g6 |
| 11. | Df4—g3 | c7—c6 |

Schwarz täte jetzt besser, seinen Läufer über d4 nach e5 oder f6 zu spielen; z. B. 10. . . . . Ld4 11. Sd5 Dd7 12. c3 Le5; 13. Lf4 scheitert dann an c7—c6, und nach 13. Sf4 stellt sich Schwarz mit b5 14. Lb3 c5 15. Ld5 Sc6 nicht ungünstig.

| 12. | Sc3—e2 | b7—b5 |
| 13. | Lc4—b3 | d7—d5 |

Schwarz opfert den Bauern mit der Aussicht auf gute Entwicklung und baldigen Gegenangriff. Bei 13. . . . . De5 14. Dg4 h5 15. Df3 oder 14. . . . . Sa6 15. c3 steht Weiß besser.

14.	e4—d5:	c6—d5:
15.	Lb3—d5:	Sb8—c6
16.	c2—c3	Ta8—d8
17.	Ld5—c6:	De8—c6:

18.	d3—d4	Lc5—e7
19.	Dg3—f3	Dc6—c4
20.	g2—g3	f7—f5
21.	Se2—f4	Tf8—e8
22.	Ke1—f2	Sg6—f8
23.	Kf2—g2	b5—b4
24.	Lc1—d2	Le7—d6
25.	b2—b3?	

Auf 25. Dd5† Dd5† 26. Sd5: würde Schwarz mit 26. . . . . Te2† 27. Tf2 Tf2† 28. Kf2: Lg3† den geopferten Bauern zurückerobern. Dagegen dürfte Tfe1 den Bauern behaupten.

| 25. | . . . . | Dc4—c8 |
| 26. | c3—c4?? | |

Hiernach geht der Bauer verloren. Am besten erscheint noch 26. Sd5 und später c4; weniger gut wäre 26. Tae1 wegen Lf4: 27. f4: Se6.

26.	. . . .	Ld6—f4:
27.	Df3—f4:	Te8—e4!
28.	Df4—f3	

Weiß darf den Bauer f5 nicht schlagen, weil durch Te4—e2† dann mindestens der Läufer verloren ginge.

| 28. | . . . . | Td8—d4: |
| 29. | Ld2—b4: | |

Dieser Zug macht die Partie sofort verloren. Freilich hat Schwarz jetzt jedenfalls das bessere Spiel.

| 29. | . . . . | Dc8—b7 |
| 30. | Lb4—f8: | Td4—d3 |

Weiß gibt die Partie auf.

Entscheidungspartie um den zweiten und dritten Preis.

Gespielt am 23. Juli, Vormittags.

Nr. 67. Wiener Partie.

J. H. Zukertort. Anderssen.

	Weiß.	Schwarz.
1.	e2—e4	e7—e5
2.	Sb1—c3	Lf8—c5
3.	f2—f4	d7—d6
4.	Sg1—f3	Sg8—f6
5.	Lf1—c4	Sb8—c6

Dies scheint stärker zu sein, als c7—c6, welchen Zug Anderssen früher an dieser Stelle anwandte.

| 6. | d2—d3 | Lc8—g4 |
| 7. | Sc3—a4 | |

Gewagt wäre 7. h3 Lf3: 8. Df3: Sd4 9. Dg3. Allerdings würde Weiß wenn sofort 9. . . . . Sc2† 10. Kd1 Sa1: folgt, durch 11. Dg7: Tf8 12. f5 einen überwiegenden Angriff erhalten; doch dürfte 9. . . . . Sh5 (10. Dg4 g6) Schwarz in Vorteil zu bringen geeignet sein.

7.	. . . .	Lc5—b6
8.	Sa4—b6:	a7—b6:
9.	c2—c3	

Hier musste, wie es scheint, Lb5 geschehen. Schwarz erlangt nun, wie nicht selten in dieser Eröffnung, durch nachträgliches Schlagen des Gambitbauern einen kleinen Positionsvorteil.

| 9. | . . . . | e5—f4: |

10.	Lc1—f4:	Sf6—h5
11.	Lf4—e3	Sc6—e5
12.	0—0	

Auf 12. Lb3 würde Lf3: 13. f3: Dh4† 14. Lf2 Dh3 folgen.

| 12. | . . . . | Se5—c4: |

Sehr gut gespielt! Schwarz schwächt hierdurch die weiße Bauernstellung, die durch Abtausch auf f3 im Gegenteil gestärkt worden wäre.

13.	d3—c4:	Dd8—e7
14.	Dd1—d3	0—0
15.	a2—a3	Ta8—e8
16.	Sf3—d2	De7—e5
17.	Ta1—e1	

Auf 17. h3 folgt natürlich nicht Lh3: wegen 18. Ld4 sondern 17. . . . . Ld7 und später Lc6, wodurch der Angriff auf den Punkt e4 verstärkt wird.

(S. Diagramm.)

| 17. | . . . . | f7—f5 |

Dieser Zug gestattet dem Anziehenden anscheinend, sich von dem vereinzelten Bauern zu befreien, doch ist das Hinüberschlagen nach f5 mit Fährlichkeiten für Weiß verknüpft. — 17. . . . . Te6 scheitert natürlich an 18. h3 (Lh3: Ld4).

Stellung nach dem 17. Zuge von Weiß.

18. Dd3—d5†

Bei 18. Ld4 De7 19. h3 e4: bleiben die Spiele vollkommen ausgeglichen. Ein ähnliches Resultat ergibt sich bei 18. f5: Tf5: 19. Tf5: (nicht 19. h3 wegen Lh3: 20. Ld4 De1: etc. und nicht 19. Lf2 wegen Le2 nebst Sf4) Lf5: 20. Df1, da nun Sf4 an 21. Sf3 scheitern würde. Der Zug im Text erweist sich nicht als gut, da die schwarzen Bauern zu stark werden.

18.	....	De5—d5:
19.	e4—d5:	f5—f4
20.	Le3—d4	Lg4—e2
21.	Tf1—f2	Le2—d3
22.	Te1—d1	g7—g5
23.	b2—b3	g5—g4
24.	Sd2—b1	g4—g3

Auf 24. Sf1 folgt gleichfalls g3; doch würde das Spiel sich nach 25. g3: Lf1: 26. Tf₂1: Sg3: 27. Tfe1 etwas günstiger für Weiß gestalten.

25. Tf2—b2

Auf 25. g3: könnte g3: 26. Tf8† Kf8:! geschehen.

25.	....	Ld3—e2
26.	Td1—c1	

Die Türme werden dem Springer auf den Damenflügel nachgeschickt. Anderssen spielt die Partie ausgezeichnet schön.

26.	....	Tf8—f7
27.	Sb1—d2	Tf7—e7
28.	Sd2—f3	Le2—f3:
29.	g2—f3:	Te7—e2
30.	Tb2—e2:	Te8—e2:
31.	h2—g3:	f4—g3:
32.	Kg1—h1	

Notwendig, weil nur der Zug des Läufers nach g1 noch eine Zeit lang Deckung zu gewähren vermag.

32.	....	Sh5—f4
33.	Ld4—g1!	h7—h5

Schwarz holt den entscheidenden Sukkurs.

34.	Tc1—d1	Sf4—h3

Das Vorrücken des h-Bauern wäre noch verfrüht wegen 35. Td4. Nach dem gewählten Zuge aber darf der Turm die erste Linie wegen Te1 nicht verlassen, Weiß hat nur Bauernzüge, und Schwarz kann ungestört die entscheidende Schlusswendung einleiten.

35.	b3—b4	Kg8—f7
36.	a3—a4	h5—h4
37.	a4—a5	Sh3—g5
38.	Td1—d3	h4—h3
39.	f3—f4	Sg5—e4
40.	a5—b6:	c7—b6:

Schwarz muss natürlich erst wider-
schlagen, weil Weiß nach h3—h2 mit
41. c7: Te1 42. Tg3:, nach Sf2† 41.
Lf2: f2: 42. Tf3 Te1† 43. Kh2 f1D
mit 44. Tf1: Tf1: 45. c7: gewinnen
würde.

41.   Td3—e3

Auf 41. Tf3 folgt nun natürlich
h3—h2!

41.   . . . .   Se4—f2†

42.   Lg1—f2:   g3—f2:

Weiß gibt die Partie auf.

II. Die Partien des Wettkampfs zwischen Anderssen und L. Paulsen.

Nr. 68. Wiener Partie.

Gespielt am 23. Juli, Nachmittags.

L. Paulsen. Weiß.	Anderssen. Schwarz.
1. e2—e4	e7—e5
2. Sb1—c3	Lf8—c5
3. Sg1—f3	Sb8—c6

d7—d6 verdient den Vorzug.

4. Sf3—e5:	Sc6—e5:
5. d2—d4	Lc5—d6
6. d4—e5:	Ld6—e5:
7. Lf1—e2	

Nicht gut gespielt. In der dritten
Partie des Wettkampfes (Nr. 70) findet
sich die richtige Fortsetzung 7. f4
Lc3† 8. c3:. neben welcher auch 7. Lc4
in Betracht kommt.

7.	c7—c6
8. 0—0	Sg8—f6
9. Le2—f3	

Weiß ist nun genötigt, seinem
f-Bauern den Weg zu versperren, da
auf Lg5 mit Vorteil h6 geschehen
könnte.

9.	h7—h6
10. Lc1—e3	d7—d6
11. Le3—d4	Lc8—e6
12. b2—b3	0—0
13. Dd1—d3	Dd8—e7
14. Ta1—e1	Tf8—d8

Schwarz leitet sehr geschickt den
Angriff ein. Das Feld f8 wird als
Uebergangsfeld für den Springer (über
d7 und f8 nach g6) freigemacht.

15. Sc3—d1	Sf6—d7
16. c2—c4	De7—f6
17. Ld4—c3	a7—a5
18. Lf3—e2	g7—g5

19.	f2—f3	Sd7—f8
20.	Lc3—d2	Sf8—g6
21.	g2—g3	

Stellung nach dem 21. Zuge von Weiß.

Weiß glaubt dem Springer das Feld f4 verwehren zu müssen; durch g2—g3 wird aber der Königsflügel sehr geschwächt, und Schwarz geht sofort zur Ausbeutung dieser Schwäche über. Vielleicht tat Weiß doch besser, den Springer nach f4 kommen zu lassen und daselbst abzutauschen.

21.	. . . .	d6—d5
22.	c4—d5:	c6—d5:
23.	Ld2—e3	d5—e4:
24.	Dd3—e4:	Le6—d5
25.	De4—g4	Df6—g7

Um den f-Bauern zu befreien, der allerdings nicht mehr in die Aktion tritt.

26.	Sd1—f2	

, Auf 26. Lc4 hätte Schwarz nach 26. . . . Lc6 27. a4 Ld4 ebenfalls ein recht gutes Spiel.

26.	. . . .	Ld5—e6
27.	Dg4—a4	Le5—d4

Derselbe Zug wäre auf 27. De4 gefolgt.

28.	Le2—c4	Sg6—e5
29.	Kg1—g2	g5—g4

Ein Bauernopfer zur Verstärkung des Angriffs, welches auch gefolgt wäre und zwar dann mit noch größerem Nachdruck), wenn Weiß im vorigen Zuge den Läufer nach b5 gezogen hätte; doch musste dann der Abtausch auf e3 vorangehen.

30.	f3—g4:	Ld4—e3:
31.	Te1—e3:	Td8—d4
32.	Te3—e4	b7—b5

Das Opfer des zweiten Bauern erscheint kaum notwendig. Allerdings würde nach 32. . . . . Ld5 Weiß mit 33. Ld5: Ta4: 34. Ta4: ein ganz gutes Spiel erlangen; aber warum nicht einfach sofort 32. . . . . Sc4: 33. c4: Lc4:? Auf die allerdings für Weiß günstige Fortsetzung 34. Te8† Kh7 35. Dc2† Ld3 36. Sd3: Te8: 37. Se5† (nicht Tf7: wegen Te2†) brauchte Schwarz sich ja nicht einzulassen, sondern konnte einfach ebenso weiter spielen, wie es in der Partie geschah; auch empfahl sich dann folgende Spielweise: 34. Te8† Te8: 35. De8† Df8 36. Df8† Kf8: 37. Ta1 Td2.

33.	Da4—b5:	Se5—c4:
34.	b3—c4:	Le6—c4:
35.	Te4—e8†	Ta8—e8:
36.	Db5—e8‡	Kg8—h7

37.   Tf1—d1

Wir hätten Te1 vorgezogen.

37.   . . . . .   Lc4—a2:

38.   De8—b5   La2—d5†

39.   Kg2—h3

Geht der König nach g1, so entscheidet Schwarz mit Td1‡ 40. Sd1: Dd4† 41: Sf2 Da1† 42. Df1 Df1‡ 43. Kf1: a4 sehr schnell die Partie zu seinen Gunsten.

39.   . . . . .   Td4—d1:

40.   Sf2—d1:   Dg7—d4

41.   Sd1—e3   Ld5—e6

42.   Se3—f5   Dd4—d1!

Stellung nach dem 42. Zuge von Schwarz.

Nimmt Weiß in dieser Stellung den Bauern a5, so würde gegen 43. . . . . Df1† 44. Kh4 Dg1 allerdings 45. Dd2, gegen 44. . . . . Dg2 oder f2 aber 45. h3 Db2 46. Dd8 zur Verteidigung genügen: doch würde nach 43. . . . . h5! 44. Db4 g4‡ 45. Dg4: Dg4‡ 46. Kg4: Kg6 Schwarz unseres Erachtens gewinnen müssen.   Wir empfehlen

folgende Varianten dem Studium der Leser: 47. Kf4 Lf5: 48. g4 Lc2 49. h4 Kf6 50. h5 Ld1 51. g5† Kg7 52. h6† Kg6 53. Ke5 Lc2 54. Kf4 Lf5 und gewinnt; oder: 50. g5† Kg6 51. Kg4 Ld1† 52. Kf4 Kh5 53. Ke5 Lc2 54. Kf6 Lg6 und gewinnt.

43.   Db5—e5

Weiß spielt auf Angriff; doch wird nun der schwarze Freibauer entscheidend.

43.   . . . . .   Dd1—f1†

44.   Kh3—h4   Le6—f5:

45.   g4—f5:   Df1—c4†

46.   g3—g4   a5—a4

47.   f5—f6   Dc4—c2

48.   h2—h3   a4—a3

49.   Kh4—g3

Auf 49. De7 Kg6 50. Da3: würde Schwarz in zwei Zügen mattsetzen.

49.   . . . . .   a3—a2

50.   h3—h4   Dc2—b3†

Db1 entscheidet mindestens ebenso schnell: 51. Dh5 Db3† 52. Kf4 Dc4† (nicht a1D wegen Df5†—c8† remis) 53. Kf3 Dc3† und erobert den Bauer f6.

51.   Kg3—h2   Db3—f3

52.   De5—e7   Kh7—g6

53.   h4—h5†   Kg6—g5

54.   De7—e5†   Kg5—g4:

55.   De5—a1   Df3—e2†

56.   Kh2—h1

Falls 56. Kg1, so Kf3.

56.   . . . . .   De2—e4†

57.   Kh1—h2   De4—c2†

Weiß gibt die Partie auf.

Nr. 69. Sizilianische Partie.

Gespielt am 24. Juli, Vormittags.

Anderssen.	L. Paulsen.
Weiß.	Schwarz.
1. e2—e4	c7—c5
2. Sg1—f3	e7—e6
3. Sb1—c3	Sb8—c6
4. d2—d4	c5—d4:
5. Sf3—d4:	Sg8—f6
6. Lc1—e3	Lf8—b4
7. Lf1—d3	d7—d5
8. e4—d5:	Sf6—d5:

Schwarz hat nun den sonst in dieser Eröffnung üblichen vereinzelten d-Bauern vermieden, aber eben dadurch seinen Damenläufer schlecht postirt. Weiß erhält das freiere Spiel.

9. Sd4—c6:	b7—c6:
10. Le3—d2	Sd5—c3:
11. b2—c3:	Lb4—d6
12. 0—0	0—0
13. f2—f4	Ld6—c5†
14. Kg1—h1	g7—g6
15. Tf1—f3	Dd8—f6
16. Ddl—e2	Lc8—b7
17. Ta1—f1	Tf8—e8
18. Tf3—g3	Lc5—f8
19. Lf3—e4!	a7—a5
20. c3—c4	Df6—e7
21. Tf1—b1	

Weiß hätte diesen Turm vielleicht besser schon früher sofort nach b1 gezogen; auch der andere Turm brauchte nicht erst nach g3 zu gehen.

21. . . . . . f7—f5

22. Le4—f3

Besser 22. Tgb3, was zum Ausgleich führt: 22. . . . . e4: 23. Tbf: Dd6 etc.

22.	Lf8—g7
23. De2—e3	e6—e5
24. c4—c5	e5—f4:
25. De3—f4:	De7—f7
26. Tg3—h3	

Deckt Weiß den bedrohten Bauer a2 durch Da4, so erhält schwarz mit Ted8 (27. Le3 Le5) ein gutes Spiel.

26.	Df7—a2:
27. Tb1—c1	Da2—f7
28. Df4—a4	Df7—d7
29. Da4—c4†	Kg8—h8
30. Ld2—g5	a5—a4
31. Lf3—e2	Lg7—b2

Nicht sofort La6 wegen 32. Dh4, wodurch Weiß noch manche Chancen erhalten würde.

32. Tc1—b1	Lb7—a6
33. Dc4—a2	Lb2—g7
34. Le2—a6:	Ta8—a6:
35. Th3—d3	Dd7—c7
36. g2—g3	Ta6—a8
37. Tb1—d1	Dc7—e5
38. Td3—d7	a4—a3
39. Td1—d3	

Dies ist natürlich ein grober Fehler; doch ist die Partie nicht mehr zu halten. Auf 39. Df7 folgt a3—a2 40. Lh6 a1D!

39. . . . . . De5—e1†

Weiß gibt die Partie auf.

Nr. 70. Zweispringerspiel im Anzuge.

Gespielt am 24. Juli, Nachmittags.

L. Paulsen.	Anderssen.
Weiß.	**Schwarz.**
1. e2—e4	e7—e5
2. Sg1—f3	Sb8—c6
3. Sb1—c3	Lf8—c5

Mit g7—g6 könnte Schwarz dem folgenden, für ihn nicht günstigen Manöver· aus dem Wege gehen.

4. Sf3—e5:	Sc6—e5:
5. d2—d4	Lc5—d6
6. d4—e5:	Ld6—e5:
7. f2—f4:	Le5—c3†
8. b2—c3:.	d7—d6

Hier käme Sf6 in Betracht: 9. e5 De7 10. Le2 (10. Le3 d6) Se4 11. Dd4 f5.

9. Dd1—d4	Dd8—h4†
10. g2—g3	Dh4—e7
11. Lf1—g2	Sg8—f6
12. 0—0	0—0
13. Lc1—a3	c7—c5

Notwendig, um e4—e5 zu verhindern.

14. Dd4—d3	Tf8—d8
15. Ta1—b1	Ta8—b8
16. c3—c4	b7—b6
17. Tb1—e1	Lc8—a6
18. Lg2—h3	..

An Stelle dieses Zuges, der die Bewegung der Dame nach e6 verhindern soll, kommt Dc3 in Betracht, etwa mit der Fortsetzung: 18. . . . . De6 19. e5 e5: 20. e5: Sd7 21. Ld5.

18.	Td8—e8
19. e4—e5	d6—e5:
20. f4—e5:	Tb8—d8
21. Dd3—c3	Sf6—h5

Ein Fehler, der einen Offizier kostet. Besser war Sd7, wonach Schwarz auf 22. e6 mit Sf6, auf Lb2 mit Lb7 sich sicher stellt, auf 22. Lg2 Se5: 23. Lc6 (nicht 23. Ld5 wegen Td5:!) dagegen recht gut das Damenopfer mit Sc6: riskiren könnte.

22. g3—g4	Td8—d4?

Ein Fehlzug jagt den andern.

23. Dc3—d4:	c5—d4:
24. La3—e7:	Te8—e7:
25. g4—h5:	La6—c4
26. Tf1—f4	Aufgegeben.

Nr. 71. Spanische Partie.

Gespielt am 25. Juli, Vormittags.

Anderssen.	L. Paulsen.
Weiß.	**Schwarz.**
1. e2—e4	e7—e5
2. Sg1—f3	Sb8—c6
3. Lf1—b5	a7—a6
4. Lb5—a4	b7—b5
5. La4—b3	Lc8—b7
6. 0—0	g7—g6

Diese Entwicklung der Läufer nach den Flügeln hin ist eine echt Paulsensche Spielweise und hat die Theorie schon in mehreren Fällen wesentlich bereichert. Auch hier verdient dieselbe volle Beachtung.

7. c2—c3

Besser ist Sc3, wie in Partie 73 und 75, oder sofort d4. Bei der hier gewählten Fortsetzung gelangt der Damenspringer schwer zur Entwicklung.

7. . . . . Lf8—g7
8. d2—d4 d7—d6
9. Lc1—g5 Sg8—f6
10. Lb3—d5 h7—h6
11. Lg5—f6: Dd8—f6:
12. d4—e5: d6—e5:
13. a2—a4 . 0—0
14. Sb1—a3

Der Bauerngewinn, auf den Weiß hiermit spielt, ist nur ein scheinbarer; Schwarz erobert den Bauern mit guter Angriffsstellung zurück.

14. . . . . Sc6—d8
15. Ld5—b7: Sd8—b7:
16. a4—b 5: a6—b5:
17. Sa3—b5: Df6—b6
18. Ta1—a8: Tf8—a8:
19. Sb5—a3

Hier kam 19. c4 in Betracht, um zunächst den Bauer c7 nach c6 zu nötigen und dadurch die spätere günstige Postirung des schwarzen Springers auf d6 zu verhindern.

19. . . . . Db6—b2:
20. Sa3—b1 Sb7—d6

21. h2—h3 Ta8—a1
Natürlich nicht Se4: wegen 22. Dd5!

22. Sf3—d2 Ta1—a2
Nachdem durch den Turmzug nach a1 der Zweck dauernd erreicht ist, den Damenspringer an seinen Posten zu fesseln, begibt sich der Turm auf das geeignetere Angriffsfeld. 22. . . . . h5 23. g8 Lh6 24. f4 h4 würde zu Gunsten von Weiß ausfallen: 25. e5: Ld2: 26. d6: d6: 27. Df3 oder 25. e5: Sb5 26. Df3 Da2 27. c4.

23. Dd1—g4 Db2—b5
Die weiße Dame darf nicht nach d7 gelassen werden.

24. c3—c4

Stellung nach dem 24. Zuge von Weiß.

Weiß verteidigt sich ausgezeichnet; Schwarz darf den Bauer c4 wegen 25. Sc3 Db2 26. Sa2: Sd2: 27. De2 nicht schlagen.

24. . . . . Db5—b4
25. Dg4—e2 Ta2—b2
26. De2—d3 h6—h5

Solider will es uns scheinen, den Läufer nach f6 zu ziehen, worauf wegen des drohenden Lg5 gleichfalls zunächst g2—g3 geschehen müsste, und dann der Springer über b7 nach c5 zu spielen.

27. g2—g3   Lg7—h6
28. f2—f4   Db4—c5†

Geschieht sofort h5—h4, so sehen wir nach 29. e5: Dc5† 30. Kh1 De5: 31. h4: keinen sonderlichen Vorteil für Schwarz.

29. Kg1—h1   h5—h4
30. Dd3—c3

Nicht gut! Weiß sollte mit 30. e5: in die eben ausgeführte Spielart einlenken.

30. . . . .   Tb2—a2
31. f4—e5:   Lh6—d2:
32. Sb1—d2:   Ta2—a3
33. Dc3—b2   Sd6—c4:?

Dieser Fehlzug kostet einen Offizier; mit Tg3: hätte Schwarz gewonnen, da auf 34. d6: Matt in 4 Zügen (durch Th3† und Dg5†), auf 34. Kh2 dagegen De3, auf 34. Sf3 schließlich Dc4: zur baldigen Entscheidung führt.

34. Db2—c2   Ta3—g3:
35. Sd2—c4:   Tg3—h3†
36. Kh1—g2   Th3—g3†
37. Kg2—h2   Kg8—g7

Weiß hat nun Gelegenheit, durch sofortigen Figurenangriff die Entscheidung herbeizuführen; auf andere Züge von Schwarz würde mit gleichem Erfolg 38. e6 nebst 39. Da4 geschehen,

38. e5—e6   f7—e6:
39. Dc2—b2†   Kg7—h6
40. Db2—h8†   Kh6—g5
41. Dh8—f6†   Kg5—h5
42. Sc4—e5   Dc5—e3
43. Df6—h8†   Kh5—g5
44. Dh8—d8†   Kg5—h5
45. Dd8—d1†   Kh5—h6

Falls Kg5, so 46. Sf7 ‡.

46. Se5—g4†   Tg3—g4:
47. Dd1—g4:   De3—d2†
48. Kh2—h3   Dd2—e3†
49. Tf1—f3   De3—e2

Weiß kündigt Matt in 5 Zügen an.

Nr. 72. Schottische Partie.

Gespielt am 25. Juli, Nachmittags.

	L. Paulsen.	Anderssen.
	Weiß.	Schwarz.
1.	e2—e4	e7—e5
2.	Sg1—f3	Sb8—c6
3.	d2—d4	e5—d4:
4.	Sf3—d4:	Lf8—c5
5.	Lc1—e3	Dd8—f6
6.	c2—c3	Sg8—e7
7.	Lf1—b5	

Ein neuer Versuch, doch will uns die Bewegung des Läufers nach c4 vorteilhafter erscheinen, weniger gut

nach e2, wohin der Läufer erst später
gehen muss, wenn er durch Sc6—e5
angegriffen wird.

7.	. . . .	0—0
8.	0—0	Lc5—b6
9.	f2—f4	d7—d6
10.	Sb1—a3	a7—a6

Schwarz täte besser sofort Dg6;
durch den Zug im Text wird die
Stellung des Lb6 geschwächt und der
weiße Königsläufer auf ein günstigeres
Feld zurückgetrieben.

| 11. | Lb5—e2 | Df6—g6 |
| 12. | Le2—f3 | f7—f5 |

Jetzt kostet dieser Zug mindestens
einen Bauern.

| 13. | e4—f5: | Lc8—f5: |
| 14. | Sd4—f5: | Se7—f5: |

| 15. | Le3—b6: | c7—b6: |
| 16. | Dd1—b3† | Kg8—h8 |

Etwas günstiger war Df7 (17. Db6:
d5).

17.	Db3—b6:	Dg6—f7
18.	Lf3—c6:	b7—c6:
19.	Db6—c6:	Df7—a7†
20.	Kg1—h1	Sf5—g3†

Ein inkorrektes Opfer; doch war
die Partie ohnehin nicht mehr zu
halten.

21.	h2—g3:	Tf8—f6
22.	Tf1—f2!	g7—g5
23.	Dc6—f3	g5—g4
24.	Df3—e2	Ta8—f8
25.	De2—d2	Tf6—h6†
26.	Kh1—g1	Tf8—f5
27.	Dd2—d4†	Aufgegeben.

Nr. 73. Spanische Partie.
Gespielt am 26. Juli.

Anderssen.	L. Paulsen.
Weiß.	Schwarz.
1. e2—e4	e7—e5
2. Sg1—f3	Sb8—c6
3. Lf1—b5	a7—a6
4. Lb5—a4	b7—b5
5. La4—b3	Lc8—b7
6. d2—d3	g7—g6
7. Sb1—c3	Lf8—g7
8. a2—a4	b5—a4:

Statt dessen kommt Sd4 in Betracht,
wie es in ähnlicher Stellung in Partie
75 geschieht.

| 9. | Lb3—a4: | Sg8—e7 |

10.	Lc1—g5	h7—h6
11.	Lg5—e3	0—0
12.	La4—b3	

Um f7—f5 zu hindern.

| 12. | . . . . | Sc6—d4 |

Wir hätten jetzt Kh7 nebst f5 vorgezogen.

13.	Le3—d4:	e5—d4:
14.	Sc3—e2	c7—c5
15.	0—0	d7—d5
16.	e4—d5:	Se7—d5:
17.	Dd1—d2	Dd8—d6
18.	Tf1—e1	Kg8—h7
19.	Se2—g3	f7—f5

20. Lb3—d5:   Lb7—d5:

Es beginnt nun ein sehr interessanter Kampf der beiden Läufer gegen die beiden Springer.

21.	Te1—e2	Ld5—c6
22.	Dd2—a5	Lc6—b5
23.	Sf3—d2	Ta8—e8
24.	Ta1—e1	Dd6—f4
25.	Sg3—f1	Df4—b8
26.	Da5—a3	Db8—a7
27.	Sd2—b3	Te8—e2:
28.	Te1—e2:	Tf8—c8
29.	Sf1—d2	Lg7—f8
30.	Sd2—c4	Da7—f7
31.	Sb3—d2	Tc8—e8
32.	Te2—e8:	Df7—e8:

Nach dem Abtausch der Türme scheinen die Läufer an Kraft zu gewinnen.

33.	Da3—a1	De8—e6
34	h2—h3	Lf8—g7
35.	Da1—f1	Lg7—f6
36.	f2—f4	g6—g5
37.	g2—g3	g5—f4:
38.	g3—f4:	Lb5—c6
39.	Kg1—h2	De6—d5
40.	Sc4—a5	Lc6—a8
41.	Sd2—c4	Lf6—h4

Schwarz glaubte nach 42. Se5 durch

Lg5 zu gewinnen, sah jedoch erst später, dass Weiß dann in 43. Sac6 einen genügenden Deckungszug hatte. Mit 41. . . . . Ld8 hätte sich Schwarz günstiger gestellt: 42. Sb3 Lc7 43. Kg3 Dg8† 44. Kf2 Lf4: 45. Sc5: Dd5 46. Ke2 Lg5, und der schwarze f-Bauer dürfte sehr kräftig werden.

42.	Sc4—e5	Lh4—d8
43.	Sa5—c4	Ld8—c7
44.	Df1—g1	Dd5—e6
45.	Dg1—g3	La8—d5
46.	Dg3—f2	De6—g8
47.	Df2—g3	Dg8—e8
48.	Dg3—f2	Lc7—d8
49.	Sc4—d2	Ld8—c7
50.	Sd2—c4	a6—a5
51.	b2—b3	Lc7—d8
52.	Sc4—d2	a5—a4
53.	b3—a4:	De8—a4:
54.	Df2—g3	Da4—e8
55.	Sd2—f3	De8—h5
56.	Kh2—g1	Ld8—e7
57.	Kg1—f2	Ld5—b7
58.	Kf2—g1	Lb7—d5
59.	Kg1—f2	Ld5—b7
60.	Kf2—g1	Le7—d8
61.	Kg1—f2	

Als remis abgebrochen.

Nr. 74. Zweispringerspiel im Anzuge.

Gespielt am 27. Juli, Vormittags.

	L. Paulsen.	Anderssen.			
	Weiß.	Schwarz.	2.	Sg1—f3	Sb8—c6
1.	e2—e4	e7—e5	3.	Sb1—c3	Lf8—c5
			4.	Sf3—e5:	Sc6—e5:

5. d2—d4 Lc5—d6
6. d4—e5: Ld6—e5:
7. Sc3—d5

Kräftiger ist, wie bereits hervor-
gehoben, 7. f4.

7. . . . . c7—c6
8. Sd5—e3 Sg8—f6
9. Lf1—c4 0—0

Be4 darf wegen 10. Lf7† (Kf7: 11.
Dh5†) nicht genommen werden.

10. Dd1—d3 Tf8—e8

Besser b5 11. Lb3 Te8, worauf Weiß
zur Deckung des Königsbauern durch
12. f3 genötigt war.

11. Dd3—b3! d7—d5
12. e4—d5: c6—d5:

Der isolirte d-Bauer ist noch keine
entscheidende Schwäche des schwarzen
Spiels; derselbe konnte noch zu recht
kräftigen Angriffen dienen und wird
erst durch einen ferneren Fehlzug Ursache des Verlustes.

13. Lc4—b5

Stellung nach dem 13. Zuge von Weiß.

13. . . . . . Te8—e6

Schwarz führt den Turm auf eine
sehr hübsche Weise auf den Königsflügel, aber leider auf einen verlornen
Posten. Weit besser ginge der Turm
nach e7; wenn Weiß alsdann rochirt,
so folgt 14. . . . . d4 15. Sd1 (nicht
Sc4 wegen Lh2† 16. Kh2: a6 17. La4
b5, da nunmehr 18. Lb5: b5: 19. Db5:
an Dc7† nebst La6 scheitert) a6 16.
Ld3 Le6, und die weiße Dame nimmt,
da der Läufer wegen Lh2† nicht
zwischengezogen werden kann, eine
ungünstige Stellung ein.

14. 0—0 Te6—b6
15. Db3—d3 a7—a6
16. Lb5—a4 Tb6—b4
17. La4—b3 Tb4—d4
18. Dd3—e2 Td4—e4
19. f2—f3 Te4—h4
20. g2—g3 Th4—h5
21. c2—c3 Le5—d6
22. Se3—g2 Lc8—h3
23. Lc1—e3 Dd8—c7
24. De2—f2 Ta8—e8
25. Tf1—e1 Lh3—g2:
26. Kg1—g2: Te8—e6
27. Le3—d4 Sf6—d7
28. f3—f4 Te6—h6
29. Te1—e8† Sd7—f8
30. h2—h4 Th6—g6

Zöge Schwarz diesen Turm nach
e6, so würde Weiß durch 31. Te6:
Se6: (nicht e6: wegen Qualitätsver-
lustes durch 32. g4 nebst 33. g5 etc.)
32. Df3 den Bd5 erobern, doch wäre,

da Schwarz sofort auf d4 abtauschen kann, wegen der verschiedenfarbigen Läufer Remissschluss mehr als wahrscheinlich.

| 31. | Lb3—c2 | f7—f5 |

Der entscheidende Fehler! Jetzt musste der Turm nach e6 gehen, und Schwarz hätte seinen Bd5, wenn auch mühevoll, doch vielleicht noch behauptet.

| 32. | Df2—f3! | Dc7—f7 |

| 33. | Ta1—e1 | Th5—h4: |

Auch andere Züge vermögen den Bd5 nicht mehr zu retten oder ein Aequivalent für dessen Verlust zu erlangen.

34.	Lc2—b3	Ld6—f4:
35.	Df3—d5:	Tg6—g3 †
36.	Kg2—f1	Kg8—h8
37.	Dd5—f7:	Th4—h1 †
38.	Kf1—e2	Th1—h2†
39.	Ld4—f2	Aufgegeben.

Nr- 75. Spanische Partie.

Gespielt am 27. Juli, Nachmittags.

	Anderssen.	L. Paulsen.
	Weiß.	Schwarz.
1.	e2—e4	e7—e5
2.	Sg1—f3	Sb8—c6
3.	Lf1—b5	a7—a6
4.	Lb5—a4	b7—b5
5.	La4—b3	Lc8—b7
6.	0—0	g7—g6
7.	d2—d3	Lf8—g7
8.	a2—a4	Sg8—e7
9.	Sb1—c3	Sc6—d4
10.	Lb3—a2	

Nimmt Weiß statt dessen den Bb5, so kann Schwarz wol unbedenklich auf b3 abtauschen und damit einen Bauern opfern: 10. b5: Sb3: 11. b3: b5: 12. Ta8: Da8: 13. Sb5: Da5 nebst d5 resp. f5, und Schwarz hat ein gutes Spiel.

| 10. | . . . . | b5—b4 |
| 11. | Sf3—d4: | e5—d4: |

12.	Sc3—e2	d7—d5
13.	f2—f3	0—0
14.	Dd1—e1	c7—c5
15.	De1—g3	c5—c4

Anstatt dieser zeitraubenden Bauernmanöver, die schließlich die weiße Bauernstellung nur verstärken, sollte Schwarz seine Offiziere entwickeln: 15. . . . . Dd7 16. Lg5 Tae8; es droht dann Da4: nebst Dc2: resp. f6 nebst Kh8 und f5.

(S. Diagramm.)

| 16. | Lc1—g5! | |

Auf 16. c4: würde sich Schwarz mit e4: 17. e4: Le4:, auf 16. d5: mit d3: 17. d3: Sd5: oder auch mit b3 17. b3: d3: und 18. . . . . Sd5: günstig stellen.

16.	. . . .	b4—b3
17.	c2—b3:	c4—d3:
18.	Se2—f4	d5—e4:

Nicht gut, da der Läufer im nächsten

Stellung nach dem 15. Zuge von Schwarz.

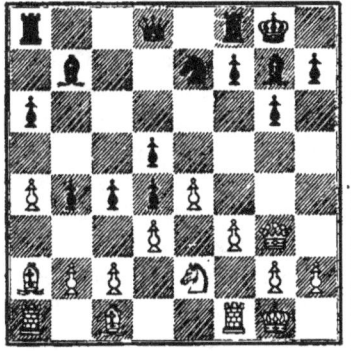

Zuge nicht schlagen darf. Besser wäre
h6 19. Le7: De7:, wonach verschiedenfarbige Läufer übrig bleiben und
Schwarz mancherlei Chancen behält.
19. f3—e4: Lb7—e4:?
Hier war immer noch h6 am Platze;
auch Dd6 konnte geschehen, doch
durfte Schwarz dann auf 20. Dd3: nur

mit Sc6 fortfahren, nicht etwa mit f6
wegen 21. b4† Kh8 22. e5 De5: 23.
Tae1 oder 22. . . . . . e5: 23. Le7:
De7: 24. Sg6‡!

20.	Dg3—e1	f7—f5
21.	b3—b4†	Tf8—f7

Nicht Kh8 wegen 21. Sg6‡.

22.	Sf4—e6	Dd8—d6
23.	Se6—g7:	Kg8—g7:
24.	De1—e4:	

Sehr schön gespielt! — Schlägt
Schwarz die Dame, so entscheidet 25.
Tf7‡ Kh8 26. Lf6† Kg8 27. Le5!

24.	. . . . .	Ta8—f8
25.	De4—h4	Se7—c6
26.	Tf1—f3	h7—h5
27.	La2—f7:	Tf8—f7:
28.	Tf3—d3:	Tf7—d7
29.	Ta1—d1	Dd6—b4:
30.	Lg5—f6†	Kg7—h7
31.	Lf6—d4:	Aufgegeben.

Nr. 76. Spanische Partie.
Gespielt am 28. Juli.

L. Paulsen.	Anderssen.
Weiß.	Schwarz.
1. e2—e4	e7—e5
2. Sg1—f3	Sb8—c6
3. Lf1—b5	Sg8—f6
4. Sb1—c3	

Eine weniger übliche Angriffsweise
in der spanischen Partie, gegen welche
a7—a6 zur Verteidigung genügt. Im
Viersprlngerspiel ist dieselbe Stellung
mehrfach vorgekommen.

4.	Lf8—c5
5. 0—0	

Statt dessen sollte Weiß sofort den
Be5 schlagen. Vgl. die Anmerkungen
zum 5. und 6. Zuge von Partie 63.

5.	0—0
6. Sf3—e5:	

Jetzt ist die Güte dieses Zuges
fraglich; Schwarz hat in Te8 eine
vortreffliche Entgegnung, die den
Bauern mit gutem Spiel zurückgewinnt.

6.	. . . .	Sc6—e5:?
7.	d2—d4	Lc5—d6
8.	f2—f4	

Nachdem beide Teile bereits rochirt haben, ist dieser Angriff entschieden stärker als das sofortige Schlagen des Springers.

8.	. . . .	Se5—c6

Zieht Schwarz den Springer nach g6 zurück, so folgt 9. e5 Le7 10. f5 ebenfalls mit ausgezeichnetem Spiel für Weiß.

9.	e4—e5	Ld6—e7
10.	d4—d5	Le7—c5†
11.	Kg1—h1	Sc6—d4

Geht der andere Springer nach e8, so gewinnt Weiß mit 12. c6: bc6: 13. Lc6: einen Bauern.

12.	e5—f6:	Dd8—f6:
13.	Sc3—e4	Df6—e7
14.	Lb5—d3	Lc5—b6

Stellung nach dem 14. Zuge von Schwarz.

Die weißen Steine sind jetzt vortrefflich geordnet; Paulsen leitet unge-

säumt und in energischer Weise den Angriff gegen das unentwickelte Spiel des Gegners ein.

15.	f4—f5	f7—f6
16.	Se4—g3	c7—c6

Schwarz muss dem Springer ein Rückzugsfeld verschaffen.

17.	c2—c3	Sd4—b5
18.	Dd1—b3	Sb5—d6
19.	Lc1—f4	

Weiß verschmäht den Bauerngewinn, um dem Gegner nicht die Möglichkeit zu gewähren, sein Spiel zu entwickeln.

19.	. . . . .	Sd6—f7
20.	d5—d6	De7—d8
21.	Ta1—e1	Lb6—a5
22.	Ld3—c4	b7—b5
23.	Lc4—f7‡	Tf8—f7:
24.	Te1—e7	Dd8—f8
25.	Tf1—e1	

Stellung nach dem 25. Zuge von Weiß.

Es droht jetzt, wenn z. B. Ld8 geschieht, 26. Tf7: Df7: 27. Te8 †;

gegen g6 oder g5 führt dieselbe Kombination zum Matt oder Damengewinn. Entwickelt Schwarz den Damenläufer nach b7, so folgt 26. Sh5 c5! 27. Db5: Lb6 28. Dc4 a5 29. Sf6‡ f6: 30. Lh6 La6 31. Dg4† oder 30. . . . . Dh6: 31. Df7‡ Kh8 32. Te8† etc. In der Partie geschah:

25. . . . . Lc8—a6

Damit hindert Schwarz das eben angedeutete Manöver, doch gewinnt Weiß jetzt einen Offizier.

	Weiß	Schwarz
26.	Db3—a3	Df8—d8
27.	b2—b4	c6—c5
28.	b4—a5:	Dd8—c8
29.	Da3—b3	c5—c4
30.	Db3—d1	La6—b7

	Weiß	Schwarz
31.	a5—a6	Lb7—c6

Der Bauer darf wegen 32. Dd5 nebst 33. Tf7: nicht genommen werden.

	Weiß	Schwarz
32.	Sg3—h5	Tf7—e7:
33.	Te1—e7:	Kg8—h8
34.	Dd1—g4	Dc8—f8
35.	Dg4—g7‡	Df8—g7:
36.	Te7—g7:	b5—b4
37.	c3—b4:	c4—c3
38.	Tg7—e7	Ta8—f8!
39.	Kh1—g1	c3—c2
40.	Te7—e2	Lc6—a4
41.	Te2—e1	La4—b5
42.	Lf4—h6	Tf8—c8
43.	Sh5—f6:	Lb5—d3
44.	Sf6—d7:	Ld3—f5:
45.	Sd7—c5	Aufgegeben.

III. Beratungspartie.

Nr. 77. Unregelmäßige Eröffnung.

Gespielt am 22. Juli, Nachmittags.

(Einsatz 30 Mark. — Kein Stein darf berührt werden.)

L. Paulsen.	Anderssen.
Dr. C. Göring.	J. H. Zukertort.
Joh. Metger.	Dr. C. Schmid.
Weiß.	**Schwarz.**

	Weiß	Schwarz
1.	c2—c4	e7—e6
2.	e2—e3	Sg8—f6
3.	a2—a3	c7—c5
4.	d2—d4	d7—d5

	Weiß	Schwarz
5.	Sb1—c3	Sb8—c6
6.	Sg1—f3	a7—a6

Ein abwartender Zug, der kein Tempo verliert.

	Weiß	Schwarz
7.	d4—c5:	Lf8—c5:
8.	b2—b4	Lc5—d6
9.	c4—c5	

Anderssen tadelte später diesen Zug;

die weißen Verbündeten aber hielten das Vorrücken der Bauern des Damenflügels für durchaus der Position entsprechend.

9.	. . . .	Ld6—c7
10.	Lc1—b2	0—0
11.	Dd1—b3	Dd8—e7
12.	Lf1—e2	Lc8—d7
13.	0—0	Ta8—d8
14.	Tf1—d1	Ld7—c8
15.	Ta1—c1	h7—h6

Widerum ein abwartender Zug, der aber unseres Erachtens ein Tempo verliert. Weiß setzt nun seinen Bauernangriff auf dem Damenflügel fort. Schwarz täte besser sogleich e6—e5; Bd5 darf wegen des später drohenden Le6 nicht geschlagen werden.

16.	a3—a4	e6—e5
17.	b4—b5	a6—b5:
18.	a4—b5:	e5—e4!

Falsch wäre Sa5 wegen 19. Da2 b6! 20. b6: Lb6: 21. Sd5:, da nun Sd5: 22. Td5: Le6 wegen 23. Te5: nichts nützt.

19.   Sf3—d2

Mit 19. c6: f3: 20. Lf3:! (nicht b7: wegen e2:) c6: wird die schwarze Bauernstellung verbessert, Bc5 isolirt.

19.   . . . .   Sc6—e5
20.   Sd2—f1

Vorsichtiger wäre h3, jedoch kaum unbedingt notwendig. Dem Angriff, den Schwarz mit dem nächsten Zuge erlangt, lässt sich recht wol begegnen.

20.   . . . .   Lc8—g4

Stellung nach dem 20. Zuge von Schwarz.

21.   Sc3—d5:

Dies scheint am besten. Mit 21. Lg4: Sfg4: 22. Sd5: (nicht h3 wegen Sf3† 23. f3: f3: nebst Dh4) setzt sich Weiß einem starken Angriff aus, der sich allerdings doch vielleicht schließlich mit Vorteil zurückschlagen ließe. 22. . . . Dh4 23. g3 Dh3 (h5) 24. Le5: Le5: 25. Se7†; oder 23. . . . . Sf3† 24. Kg2 Dh5 25. Sc7: Sgh2: 26. Dc3 f6 27. Sd2 resp. 24. . . . . Dg5 25. Sf4 (Sh4† 26. h4: Se3†† 27. Kh1 Df4: 28. De3: oder 25. . . . . Lf4: 26. ef4: Sh4† 27. Kg1 Sf3† 28. Df3:). — Der Zug im Text war indessen indirekt Ursache des Verlustes der Partie, da er über 25 Minuten kostete und eine ziemlich schwierige Position herbeiführte, deren richtige Behandlung mehr Zeit erfordert hätte.

21.   . . . .   Sf6—d5:
22.   Le2—g4:   Se5—d3
23.   Td1—d3:

Erzwungen ist dieses Qualitätsopfer keineswegs; man erwäge: 23. Tc2 S$_c$b4 24. Tcd2 Dc5: 25. La3 La5 26. Le2 und Weiß erobert nach Abtausch auf d3 durch Turmangriff auf b2 oder b1 den Springer b4; 24. . . . . Sb2: 25. Db2: Sd3 (Dc5: 26. Tc1) 26. Dc3 und die Spiele gleichen sich aus; 23. . . . . Sc5: kostet wegen 24. Dc4 einen Offizier. — Weiß entschloss sich jedoch ziemlich schnell zum Qualitätsopfer, weil zwei Bauern genügenden Ersatz für dasselbe zu gewähren schienen und die verschiedenen Möglichkeiten, die aus Tc2 sich ergaben, wegen der Kürze der Zeit nicht durchgerechnet werden konnten. .

23. . . . . e4—d3:
24. Db3—d3: Lc7—e5

Schwarz strebt nach Abtausch, um dem Angriff der Läufer des Gegners zuvorzukommen. Sf6 würde 25. Dc3 zur Folge haben.

25. Dd3—b3 .

Auf La3 könnte Sf6 folgen.

25. . . . . Le5—b2:
26. Db3—b2: Sd5—f6
27. Lg4—f3 Sf6—e4
28. c5—c6 b7—c6:
29. b5—c6: Se4—g5
30. Lf3—e2

Statt dessen kam Sd2 in Betracht; tauscht Schwarz auf f3, so gewinnt der weiße Freibauer an Kraft, da der Springer denselben von d4 aus decken und später auf b5 und a7 sein Vorrücken unterstützen kann.

30. . . . . Td8—b8
31. Db2—c2 Tf8—c8 .
32. Sf1—g3 De7—e5

Stellung nach dem 32. Zuge von Schwarz.

33. c6—c7

Dieser Fehlzug, welcher den Bauern ohne Ersatz aufgibt und in schließlicher Folge die Partie kostet, erklärt sich wiederum durch die Kürze der Bedenkfrist; es fehlten nur noch 5 Minuten an der zweiten Stunde. Wir wollen bei dieser Gelegenheit darauf aufmerksam machen, dass 20 Züge pro Stunde für eine Beratungspartie zu viel verlangt ist, da man nicht allein mit eigenen Gedanken, sondern auch mit denen der Mitspielenden zu tun hat und häufig ein gut Teil Zeit mit nutzlosen Erörterungen verloren geht.

Am einfachsten wäre 33. h4, um dann den Läufer wider nach f3 zu

ziehen; auch 33. Sf5 (droht die Gabel
auf Dame und Springer) kam in Betracht, worauf Weiß nach Tb2 mit 34.
Se7† Kf8 35. Sc8: Tc2: 36. Tc2: Da1†
(Df5 37. Tc1 Dc8: 38. c7 und La6)
37. Lf1 Db1 38. Tc4 etc., nach 33. . . . .
Df6 mit 34. f4 Se6 (Sh7 35. Dc5 Tc7
36. Sd6) 35. Sd6 Tc7 36. f5 Sg5 oder
f8 (nicht Sd8 wegen 37. Se8!) 37.
Sb5 gewinnt, nach 33. . . . . . Se4 dagegen mit 34. Lg4 ebenfalls ein gutes
Spiel behauptet.

33. . . . . .   Tb8—b7

Falsch wäre Tb2, welchen Zug Weiß
allein in Betracht gezogen hatte, wegen
34. Df5! De6 35. h4 nebst La6.

34.   Le2—a6

Diese Kombination, die das Remis
retten sollte, entspringt dem Scharf-
sinn Paulsens, der mit raschem Blick
die unerwartete und unangenehme
Wendung erfasst hatte und ihr mit
Ruhe zu begegnen suchte.

34.	. . . .	Tb7—c7:
35.	La6—c8:	Tc7—c2:
36.	Tc1—c2:	De5—a1 †
37.	Sg3—f1	g7—g6
38.	f2—f3	Da1—e1
39.	Lc8—a6	h6—h5
40.	Tc2—d2	h5—h4
41.	h2—h3	

Hierdurch wird g3 ein wunder Fleck.
Besser scheint 41. Tf2 (h3 42. g3).

41.	. . . .	Sg5—h7
42.	La6—c4	Sh7—f6
43.	Td2—d4	g6—g5

44.	Td4—d8 †	Kg8—g7
45.	Td8—c8	De1—a5
46.	Kg1—f2	Sf6—h5
47.	Lc4—d3	f7—f5
48.	Kf2—g1	f5—f4
49.	e3—e4	Da5—a7 †
50.	Kg1—h2	Sh5—g3
51.	Tc8—c2	Da7—a1
52.	Tc2—c7 †	Kg7—f6
53.	Tc7—c6 †	Kf6—e7
54.	Tc6—g6	

Weiß verteidigt sich sehr gut, vermag
aber doch schließlich gegen die Ueber-
macht der Dame nicht anzukämpfen.
Schwarz darf den Sf1 nicht schlagen,
da nach 55. Lf1: Df1: 56. Tg5: wegen
der Unmöglichkeit, den Turm von
d5 und f5 zu vertreiben, das Remis
ausgesprochen ist. Zu bemerken ist
übrigens, dass auch in diesem Stadium
der Partie wegen der Kürze der Ueber-
legungsfrist Gedanke und Ausführung
geradezu zusammenfielen.

Stellung nach dem 54. Zuge von Weiß.

54.	. . . .	Da1—a5
55.	Ld3—c4	Da5—c5
56.	Lc4—d3	Ke7—f7
57.	Tg6—a6	Dc5—f2
58.	Ta6—a5	g5—g4

Die entscheidende Schlusskombination. Sf1 durfte noch immer nicht geschlagen werden.

| 59. | h3—g4: | h4—h3 |

Die Partie ist nicht zu halten. Weiß tut noch einige Verzweiflungszüge.

60.	Ld3—c4†	Kf7—f8
61.	Sf1—e3	f4—e3:
62.	Kh2—h3:	e3—e2
63.	Lc4—e2:	Sg3—e2:

Weiß gibt die Partie auf.

IV. Partien aus dem Hauptturnier.

Nr. 78. Italienische Partie.
Gespielt am 16. Juli, Vormittags.

	C. Freystedt.	Schottländer.
	Weiß.	Schwarz.
1.	e2—e4	e7—e5
2.	Sg1—f3	Sb8—c6
3.	Lf1—c4	Lf8—c5
4.	0—0	Sg8—f6
5.	Sb1—c3	d7—d6
6.	d2—d3	h7—h6
7.	Sc3—e2	Lc8—g4
8.	Se2—g3	0—0
9.	c2—c3	Lc5—b6
10.	h2—h3	Lg4—e6
11.	Lc4—b3	Dd8—d7
12.	d3—d4	Le6—b3:
13.	a2—b3:	e5—d4:
14.	c3—d4:	Ta8—e8
15.	d4—d5	Sc6—e7
16.	Sf3—d4	Se7—g6

17.	f2—f3	Te8—e7
18.	Kg1—h1	Te7—e5
19.	Sd4—e2	

Warum nicht nach f5?

19.	. . . .	Sf6—h5
20.	f3—f4	Sh5—g3†
21.	Se2—g3:	Te5—e8
22.	Lc1—d2	f7—f6
23.	Dd1—h5	Dd7—f7
24.	f4—f5	Sg6—e5
25.	Dh5—f7†	Se5—f7:

Der Damentausch ist nur für Schwarz günstig, da die weißen Bauern für das Endspiel schlecht stehen.

26.	Ta1—e1	Te8—e7
27.	h3—h4	Tf8—e8
28.	Tf1—f4	Sf7—e5
29.	Te1—e2	Se5—d3

30.	Tf4—f3	Sd3—c5	35.	Td2—d4:	Se4—g3†
31.	Tf3—e3	Sc5—d7	36.	Kh1—h2	Sg3—e2
32.	Te3—f3	Lb6—d4	37.	Td4—c4	b7—b5
33.	Ld2—c1		38.	Tc4—c3	Se2—c3:

Der entscheidende Fehler; der
Läufer musste nach c3 gehen.

33.	....	Sd7—c5	39.	b2—c3:	Te7—e5
34.	Te2—d2	Sc5—e4:	40.	c3—c4	b5—c4:
			41..	b3—c4:	Te5—e4

Weiß gibt die Partie auf.

Nr. 79. Abgelehntes Königsgambit.
Gespielt am 16. Juli, Vormittags.

	Dr. C. Schmid.	Dr. Reiff.			
	Weiß.	Schwarz.	8.	g2—g3	Dg4—h3
1.	e2—e4	e7—e5	9.	Lc4—f1	Dh3—h5
2.	f2—f4	Lf8—c5	10.	Se3—d5	Lc5—b6
3.	Sg1—f3	d7—d6	11.	f4—f5!	0—0
4.	Lf1—c4	Sg8—f6	12.	Lf1—e2	Tf8—e8
5.	Sb1—c3	Sf6—g4	13.	Sd5—b6:	a7—b6:

Ein vorzeitiger Angriff von Schwarz.

			14.	Le2—g4:	Te8—e4†
6.	d2—d4		15.	Lg4—e2	c7—c5

Nicht gut Tf1 wegen Sh2:

6.	....	e5—d4:	16.	0—0	Dh5—h3
7.	Sf3—d4:	Dd8—h4†	17.	Sd4—b5	Lc8—f5:
			18.	Tf1—f5:	Dh5—f5:
			19.	Sb5—d6:	Aufgegeben.

Nr. 80. Sizilianische Partie.
Gespielt am 16. Juli, Vormittags.

	E. Flügel.	C. Wemmers.			
	Weiß.	Schwarz.	8.	Lc1—e3	Dd8—b6
1.	e2—e4	c7—c5	9.	Sc3—a4	
2.	Sg1—f3	e7—e6			

Dieser Zug kostet einen Bauern.

3.	Sb1—c3	Sb8—c6	9.	....	Db6—a5†
4.	d2—d4	c5—d4:	10.	c2—c3	Lc5—d4:
5.	Sf3—d4:	a7—a6	11.	Le3—d4:	Sc6—d4:
6.	a2—a3	Sg8—f6	12.	Dd1—d4:	e6—e5!
7.	Lf1—e2	Lf8—c5	13.	Dd4—b4	

Um die Schwäche des schwarzen

Damenflügels besser ausbeuten zu können.			31.	. . . .	Tg3—h3‡
13.	. . . .	Da5—b4:	32.	Kh1—g1	Th3—g3†
14.	a3—b4:	Sf6—e4:	33.	Kg1—h1	h6—h5
15.	f2—f3	Se4—g5	34.	Te7—e5:	Tg3—f3:
Auf Sf6 würde 16. Sb6 nebst 17. Sc4.			35.	Ta7—a8†	Kg8—h7
folgen.			36.	Ta8—a1	Kh7—h6
16.	Sa4—b6	Ta8—b8	37.	Ta1—c1	Tb2—b3
17.	b4—b5	0—0	38.	c3—c4	Tf3—c3
18.	0—0	Sg5—e6	39.	Tc1—c3:	

Mit 21. Sd7: hätte Weiß den Bauern vol zurückerobert.

19.	Tf1—d1	Se6—c7
20.	b5—a6;	b7—a6:
21.	Sb6—c8:	

Entscheidender Fehler! Te5—e1 war der einzig richtige Zug, der vielleicht noch remis machte.

21.	. . . .	Tf8—c8:	39.	. . . .	Tb3—c3:
22.	Td1—d7:	Tb8—b2:	40.	c3—c4	h5—h4
23.	Le2—a6:		41.	Te5—e6†	Kh6—h5

Besser 22. Lc4 (Se6 Le6:).

23.	. . . .	Sc7—a6:	42.	c5—c6	g7—g5
24.	Ta1—a6:	h7—h6	43.	Kh1—h2	Kh5—g4
25.	Ta6—a3	Tb2—c2	44.	Te6—d6	Tc3—c2†
26.	Ta3—a7	Tc8—b8!	45.	Kh2—h1	h4—h3
27.	h2—h3	Tb8—b1†	46.	Td6—d4†	Kg4—g3
28.	Kg1—h2	Tb1—b2	47.	Td4—d3†	Kg3—h4
29.	Td7—f7:	Tc2—g2†	48.	Td3—d6	g5—g4
30.	Kh2—h1	Tg2—g3	49.	Kh1—g1	Tc2—c1†
31.	Tf7—e7		50.	Kg1—f2	Tc1—c2†

Hier musste h3—h4 geschehen.

51.	Kf2—e3	h3—h2
52.	Ke3—f4	Tc2—c4†
53.	Kf4—e3	Kh4—g3
54.	Td6—h6	Tc4—c6:

Weiß gibt die Partie auf.

Nr. 81. Abgelehntes Damengambit.

Gespielt am 16. Juli, Vormittags.

	Doppler.	F. Riemann.		2.	c2—c4	e7—e6
	Weiß.	Schwarz.		3.	Sb1—c3	Lf8—b4
1.	d2—d4	d7—d5		4.	Lc1—f4	Lb4—c3‡

5.	b2—c3:	Sg8—f6		29.	De2—d2	Tf8—e8
6.	e2—e3	0—0		30.	Te1—e8†	Df7—e8:
7.	Lf1—d3	b7—b6		31.	Tf1—e1	De8—f8?
8.	Sg1—f3	Lc8—b7		32.	Lc4—b5!	

Weiß erobert auf hübsche Art die Dame, setzt aber dann den Angriff nicht kräftig genug fort.

9.	0—0	Sf6—e4		32.	. . . .	Df8—g8
10.	Dd1—c2	f7—f5		33.	Te1—e8	Tf6—f8
11.	Ta1—d1	Sb8—d7		34.	Sf5—h6!	Tf8—e8:
12.	c4—d5:	Lb7—d5:		35.	Sh6—g8:	Te8—g8:
13.	c3—c4	Ld5—b7		36.	Lb5—c6	Tg8—f8
14.	d4—d5	e6—d5:		37.	Dd2—e2	Lb7—a6
15.	c4—d5:	Sd7—c5		38.	De2—e7	Kh8—g8
16.	Ld3—c4	Kg8—h8		39.	De7—d6:	Tf8—f3:
17.	Sf3—d4	Dd8—e7		40.	Dd6—b8†	Tf3—f8
18.	f2—f3	Se4—d6		41.	Db8—a7:	La6—f1
19.	Lf4—d6:	De7—e3†		42.	h2—h4	Lf1—e2
20.	Kg1—h1	c7—d6:		43.	g4—g5	Sc5—e4
21.	Sd4—f5:	De3—f4		44.	d5—d6	Tf8—f1†
22.	Sf5—d4	Tf8—f6		45.	Kh1—g2	Tf1—f2†
23.	Sd4—e2	Df4—g5		46.	Kg2—h3	Tf2—f3†
24.	Se2—g3	Tf6—h6		47.	Kh3—g2	Tf3—f2†
25.	Sg3—f5	Th6—f6			Remis.	
26.	g2—g4	Ta8—f8				
27.	Dc2—e2	Dg5—g6				
28.	Td1—e1	Dg6—f7				

Nr. 82. Russisches Springerspiel.
Gespielt am 16. Juli, Nachmittags.

	F. Riemann.	Doppler.				
	Weiß.	Schwarz.		7.	c2—c4	Lc8—e6
				8.	0—0	0—0
1.	e2—e4	e7—e5		9.	Dd1—c2	Se4—f6
2.	Sg1—f3	Sg8—f6		10.	Sf3—g5	h7—h6
3.	Sf3—e5:	d7—d6		11.	Sg5—e6:	f7—e6:
4.	Se5—f3	Sf6—e4:		12.	f2—f4	Sb8—c6
5.	d2—d4	d6—d5		13.	Dc2—c3	Sf6—h5
6.	Lf1—d3	Lf8—d6		14.	g2—g3	Dd8—f6

15.	c4—c5	Ld6—e7	
16.	Lc1—e3	Df6—f7	
17.	Sb1—d2	Sh5—f6	
18.	Ld3—c2	Df7—h5	
19.	Ta1—e1	Ta8—e8	
20.	a2—a3	Le7—d8	
21.	Dc3—d3	Sc6—e7	
22.	Sd2—f3	Se7—f5	
23.	Le3—c1	Sf6—g4	
24.	Te1—e2	Tf8—f6	
25.	Sf3—e5	c7—c6	
26.	Lc2—d1	Sg4—e5:	
27.	Te1—e5:	Dh5—h3	
28.	Tf1—e1	Ld8—c7	
29.	Te5—e2	Tf6—g6	
30.	Te2—g2	Lc7—d8	
31.	Dc2—d2	Ld8—f6?	
32.	g3—g4	Lf6—d4†	

Das Schlagen des Bauern kostet einen Offizier. Auch der Springer durfte nicht schlagen.

33.	Kg1—h1	Ld4—c5:	
34.	g4—f5:	Tg6—g2:	
35.	Dd2—g2:	Dh3—f5:	
36.	Ld1—c2	Df5—f7?	

Dieser Fehler war nicht mehr nötig; Weiß hätte auch ohne ihn gewonnen.

37.	Lc2—g6	Df7—f8	
38.	Lg6—e8:	Df8—e8:	
39.	Dg2—e2	Kg8—f7	
40.	f4—f5	e6—e5	
41.	De2—h5†	Kf7—f8	
42.	Dh5—e8‡	Kf8—e8:	
43.	Te1—e5‡	Ke8—f7	
44.	Te5—e6	Lc5—d4	
45.	b2—b3	a7—a5	
46.	a3—a4	Ld4—f6	
47.	Te6—e2	c6—c5	
48.	Lc1—d2	b7—b6	
49.	Te2—e6	Lf6—d8	
50.	Te6—d6	Aufgegeben.	

Nr. 83. Spanische Partie.

Gespielt am 16. Juli, Abends.

	Dr. C. Schmid.	F. Riemann.
	Weiß.	Schwarz.
1.	e2—e4	e7—e5
2.	Sg1—f3	Sb8—c6
3.	Lf1—b5	a7—a6
4.	Lb5—a4	Sg8—f6
5.	0—0	Sf6—e4:
6.	d2—d4	b7—b5
7.	Sf3—e5:	

Dieser Zug kann ohne Nachteil geschehen; Schwarz darf den La4 weder sofort noch nach Abtausch der Springer nehmen. Im ersteren Falle kommt Weiß durch Abtausch auf c6 nebst Te1, im letzteren durch Dd5 in Vorteil.

7.	. . . .	Sc6—e5:
8.	d4—e5:	d7—d5

Es ist fraglich, ob Lb7 besser ist, da nach 9. Lb3 Le7 durch 10. Dg4 die Rochade verdorben werden kann.

9.	e5—d6:	Se4—d6:
10.	La4—b3	Lf8—e7

11.	Dd1—f3	Lc8—d7			

Natürlich nicht Lb7 wegen 12. Lf7†.

12.	Sb1—c3	c7—c6			
13.	Lc1—f4	0—0			
14.	Ta1—d1	Sd6—f5			
15.	Sc3—e4	Dd8—c8			
16.	Lf4—g5	Ld7—e6			

Nicht gut wäre Sh4 wegen 17. Dh5!

17.	Lg5—e7:	Sf5—e7:			
18.	Se4—d6	Dc8—c7			
19.	Lb3—e6:	f7—e6:			
20.	Df3—h3	Tf8—f6			
21.	Sd6—e4	Tf6—h6			
22.	Dh3—g3	Dc7—g3:			
23.	Se4—g3:	Se7—d5			
24.	Tf1—e1	Ta8—f8			
25.	Sg3—e4	Tf8—f5			
26.	b2—b3	Tf5—h5			
27.	h2—h3	Th6—g6			
28.	Se4—g3	Th5—h4			

Der Turm musste nach g5 gehen.

29.	Te1—e4	Th4—h6			

Schwarz hätte tauschen und den Springer nach f4 spielen sollen. Die schwarzen Türme sind jetzt deplacirt.

30.	c2—c4	Sd5—c3
31.	Td1—d8†	Kg8—f7
32.	Te4—d4	Sc3—a2:

Unbegreiflich! Das schwache Spiel des Nachziehenden erklärt sich aus der langen Dauer der beiden am gleichen Tage schon gespielten Partien (Nr. 81 und 82).

33.	Td4—d7†	Kf7—f6
34.	Td8—f8†	Kf6—g5!
35.	Sc3—e4†	Kg5—h5
36.	g2—g4†	Kh5—h4
37.	Kg1—g2	Th6—h5
38.	Se4—d2	Th5—f5
39.	Tf8—f5:	Tg6—g4‡
40.	h3—g4:	e6—f5:
41.	Td7—g7:	f5—g4:
42.	Sd2—e4	

und Weiß gewann in wenigen Zügen.

Nr. 84. Spanische Partie.
Gespielt am 17. Juli, Vormittags.

	Fritz.	C. Wemmers.			
	Weiß.	Schwarz.			
1.	e2—e4	e7—e5			
2.	Sg1—f3	Sb8—c6			
3.	Lf1—b5	a7—a6			
4.	Lb5—a4	Sg8—f6			
5.	d2—d3	d7—d6			
6.	La4—c6†	b7—c6:			
7.	h2—h3	g7—g6			
8.	Sb1—c3	Lf8—g7			

9.	Lc1—e3	c6—c5
10.	Dd1—d2	Ta8—b8
11.	Ta1—b1	0—0
12.	Le3—h6	Sf6—h5
13.	Sc3—e2	f7—f5
14.	e4—f5:	g6—f5:
15.	Lh6—g7:	Sh5—g7:
16.	Th1—g1	f5—f4
17.	c2—c4	Tf8—f6
18.	Se2—c3	Tf6—g6

19.	Sc3—e4	Sg7—f5
20.	Ke1—e2	Sf5—h4
21.	Sf3—h4:	Dd8—h4:
22.	f2—f3	c7—c6
23.	Dd1—e1	Dh4—e7
24.	b2—b4	c5—b4:
25.	Tb1—b4:	Tb8—b4:
26.	De1—b4:	De7—a7

Auf Lh3: folgt 26. Sd6:

27.	c4—c5	d6—d5
28.	Se4—f2	

Auf 28. Sd6 könnte folgen Td6:
29. d6: Dg1: 30. Db8 und Schwarz
hält remis durch ewig Schach.

28.	. . . .	h7—h5
29.	Tg1—b1	Kg8—h7
30.	Db4—b8	Da7—c5:
31.	Ke2—f1	Dc5—c2
32.	Tb1—e1	Lc8—f5
33.	Db8—e5:	Lf5—d3‡
34.	Kf1—g1	Ld3—f5
35.	Te1—e2	

Mit De8 wäre die Partie für Weiß
entschieden gewesen.

35.	. . . .	Dc2—b1†
36.	Kg1—h2	Tg6—e6
37.	De5—c7†	Kg7—g6
38.	Te2—e6‡	Lf5—e6:
39.	Dc7—c6:	Db1—e1
40.	Sf2—d3	De1—e3
41.	Dc6—e6‡	De3—e6:
42.	Sd3—f4‡	Kg6—f5
43.	Sf4—e6:	Kf5—e6:
44.	g2—g3	Ke6—e5
45.	Kh2—g2	Ke5—d4
46.	Kg2—f2	Kd4—c3
47.	g3—g4	h5—g4:
48.	h3—h4	d5—d4
49.	h4—h5	d4—d3
50.	h5—h6	d3—d2
51.	h6—h7	d2—d1D
52.	h7—h8D†	Kc3—c2
53.	Dh8—c8†	Kc2—b2
54.	Dc8—b7†	Remis.

Nr. 85. Spanische Partie.

Gespielt am 17. Juli, Nachmittags.

	C. Wemmers.	Fritz.
	Weiß.	Schwarz.
1.	e2—e4	e7—e5
2.	Sg1—f3	Sb8—c6
3.	Lf1—b5	a7—a6
4.	Lb5—a4	Sg8—f6
5.	0—0	Sf6—e4:
6.	d2—d4	b7—b5
7.	La4—b3	d7—d5
8.	d4—e5:	Lc8—e6

9.	Sb1—d2	Se4—c5
10.	c2—c3	Lf8—e7
11.	Dd1—e2	Le6—g4
12.	h2—h3	Lg4—h5
13.	g2—g4	Lh5—g6
14.	Sf3—d4	

Weiß übersieht den Verlust der
Qualität, der durch Se1 vermieden
werden konnte.

| 14. | . . . . | Sc6—d4: |

15.	c3—d4:	Lg6—d3
16.	De2—f3	Sc5—b3:
17.	Sd2—b3:	Ld3—f1:
18.	Kg1—f1:	c7—c6
19.	Df3—g3	h7—h6
20.	f2—f4	a6—a5
21.	Lc1—e3	a5—a4
22.	Sb3—c1	a4—a3
23.	b2—b3	Le7—h4
24.	Dg3—f3	Dd8—a5
25.	Sc1—c2	b5—b4
26.	Ta1—c1	Da5—b5
27.	Tc1—c5	Db5—b7
28.	f4—f5	Lh4—e7
29.	Tc5—c1	g7—g5
30.	f5—f6	Le7—d8
31.	Se2—g3	Ke8—d7
32.	Sg3—f5	Db7—b5 †

| 33. | Kf1—f2 | Db5—d3 |
| 34. | Df3—g3 | Dd3—e4 |

Schwarz hat keinen anderen Zug, um der Drohung e5—e6 † zu begegnen. Weiß hat mit Hilfe seiner vorgeschobenen Bauern eine sehr gute Stellung erlangt.

| 35. | Sf5—d6 | De4—g6 |

Die schwarze Dame wird hinauskomplimentirt und die Tür hinter ihr wider verschlossen.

| 36. | Sd6—f5 | Ld8—c7 |

Auch andere Züge retten das schwarze Spiel nicht.

37.	Tc1—c6:	Ta8—c8
38.	Dg3—f3	Dg6—f5:
39.	Tc6—c7‡	Tc8—c7:
40.	Df3—f5:	Aufgegeben.

Nr. 86. Spanische Partie.

Gespielt am 18. Juli, Vormittags.

Dr. V. Knorre.	Fritz.
Weiß.	Schwarz.
1.	e2—e4	e7—e5
2.	Sg1—f3	Sb8—c6
3.	Lf1—b5	a7—a6
4.	Lb5—a4	Sg8—f6
5.	0—0	Sf6—e4:
6.	Sb1—c3	

Man vergleiche die Anmerkung zu dem entsprechenden Zuge in Partie 4 (S. 76).

6.	. . . .	Se4—c3:
7.	b2—c3:	d7—d6
8.	d2—d4	e5—e4

| 9. | Tf1—e1 | d6—d5 |
| 10. | c3—c4 | |

Stärker erscheint Se5 nebst eventuellem Opfer auf f7.

10.	. . . .	Lf8—b4
11.	Te1—e3	0—0˙
12.	La4—c6:	b7—c6:
13.	Sf3—e5	Dd8—e8
14.	Dd1—h5	Lf8—d6
15.	Te3—g3	f7—f6
16.	Dh5—h6	g7—g6
17.	Se5—g6:	Ld6—g3:
18.	Sg6—f8:	Lg3—f2‡
19.	Kg1—f2:	De8—f8:

20.	Dh6—f8†	Kg8—f8:		29.	Tb8—g8†	Kg4—h4
21.	Ta1—b1	Kf8—e7		30.	Tg8—f8.	Ta7—h7
22.	c4—c5	Ta8—a7		Schwarz bekommt endlich seinen		
23.	a2—a4	Ke7—e6		Turm frei, aber zu spät, um den be-		
24.	Tb1—b8	Lc8—d7		drängten König zu retten.		
25.	a4—a5	Ke6—e7		31.	Tf8—f6:	Tb7—b1
26.	Lc1—f4	Ke7—e6		32.	Tf6—h6†	Kh4—g4
27.	c2—c3	Ke6—f5		33.	h2—h3†	Kg4—h5
28.	Lf4—c1	Kf5—g4		34.	g2—g4†.	

Nr. 87. Spanische Partie.

Gespielt am 18. Juli, Vormittags.

	Dr. C. Schmid.	C. Wemmers.		
	Weiß.	Schwarz.		
1.	e2—e4	e7—e5		
2.	Sg1—f3	Sb8—c6		
3.	Lf1—b5	a7—a6		
4.	Lb5—a4	Sg8—f6		
5.	0—0	Sf6—e4:		
6.	d2—d4	b7—b5		
7.	Sf3—e5:	Sc6—e5:		
8.	d4—e5:	Se4—c5		
9.	La4—b3	Sc5—b3:		
10.	a2—b3:	Lc8—b7		
11.	Dd1—g4	Dd8—e7		
12.	Sb1—c3	De7—e6		
13.	Dg4—g3	Lf8—e7		
14.	Lc1—e3	g7—g5!		

Dies leitet kräftigen Angriff ein.

15. h2—h3

Dies genügt nicht, wie die Fortsetzung zeigt; aber erst der folgende Zug ist der entscheidende Fehler. 15. f3 hätte das weiße Spiel besser gesichert.

15.	....	h7—h5!
16.	Le3—g5:?	h5—h4
17.	Dg3—e3	

Auf 17. Df4 erobert Tg8 einen Offizier.

17.	....	De6—c6
18.	Sc3—e4	

Der einzige Zug, da 18. f3 wegen Lc5 nicht geschehen darf.

18.	....	Dc6—e4:
19.	De3—e4:	Lb7—e4:
20.	Lg5—e7:	Ke8—e7:

Weiß gibt die Partie auf.

V. Partien aus dem freien Turnier.

Nr. 88. Schottische Partie.

Gespielt am 19. Juli.

	E. Flügel.	F. Riemann.
	Weiß.	Schwarz.
1.	e2—e4	e7—e5
2.	Sg1—f3	Sb8—c6
3.	d2—d4	e5—d4:
4.	Sf3—d4:	Lf8—c5
5.	Lc1—e3	Dd8—f6
6.	c2—c3	Sg8—e7
7.	Lf1—e2	d7—d5
8.	Le2—f3	Lc5—d4:
9.	Le3—d4:	Sc6—d4:
10.	Dd1—d4:	

Verfehlt! d4 ist nun kaum zu halten.

10.	. . . .	Df6—d4:
11.	c3—d4:	d5—e4:
12.	Lf3—e4:	c7—c6
13.	Sb1—c3	Lc8—f5
14.	0—0	

Die lange Rochade war zu beachten.

14.	. . . .	0—0—0
15.	Ta1—d1	Lf5—e4:
16.	Sc3—e4:	Se7—f5
17.	Se4—g5	Td8—d7
18.	Sg5—f3	Th8—d8
19.	g2—g4	

Beschleunigt das Verderben, aber die Partie ist ohnehin nicht zu halten. 19. Se5 Te7 20. Sf3 Te2 etc.

19.	. . . .	Sf5—d4:
20.	Sf3—d4:	Td7—d4:
21.	Td1—d4:	Td8—d4:
22.	f2—f3	Td4—d2
23.	Tf1—f2	Td2—f2:

Das Endspiel ist sehr klar, wie überhaupt die Partie sehr einfach.

24.	Kg1—f2:	Kc8—d7
25.	Kf2—e3	Kd7—d6
26.	f3—f4	a7—a5
27.	a2—a3	b7—b5
28.	b2—b4	a5—b4:
29.	a3—b4:	c6—c5
30.	b4—c5†	Kd6—c5:
31.	h2—h4	Kc5—c4
32.	Ke3—d2	Kc4—d4
33.	f4—f5	Kd4—e4
34.	Kd2—c3	Ke4—f4

Weiß gibt die Partie auf.

Nr. 89. Abgelehntes Damengambit.

Gespielt am 19. Juli.

Schottländer.	F. Riemann.
Weiß.	Schwarz.
1. d2—d4	d7—d5
2. c2—c4	e7—e6
3. Sb1—c3	Lf8—b4
4. Sg1—f3	Lb4—c3†
5. b2—c3:	Sg8—f6
6. Lc1—g5	0—0
7. e2—e3	c7—c5
8. Lg5—f6:	Dd8—f6:
9. Lf1—d3	Sb8—d7
10. c4—d5:	e6—d5:
11. 0—0	c5—c4

b6 war zu berücksichtigen.

12. Ld3—c2	Df6—h6
13. e3—e4	Sd7—f6
14. Dd1—d2	

Ein Fehler! Weiß verliert einen Bauern; der Doppelbauer des Gegners ersetzt diesen Verlust nicht.

14.	d5—e4:
15. Dd2—h6:	g7—h6:
16. Sf3—d2	Sf6—d5
17. Sd2—e4:	f7—f5
18. Se4—d6	Sd5—c3:
19. Sd6—c4:	Sc3—e2†
20. Kg1—h1	Se2—d4:
21. Lc2—d3	Lc8—d7

Le6 war entschieden besser.

22. Sc4—e5	Ld7—e6

23. Tf1—e1	Kg8—h8

Um f4 nebst Lf5 zu ermöglichen oder gegen Aufgabe des Bauern eine gute Stellung zu erlangen (24. f4 Ld5).

24. Se5—f3	Sd4—f3:
25. Te1—e6:	Ta8—d8
26. Ld3—f1	Sf3—g5

Nicht Sd2 wegen 27. Te7!

27. Te6—h6:	Td8—d2
28. f2—f3	Kh8—g7
29. Th6—h4	Tf8—c8

Falsch wäre f4 wegen 30. Tg4! Kh6 31. h4 nebst Te1.

30. Th4—b4	b7—b6
31. Tb4—c4	Tc8—c5
32. Tc4—c5:	b6—c5:
33. Lf1—c4	Le6—f7
34. Lc4—f7:	

Damit besiegelt Weiß sein Schicksal. Der Läufer musste natürlich erhalten werden.

34.	Kg7—f7:
35. g2—g4	f5—g4:
36. f3—g4:	Kf7—e6
37. h2—h4	Ke6—d5
38. Ta1—g1	c5—c4
39. h4—h5	c4—c3
40. g4—g5	c3—c2
41. g5—g6	Td2—d1

Weiß gibt die Partie auf.

Nr. 90. Spanische Partie.
Gespielt am 20. Juli.

	Fritz. Weiß.	E. Flügel. Schwarz.			
1.	e2—e4	e7—e5			
2.	Sg1—f3	Sb8—c6			
3.	Lf1—b5	a7—a6			
4.	Lb5—a4	Sg8—f6			
5.	0—0	Sf6—e4:			
6.	Sb1—c3	Se4—c3:			
7.	b2—c3:	b7—b5			
8.	La4—b3	Lf8—e7			
9.	Lb3—d5				

Dies erobert allerdings den Bauern zurück, doch hält vielleicht 9. d4 den Angriff besser fest.

9.	. . . .	Ta8—b8			
10.	Ld5—c6:	d7—c6:			
11.	Sf3—e5:	Lc8—b7			
12.	Dd1—f3	Dd8—d5			
13.	d2—d4	Dd5—f3:			
14.	Se5—f3:	0—0			
15.	a2—a4	Tb8—d8			
16.	a4—b5:	c6—b5:			
17.	Lc1—a3	Le7—a3:			
18.	Ta1—a3:	Lb7—f3:			
19.	g2—f3:	Td8—d6			
20.	Tf1—a1	Tf8—a8			

Hier war wol Tc6 vorziehen.

21.	Ta3—a5	Td6—b6			
22.	Kg1—f1	f7—f5			
23.	Kf1—e2	Ta8—e8†			
24.	Ke2—d3	Te8—e6			
25.	c3—c4	b5—c4:			
26.	Kd3—c4:	g7—g6			
27.	Ta5—e5	Kg8—f7			
28.	f3—f4	Kf7—f6			
29.	Ta1—a5	Te6—d6			
30.	Te5—c5	Tb6—c6			
31.	d4—d5	Tc6—c5:			
32.	Ta5—c5:	Td6—d7			
33.	Tc5—c6†	Kf6—e7			
34.	Tc6—e6†	Ke7—d8			
35.	Te6—a6:	Kd8—c8			
36.	Kc4—d4	Td7—e7			
37.	Ta6—e6	Te7—e6:			
38.	d5—e6:				

und Weiß gewinnt.

Nr. 91. Spanische Partie.
Gespielt am 20. Juli.

	Bloch. Weiß.	Schottländer. Schwarz.			
1.	e2—e4	e7—e5	5.	Tf1—e1	Se4—d6
2.	Sg1—f3	Sb8—c6	6.	Lb5—c6:	d7—c6:
3.	Lf1—b5	Sg8—f6	7.	Te1—e5†	Lf8—e7
4.	0—0	Sf6—e4:	8.	d2—d4	0—0
			9.	h2—h3	Lc8—e6
			10.	b2—b3	Le7—f6

11.	Te5—e1	c6—c5		17.	Sb2—d4:	Dd8—d4:
12.	Lc1—b2	Sd6—b5		18.	Dd1—d4:	c5—d4:
13.	c2—c3	c5—d4:		19.	Sb1—d2	Tf8—d8
14.	c3—d4:	c7—c5		20.	Ta1—c1	Ta8—c8
15.	a2—a4	Sb5—d4:		21.	Tc1—c8:	Td8—c8:
16.	Sf3—d4:	Lf6—d4:			und Schwarz gewann.	

Nr. 92. Spanische Partie.

Gespielt am 20. Juli.

Dr. C. Schmid.	E. Riemann.
Weiß.	Schwarz.
1. e2—e4	e7—e5
2. Sg1—f3	Sb8—c6
3. Lf1—b5	a7—a6
4. Lb5—a4	Sg8—f6
5. 0—0	Sf6—e4:
6. d2—d4	b7—b5
7. Sf3—e5:	Sc6—e5:
8. d4—e5:	Se4—c5
9. La4—b3	Sc5—b3:
10. a2—b3:	Lc8—b7
11. Dd1—g4	Dd8—e7
12. Sb1—c3	De7—e6
13. Dg4—e6†	d7—e6:
14. Lc1—e3	0—0—0
15. Le3—g5	Td8—d4
16. Lg5—e3	Td4—g4

Auf Td8 könnte Weiß mit Lg5 Remis anbieten.

17. f2—f3	Tg4—g6
18. Sc3—e2	f7—f5
19. h2—h4	h7—h5
20. Se2—f4	Tg6—h6
21. Sf4—d3	Th6—h7

Der Turm musste wider nach g6

gehen. Schwarz erlangt den erhofften Angriff nicht.

| 22. Le3—g5 | Kc8—b8 |

Es drohte Kh2 nebst Sf4.

23. Kg1—h2	Th8—g8
24. Sd3—f4	Lb7—c8
25. Tf1—d1	Lf8—c5
26. Td1—d3	g7—g6
27. Ta1—d1	Th7—f7
28. Td3—d8	Tg8—d8:
29. Td1—d8:	Kb8—b7
30. Sf4—g6:	Tf7—g7
31. Sg6—f4	Lc5—e3
32. Sf4—h3	

Weiß spielt die Partie sehr gut. Nach 32. Se6: Le6: 33. Le3: hat Schwarz Remischancen wegen der ungleichen Läufer.

32.	Le3—b6
33. Lg5—f6	Tg7—d7
34. Td8—d7:	Lc8—d7:
35. Sh3—f4	Lb6—e3
36. Sf4—h5:	Ld7—e8
37. Sh5—g7	Le8—f7
38. g2—g4	f5—g4:
39. f3—g4:	Le3—h6

13*

40.	h4—h5	Kd7—c6
41.	Kh2—g3	Kc6—d5
42.	Kg3—h4	Kd5—e4
43.	g4—g5	Lh6—g7:
44.	Lf6—g7:	Ke4—f5
45.	g5—g6	Lf7—e8
46.	Lg7—f6	c7—c5
47.	c2—c3	c5—c4
48.	b3—c4:	b5—c4:

49.	Kh4—g3	a6—a5
50.	Kg3—f3	Le8—c6†
51.	Kf3—e3	Lc6—e8
52.	Ke3—d4	Kf5—g4
53.	g6—g7	Le8—f7
54.	h5—h6	Lf7—g8
55.	Kd4—c4:	Kg4—h5
56.	Kc4—b5	Kh5—h6:
57.	Kb5—a5:	Aufgegeben.

Nr. 93. Französische Partie.

Gespielt am 20. Juli.

E. Flügel.   Schottländer.

	Weiß.	Schwarz.
1.	e2—e4	e7—e6
2.	d2—d4	d7—d5
3.	Sb1—c3	Sg8—f6
4.	Lc1—g5	Lf8—e7
5.	Lg5—f6:	Le7—f6:
6.	e4—e5?	Lf6—e7
7.	Sg1—f3	c7—c5

Schwarz täte vielleicht besser, zunächst zu rochiren.

8.	Lf1—b5†	Lc8—d7
9.	Lb5—d7†‡	Dd8—d7:
10.	0—0	Sb8—c6
11.	Sc3—e2	c5—d4:
12.	Se2—d4:	0—0
13.	Sd4—c6:	b7—c6:
14.	c2—c3	f7—f6
15.	Kg1—h1	f6—e5:
16.	Sf3—e5:	Dd7—d6
17.	Dd1—e2	Tf8—f5
18.	f2—f4	Ta8—f8
19.	De2—a6	

Um c6—c5 zu verhindern. Schwarz hätte diesen Zug besser sofort getan.

19.	. . . .	Kg8—h8

Um auf Se5—c6: mit e6—e5 antworten zu können.

20.	g2—g3!	Le7—f6
21.	Se5—c6:	g7—g5
22.	Sc6—b4	Dd6—a6:
23.	Sb4—a6:	g5—f4:
24.	Tf1—f4:	Tf5—f4:
25.	g3—f4:	Lf6—e7
26.	Ta1—f1	Le7—d6
27.	b2—b4	Tf8—f4:
28.	Tf1—f4:	Ld6—f4:
29.	Sa6—c5	Lf4—d2
30.	Sc5—e6:	Ld2—c3:
31.	b4—b5	d5—d4
32.	Se6—f4	Kh8—g8
33.	Kh1—g2	Kg8—f7
34.	Kg2—f3	Kf7—e7
35.	Kf3—e4	Ke7—d6
36.	Sf4—d3	Lc3—a1
37.	a2—a4	La1—c3

38.	h2—h4	h7—h6	45.	Sc6—a7:	Ka4—a5
39.	h4—h5	Lc3—a1	46.	Sa7—c6†	Ka5—b5:
40.	Sd3—f2	Kd6—c5	47.	Sc6—d4‡	Kb5—b6
41.	Ke4—d3	La1—b2	48.	Kd3—e4	Kb6—c7
42.	Sf2—g4	Lb2—c1	49.	Ke4—f5	Kc7—d7
43.	Sg4—e5	Kc5—b4	50.	Kf5—g6	Lc1—g5
44.	Se5—c6†	Kb4—a4		Remis.	

VI. Partien aus dem Blindlingsspiel.

Nr. 94. Mittelgambit.

(Nr. 1 der Produktion.)

	Kl. Weiß.	E. Schallopp. Schwarz.
1.	e2—e4	e7—e5
2.	d2—d4	e5—d4:
3.	f2—f4	Lf8—b4†
4.	c2—c3	d4—c3:
5.	b2—c3:	Lb4—c5
6.	Sg1—f3	d7—d6
7.	Sf3—d4	Sg8—f6
8.	Sb1—d2	Dd8—e7
9.	Lf1—d3	Sb8—c6
10.	Lc1—b2	Sf6—e4:
11.	Sd2—e4:	d6—d5
12.	0—0	d5—e4:
13.	Tf1—e1?	

Besser war 13. Le4:

13.	. . . .	f7—f5

14.	Kg1—h1	De7—h4
15.	Sd4—f5:	

Ein unmotivirtes Opfer, welches dem Nachziehenden den Angriff nur erleichtert.

15.	. . . .	Lc8—f5:
16.	Dd1—b3	0—0—0
17.	Ld3—e4:	Lf5—e4:
18.	Te1—e4:	Th8—e8
19.	Te4—e8:	Td8—e8:
20.	g2—g3	Dh4—h5

Die Dame droht jetzt auf f3 mattzusetzen.

21.	c3—c4	Te8—e3
22.	Db3—d1	Te3—e1†
23.	Kh1—g2	Te1—d1:

Weiß gibt die Partie auf.

Nr. 95. Schottisches Gambit.

(Nr. 2 der Produktion.)

Bl. Weiß.	E. Schallopp. Schwarz.	
1.	e2—e4	e7—e5
2.	Sg1—f3	Sb8—c6
3.	d2—d4	e5—d4:
4.	Lf1—c4	Lf8—c5
5.	c2—c3	Sg8—f6
6.	e4—e5	d7—d5
7.	Lc4—b5	Sf6—e4
8.	c3—d4:	Lc5—b6
9.	0—0	0—0
10.	Lb5—c6:	b7—c6:
11.	h2—h3	f7—f6
12.	b2—b4	f6—e5:
13.	Sf3—e5:	Tf8—f2:

Ein wolberechnetes Opferangebot;
bei Annahme desselben könnte folgen:

14. Tf2: Sf2: 15. Kf2: Dh4† 16. K∿
Ld4: und gewinnt den Turm a1.

14.	Lc1—e3!	Tf2—f1†
15.	Dd1—f1:	a7—a5?

Schwarz übersah, dass der schlagende Bauer den Läufer angreift. Es musste zunächst De8 geschehen.

16.	b4—a5:	Lc8—a6
17.	Df1—f7†	Kg8—h8
18.	a5—b6:	c7—b6:
19.	Se5—c6:	Dd8—c8
20.	Df7—d5:	Lc8—b7
21.	Dd5—e4:	Lb7—c6:
22.	d4—d5	Lc6—b7
23.	a2—a3	h7—h6
24.	Sb1—d2	Dc8—c3
25.	Ta1—f1	Aufgegeben.

VII. Freie Partien.

Nr. 96. Zweispringerspiel im Nachzuge.

Gespielt am 14. Juli.

Anderssen. Weiß.	E. Schallopp. Schwarz.	
1.	e2—e4	e7—e5
2.	Sg1—f3	Sb8—c6
3.	Lf1—c4	Sg8—f6
4.	Sf3—g5	d7—d5

5.	e4—d5:	Sc6—a5
6.	Lc4—e2?	

Ein Fingerfehler!

6.	. . . .	Sf6—d5:
7.	d2—d3	Lf8—e7
8.	Sg5—f3	Sa5—c6

9.	0—0	0—0	17.	Le2—f1	Tf8—f7

Schwarz zöge besser sofort f7—f5 und dann den Königsspringer nach f6 zurück.

10.	c2—c4	Sd5—b6	18.	Sc3—e2	f5—f4??
11.	Sb1—c3	f7—f5	19.	Se2—f4:	e5—f4:
12.	a2—a3	Lc8—e6	20.	Te1—e6:	Dg6—f5
13.	b2—b3	Le7—f6	21.	Ta1—e1	Sc6—d4
14.	Lc1—b2	Dd8—e8	22.	Lb2—d4:	Lf6—d4:
15.	Tf1—e1	Ta8—d8	23.	Sf3—d4:	Td8—d4:
16.	Dd1—c2	De8—g6	24.	Te1—e5	Df5—g4
			25.	Lf1—e2	f4—f3
			26.	Te6—e8†	Tf7—f8
			27.	Le2—f3:	Aufgegeben.

Nr. 97. Schottisches Gambit.

Gespielt am 14. Juli.

E. Schallopp. Anderssen.
Weiß. Schwarz.

1.	e2—e4	e7—e5
2.	Sg1—f3	Sb8—c6
3.	d2—d4	e5—d4:
4.	c2—c3	d4—c3:
5.	Lf1—c4	Lf8—b4

Mit diesem Zuge lenkt Schwarz in die kompromittirte Verteidigung ein (4. Lc4 Lb4† 5. c3 c3:). Besser erscheint doch wol Sf6.

6.	0—0	d7—d6
7.	a2—a3	Lb4—a5
8.	b2—b4	La5—b6
9.	Dd1—b3	Dd8—d7

Auf e7 und f6 ist die Dame mehr Angriffen ausgesetzt; hier aber engt sie das eigene Spiel ein.

10.	Sb1—c3:	Sg8—f6
11.	Lc1—g5	Sc6—d4
12.	Sf3—d4:	Lb6—d4:
13.	Ta1—d1	Ld4—c3:

14.	Db3—c3:	Dd7—e7
15.	Tf1—e1	De7—e5
16.	Dc3—c1	De5—e7
17.	f2—f4	

Auch 17. e5 e5: 18. Lb5† Kf8 19. Dc3 e4 20. f3 Lf5 21. e4: Le4: 22 Td7 ergab einen starken Angriff.

17.	. . . .	Lc8—g4
18.	Lc4—b5†	Ke8—f8
19.	e4—e5	

Weiß konnte zunächst den Turm wegziehen, doch ist der Zug im Text vollständig korrekt.

19.	. . . .	Lg4—d1:
20.	Dc1—d1:	d6—e5:
21.	f4—e5:	De7—e6
22.	e5—f6:	De6—b6†
23.	Lg5—e3	Db6—b5:
24.	Le3—c5†	Kf8—g8
25.	f6—g7:	Aufgegeben.

Nimmt der König den Bauern, so ist er in spätestens 3 Zügen matt.

Nr. 98. Zweispringerspiel im Nachzuge.
Gespielt am 14. Juli.

	Anderssen.	E. Schallopp.			
	Weiß.	Schwarz.	25.	b2—b3	Lb4—d2
1.	e2—e4	e7—e5	26.	De3—h3	Dd8—d6
2.	Sg1—f3	Sb8—c6	27.	Kg1—h1	Ld2—f4:
3.	Lf1—c4	Sg8—f6	28.	Se5—f7:	Dd6—f6
4.	Sf3—g5	d7—d5	29.	g2—g3	e4—e3
5.	e4—d5:	Sc6—a5	30.	g3—f4:	e3—e2
6.	Lc4—b5†	c7—c6	31.	Tf1—e1	Kg8—f7:
7.	d5—c6:	b7—c6:	32.	Dh3—h5†	
8.	Lb5—e2	h7—h6		Auf Te2: folgt Ta4:	
9.	Sg5—f3	e5—e4	32.	. . . .	Kf7—g8
10.	Sf3—e5	Dd8—c7	33.	Dh5—e2:	
11.	f2—f4	Lf8—d6			
12.	d2—d4	0—0		Gefährlich wäre 33. Da5: wegen	
13.	Sb1—c3	Tf8—d8		Dc6† 34. Kg1 Tf4: 35. Te2: Tg4†	
14.	Lc1—e3	Ta8—b8		36. Kf2 Dg2† 37. Ke1 Dg1† 38. Kd2	
15.	Dd1—c1	Dc7—b6		Dd4† 38. Kc2 Da1:	
16.	Sc3—d1	c6—c5	33.	. . . .	Td4—f4:
17.	c2—c3	c5—d4:	34.	De2—e6†	Df6—e6:
18.	c3—d4:	Lc8—a6	35.	Te1—e6:	Tb8—b5
19.	Dc1—d2	Ld6—b4			
20.	Sd1—c3	La6—e2: .		Schwarz sollte sofort mit Tf2 die	
21.	Dd2—e2:	Sf6—d5		zweite Linie okkupiren; auf 36. Ta6	
22.	0—0	Sd5—e3:		konnte folgen: Tb5 37. Ta7: Th5.	
			36.	Te6—e2	Sa5—c6
	Schwarz ist zu bescheiden. Durch		37.	Sa4—c3	Tb5—h5
	Abtausch auf c3 würden für den		38.	Te2—g2	Sc6—e5
	geopferten Bauern z w e i zurück-		39.	Sc3—e2	Tf4—f7
	gewonnen, da nach 22. . . . . Sc3:		40.	Se2—g3	Th5—h3
	23. c3: Lc3: der Turm die Dame		41.	Sg3—f1	g7—g5
	nicht angreifen darf (24. Tab1 Db1:		42.	Ta1—e1	Se5—d3
	25. Tb1: Tb1† 26. Kf2 Le1†).		43.	Te1—e8†	Kg8—h7
23.	De2—e3:	Td8—d4:	44.	Sf1—e3	Sd3—f4
24.	Sc3—a4	Db6—d8 .	45.	Tg2—g3	Tf7—c7
			46.	Kh1—g1	Tc7—c1†
			47.	Se3—f1	Tc1—c2

48.	a2—a4		52.	Te7—a7	g5—g4

Nicht 48. Te7 † Kg6 49. Ta7: wegen
Se2† 50. Kg2 Sg3 ‡.

| 48. | .... | Tc2—h2: |

Falsch wäre jetzt Se2† wegen 49.
Te2: Tg3 ‡ 50. Sg3:

49.	Tg3—h3:	Th2—h3:
50.	b3—b4	a7—a6
51.	Te8—e7†	Kh7—g6

53.	Ta7—a6 ‡	Kg6—g5
54.	b4—b5	g4—g3
55.	Ta6—d6	g3—g2
56.	Sf1—h2	Th3—a3
57.	Td6—d1	Ta3—a2
58.	Td1—e1	Sf4—h3 †.

58. Sf3 † Kg4 59. Sd2 Kh3 konnte
das Spiel nur noch hinhalten.

Nr. 99. Spanische Partie.

Gespielt am 17. Juli.

Dr. V. Knorre.	W.		11.	e4—e5	Sg4—f2:
Weiß.	Schwarz.		12.	e5—f6 ‡	Ke7—f7:
1. e2—e4	e7—e5		13.	Dd1—h5†	g7—g6
2. Sg1—f3	Sb8—c6		14.	Dh5—d5†	Kf7—f8
3. Lf1—b5	a7—a6		15.	Lc1—h6†	Kf8—e8
4. Lb5—a4	Sg8—f6		16.	f6—f7 †	Ke8—e7
5. 0—0	b7—b5		17.	Lh6—g5†	Ke7—f8
6. La4—b3	Lf8—c5		18.	Lg5—d8:	Lc8—b7
7. Sf3—e5:	Lc5—f2 ‡?		19.	Dd5—e5	Ta8—d8:
8. Tf1—f2:	Sc6—e5:		20.	De5—h8 ‡	Kf8—e7
9. d2—d4	Se5—g4		21.	Dh8—d8 ‡	Ke7—d8:
10. Lb3—f7 ‡	Ke8—e7		22.	f7—f8D †.	

Nr. 100. Spanische Partie.

Gespielt am 17. Juli.

Dr. V. Knorre.	F. Riemann.		6.	Sb1—c3	Se4—c3:
Weiß.	Schwarz.		7.	b2—c3:	d7—d6
1. e2—e4	e7—e5		8.	d2—d4	e5—d4:
2. Sg1—f3	Sb8—c6			Ein schwerer Eröffnungsfehler.	
3. Lf1—b5	a7—a6		9.	Tf1—e1 †	Lf8—e7
4. Lb5—a4	Sg8—f6		10.	Sf3—d4:	Lc8—d7
5. 0—0	Sf6—e4:		11.	Lc1—g5	f7—f6

12.	Lg5—f6:	g7—f6:
13.	Ddl—h5†	Ke8—f8
14.	La4—b3	Kf8—g7
15.	Sd4—c6:	Ld7—c6:
16.	Dh5—f7†	Kg7—h6
17.	Te1—e7:	Dd8—f8
18.	Df7—e6	Ta8—e8
19.	De6—h3†	Kh6—g6

Auf Kg5 gewinnt 20. f4† Kg6!

21. f5† Kg5 22. Dg3 Kh6 23. Df4†
Kh5 24. g4† Kh4 25. g5† Kh5
26. Lf7†.

20.	Dh3—g4†	Kg6—h6
21.	Te7—f7	Df8—f7:
22.	Lb3—f7:	Te8—e7
23.	Lf7—e6	Th8—e8
24.	Ta1—e1	Lc6—d5
25.	Te1—e3	Aufgegeben.

Nr. 101. Wiener Partie.

Gespielt am 17. Juli.

F. Riemann.   Dr. V. Knorre.

	Weiß.	Schwarz.
1.	e2—e4	e7—e5
2.	Sb1—c3	g7—g6
3.	f2—f4	Lf8—b4

Schwarz eröffnet etwas bizarr.

4.	Sc3—d5	Lb4—c5
5.	Sg1—f3	c7—c6
6.	Sd5—c3	d7—d6
7.	Lf1—c4	Sg8—f6
8.	d2—d3	Lc8—g4
9.	h2—h3	Lg4—f3:
10.	Dd1—f3:	b7—b5
11.	Lc4—b3	Sf6—h5
12.	Sc3—e2	Sb8—d7
13.	Lc1—e3	Lc5—e3:
14.	Df3—e3:	Dd8—h4†
15.	g2—g3	e5—f4:
16.	Se2—f4:	Dh4—g3‡

Besser wäre Sf4:, falsch dagegen
Sg3: wegen 17. Sg2! (17. Df2? g5! 18.
Sg2 Sh1:) Sf5† 18. Sh4: Se3: 19. Kf2.

17.	De3—g3:	Sh5—g3:
18.	Th1—g1	Sg3—h5
19.	Sf4—h5:	g6—h5:
20.	Tg1—g5	a7—a5
21.	a2—a4	Sd7—c5
22.	a4—b5:	Sc5—b3:
23.	c2—b3:	c6—c5
24.	Tg5—h5:	Ke8—e7
25.	Kel—d2	Th8—b8
26.	Th5—h7:	Tb8—b5:
27.	Ta1—f1	Ta8—f8
28.	Kd2—c3	Ke7—e6
29.	h3—h4	Tf8—b8

Darauf ist die Partie sogleich verloren. f7—f6 musste geschehen.

30.	Th7—f7:	Tb5—b3†
31.	Kc3—d2	Tb3—b2‡
32.	Kd2—e3	a5—a4

Besser d5, doch beibt die Partie
unhaltbar.

| 33. | Tf1—f6† | Ke6—e5 |
| 34. | Tf6—h6 | Aufgegeben. |

Uebersicht der Eröffnungen.

I. Eröffnung durch die Königsbauern.

1. e2—e4   e7—e5.

A. Königsspringerspiel.

2. Sg1—f3.

B. Damenspringerspiel (Wiener Partie).
2. Sb1—c3.

C. Königsgambit.
2. f2--f4.

D. Mittelgambit.

2. d2—d4.

II. Französische Partie.

1. e2—e4   e7—e6.

(S. a. Damenbauereröffnung.)

III. Sizilianische Partie.

1. e2—e4   c7—c5.

IV. Fianchetto di Donna.

1. e2—e4   b7—b6.

V. Eröffnung durch den Damenbauern.

1. d2—d4.

1. Mit 1. . . . . d7—d5   2. Sb1—c3 fortgesetzt (vgl. französische Partie):

2. Mit 1. . . . . d7—d5   2. c2—c4 e7—e6 (oder 1. . . . e7—e6 2. c2—c4 d7—d5)   3. Sb1—c3 fortgesetzt (abgelehntes Damengambit):

VI. Unregelmäßige Eröffnungen.

a) 1. c2—c4 e7—e6   2. d2—d4 f7—f5 (Umstellung der holländischen Partie):

b) 1. c2—c4 e7—e6   2. e2—e3

c) 1. c2—c4 e7—e5   2. e2—e3

d) 1. a2—a3 d7—d5

ANHANG.

Herrn Adolf Anderssen

gewidmet

von KONRAD BAYER in Olmütz.

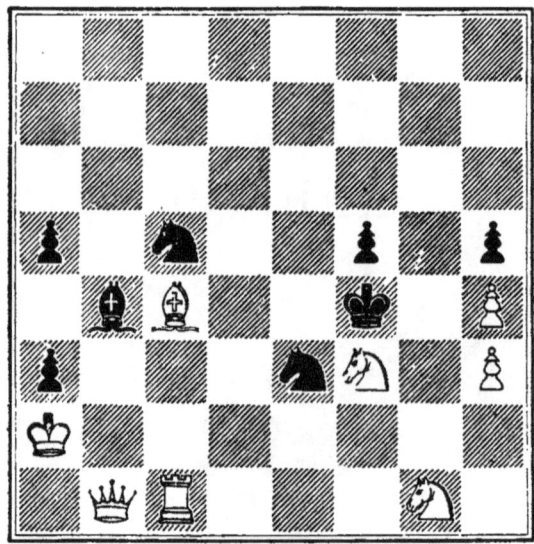

Matt in 5 Zügen.

(Lösung S. 216.)

Herrn Professor Anderssen

an seinem Ehrentage ergebenst gewidmet

von J. KOHTZ und C. KOCKELKORN.

Matt in 4 Zügen.

(Lösung S. 216.)

Problemturnier.

Erster Preis.

JOH. BERGER in Graz.

Nr. 1.

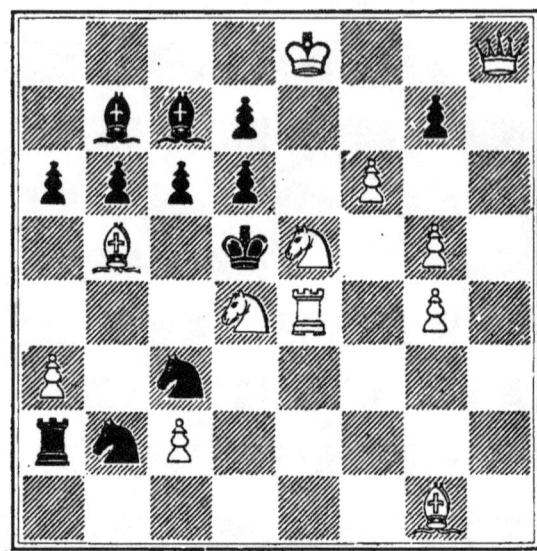

Matt in 4 Zügen.

(Lösung S. 216.)

Problemturnier.

Erster Preis.

Joh. Berger in Graz.

Nr. 2.

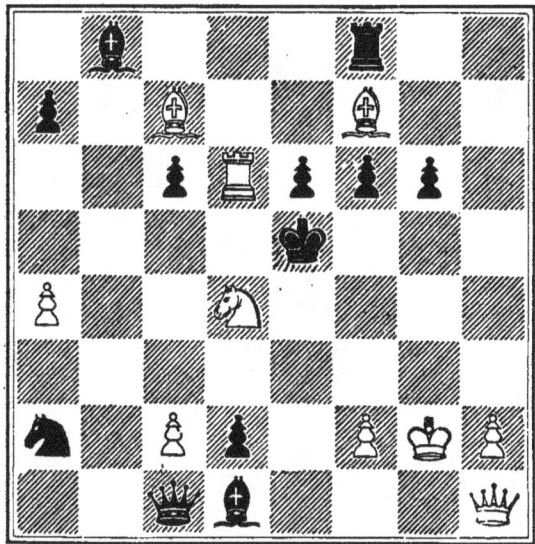

Matt in 5 Zügen.

(Lösung S. 217.)

Problemturnier.

Zweiter Preis.

KARL KONDELIK in Prag.

Nr. 1.

(Zugleich Lösungspreisaufgabe.)

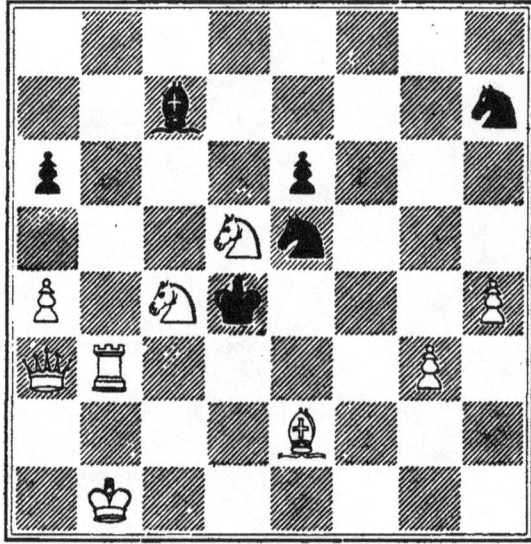

Matt in 4 Zügen.

(Lösung S. 218.)

Problemturnier.

Zweiter Preis.

KARL KONDELIK in Prag.

Nr. 2.

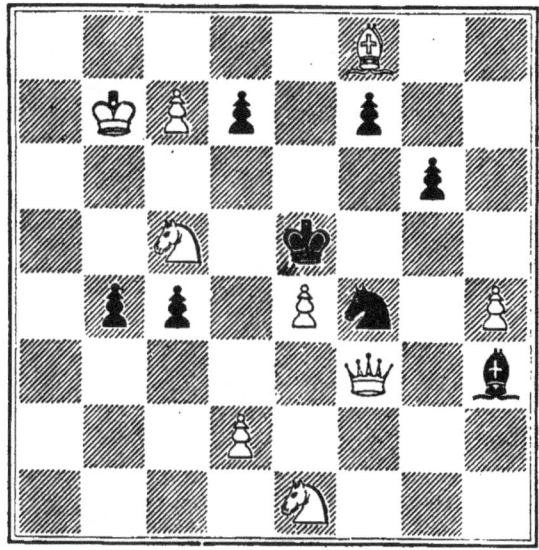

Matt in 3 Zügen.

(Lösung S. 218.)

Lösungen.

(S. 210.)

1. Tc1—c3 Lb4—c3: 2. Db1—b8† Kf4—e4! 3. Db8—e5† Lc3—e5:
4. Sf3—d2† und 5. Sg1—e2✝.

1. . . . . Sc5—d3 2. Tc3—d3: Lb4—d6 3. Db1—e1 Ld6—c5 4. Lc4—d5
Se3—d5: 5. De1—e5✝. 2. . . . . Se3—c4: 3. Td3—d4† Kf4—g3 4. Db1—f1
und 5. Sg1—e2✝ oder 3. . . . . Kf4—e3 4. Db1—f1 und 5. Df1—f2✝.
2. . . . . Kf4—g3 3. Sg1—e2† Kg3—h3: 4. Db1—h1† Kh3—g4 5. Sf3—e5✝;
3. . . . . Kg3—f3: 4. Db1—f1† Kf3—e4 5. Df1—f4✝; 3. . . . . Kg3—f2
oder g2 4. Db1—g1† K—f3: 5. Td3—e3:✝. 2. . . . . a5—a4 3. Sg1—e2†
Kf4—e4 4. Lc4—d5† Se3—d5: 5. Td3—c3✝; 3. . . . . Kf4—f3: 4. Db1—f1†
Kf3—e4 5. Df1—f4✝. 2. . . . . Se3—c2 3. Db1—c2: oder Sg1—e2† und in
zwei Zügen matt.

1. . . . . Sc5—e6 2. Sg1—e2† Kf4—f3: 3. Db1—h1† Kf3—f2 4. Dh1—g1†
Kf2—f3 5. Tc3—e3:✝.

1. . . . . Sc5—e4 2. Sg1—e2† Kf4—f3: 4. Db1—f1† Se4—f2 4. Lc4—d5✝.

(S. 211.)

1. Ld7—e8 Lc1—f4: 2. Dd1—h5† Sf6—h5: 3. Sh2—f3† Kh4—g4
(h3) 4. Le8—d7✝.

1. . . . . Lc1—d2 2. Kf2—g2 Ld2—c3 (b4, a5) 3. Dd1—g4† Sf6—g4:
4. Sh2—f3✝.

Nr. 1 (S. 212).

1. Se5—g6 c6—b5: 2. Sd4—c6 Lb7—c6: (oder d7—c6:) 3. Dh8—h7↷
4. D oder S✝. 2. . . . . Sc3—e4: 3. Dh8—g8† Kd5—c6 4. Sg6—e7✝.
2. . . . . ↷ 3. Sc6—e7 oder b4† Kd5—e4: 4. Dh8—h1✝.

1. . . . . Lc7—d8 (oder Lb7—c8) 2. Dh8—g8† Kd5—e4: 3. Lb5—f1↷
4. Lf1—g2✝. 2. . . . . Kd5—c5 3. Sd4—b3†† Kc5—b5: 3. Te4—b4✝.

1. . . . . Sc3—e4: 2. c2—c4† Sb2—c4: 3. Dh8—g8† Kd5—c5
4. Dg8—c4: ✝.

Auf 1..... Sb2—d3 oder a4 erfolgt das Matt durch 2. Dh8—g8†
und 3. Dg8—c4 oder Lb5—b3 schon im dritten Zuge. Auf 1..... Kd5—c5
führt 2. Sd4—b3††, auf jeden anderen Zug der nämliche Springerzug zum
Ziele. Zu bemerken ist, dass auf Ta2—a3—b3: oder Ta2—a1—d1 der Zug
der Dame nach h7, auf 1..... Sc3—b5: und 2..... Sb2—c4 (oder
umgekehrt), sowie auf 1..... Sc3—b1 und 2..... c6—c5 der Zug
der Dame nach h7 oder h1 entscheidet. Falls 1..... Se3—b5: und
2.... Sb5—d4, so 3. Te4—d4‡ und 4. Dh8—g8✚; falls 1..... Sc3—b5: und
2..... c6—c5 (oder ∿), so 3. Dh8—g8† und 4. Sg6—e7✚ oder 4. Sb3—d2✚.
Der Lösungsversuch 1. Te4—f4 scheitert nur an d6—e5: 2. Dh8—g8†
Kd5—c5; 1. f6—g7: an Sc3—b5:.

Joh. Berger in Graz.

Nr. 2 (S. 213).

1. Dh1—f1 Lb8—c7 2. Df1—d3 Lc7—d6: 3. Sd4—e2 nebst 4. Dd3—e3†
und 5. Lf7—e6, De3—e6 oder d4✚. 2..... Ke5—d6: 3. Sd4—f5† und
4. Dd3—e3†. 2..... Dc1—a3 3. Sd4—c6† und 4. Td6—d4†. Bei
2.... Ld1—f3†, Ke5—f4, f6—f5 u. dgl. erfolgt das Matt im vierten Zuge.

1..... Dc1—a3 2. Td6—e6‡ Ke5—d4: 3. Df1—c4† Kd4—c4:
4. Te6—c6†† und 5. Tc6—c4✚. 2..... Ke5—d5 3. Te6—e5† und 4. D✚.

1..... Dc1—c2: 2. f2—f4† Ke5—e4 3. Sd4—c2: Ld1—c2: 4. Df1—f3†
etc. 3..... Ke4—f5 4. Lf7—e6† etc. 3..... c6—c5 oder e6—e5
4. Df1—c4† und 5. Sc2—e3✚.

1..... f7—f6 oder Tf8—e8 (h8) 2. Td6—e6‡ Ke5—d4 3. Df1—d3†
Kd4—c5 4. Te6—e5† und 5. Dd3—c4 oder b3✚.

1..... Ke5—f4 2. Df1—d3 Ld1—f3† 3. Dd3—f3‡ Kf4—e5
4. Sd4—e6† und 5. Df3—h3✚. 2..... Kf4—g5 3. Dd3—g6† etc.
2.... Kf4—g4 3. Dd3—h3 (auch g3)† etc. 2..... Dc1—a3 3. Sd4—e6†
Kf4—g4 4. Td6—d4† etc. 2..... ∿ 3. Dd3—g3 resp. e3† etc.

1..... Sa2—b4 2. Td6—e6‡ Ke4—d4: 3. Df1—c4† etc. oder auch
2. Df1—c4 Ld8—c7 3. Td6—e6† Ke5—f4 4. Sd4—f3† etc.

1..... Ld1—f3† 2. Sd4—f3† Ke5—f5 3. Lf7—e6† und 4. Td6—d4✚.

1..... Ld1—e2 2. Df1—e2‡ Ke5—f4 3. Sd4—e6† (auch De2—f3†)
Kf4—f5 4. De2—f3† Kf5—e5 5. Td6—d4✚.

1..... Tf8—f7: 2. Df1—d3 Dc1—a3 3. Td6—d5† Ke5—d5:
4. Sd4—b3✚. 2..... f6—f5 3. Td6—e6‡ Ke5—d5 4. Te6—e5✚.

Auf andere Züge entscheidet gewöhnlich 2. Df1—d3 schon im vierten
Zuge, oder es wird durch die Kombination 2. Td6—e6† 3. Df1—d3 das
Matt forcirt. Auf 1. . . . . Dc1—b2 erfolgt das Matt durch 2. Td6—e6†
Ke5—d4: 3. Te6—e4†! im vierten Zuge. Auch mit 2. f2—f4† Ke5—e4
3. Df1—d3† Ke4—f4: 4. Sd4—e6† und 5. Df1—d3 oder Td6—d5† kann
entschieden werden, falls Schwarz einen indifferenten Zug tut. Auf
1. . . . . Tf8—d8 entscheidet nur die eben ausgeführte Fortsetzung, während
2. Td6—e6† an Ke5—d4: 3. Df1—d3† Kd4—c5 4. Te6—e5† Td8—d5,
2. Df1—d3 an Td8—d6 scheitert.

KARL KONDELIK in Prag.

Nr. 1 (S. 214).

1. Tb3—b6 Kd4—d5: 2. Tb6—d6† Kd5—c4 3. Da3—f3† Se5—f3:
4. Le2—d3 ✝. 2. . . . . Lc7—d6: 3. Da3—d6† Kd5—e4 4. Dd6—e5 ✝.
1. . . . . Lc7—b6: 2. Sd5—e7 Se5—c4: 3. Se7—c6† 4. L oder D ✝.
2. . . . . Kd5—e4 3. Da3—c3 4. L oder S ✝.
1. . . . . Se5—c4: 2. Da3—c3† Kd4—e4 3. Le2—f3† 4. S oder T ✝.
1. . . . . Sh7—g5 2. Sd5—f6 3. Da3—d3† 4. S ✝.
1. . . . . Kd4—e4 2. Sd5—e7 Lc7—b6: 3. Da3—c3 4. L oder S ✝.
1. . . . . Lc7—b8 2. Sd5—e7 Se5—g4 3. Tb6—c6 4. D ✝.
Anmerkung. Auf 1. Sd5—e7 Sh7—g5 folgt Matt im dritten Zuge:
doch gegen 1. . . . . . Sh7—f6 wird keine Fortsetzung gefunden.

KARL KONDELIK in Prag.

Nr. 2 (S. 215).

1. Df3—f2 Lh3—g4 2. Df2—f4† Ke5—f4: 3. Lf8—d6 ✝.
1. . . . . Lh3—g2 (f1) 2. d2—d4† c4—d3: Df2—b2 ✝. 2. . . . . Ke5—f6
3. Df2—f4: ✝.
1. . . . . Sf4—d3 (e2, g2) 2. Lf8—g7† Ke5—d6 3. c7—c8 S ✝.
1. . . . . Sf4—d5 (h5, g2) 2. d2—d4† c4—d3: 3. Se1—d3: ✝.
1. . . . . g6—g5 (f7—f5, d7—d5, b4—b3, Lh3—f1, f5, e6) 2. Df2—d4†
Ke5—d4: 3. Se1—f3 ✝.
1. . . . . c4—c3 (d7—d6, d7—d5) 2. Se1—f3† Ke5—f6 3. Df2—d4 ✝.

———◆◆———

Leipzig, Druck von Giesecke & Devrient.

CPSIA information can be obtained
at www.ICGtesting.com
Printed in the USA
BVHW030826130820
586243BV00019B/10

9 781167 831416